BAEDEKER SMART

Kroatien

Wie funktioniert der Reiseführer?

Wir präsentieren Ihnen Kroatiens Sehenswürdigkeiten in fünf Kapiteln. Jedem Kapitel ist eine spezielle Farbe zugeordnet.
Um Ihnen die Reiseplanung zu erleichtern, haben wir alle wichtigen Sehenswürdigkeiten jedes Kapitels in drei Rubriken gegliedert: Einzigartige Sehenswürdigkeiten sind in der Liste der »*TOP 10*« zusammengefasst und zusätzlich mit zwei Baedeker Sternen gekennzeichnet. Ebenfalls bedeutend, wenngleich nicht einzigartig, sind die Sehenswürdigkeiten der Rubrik »Nicht verpassen!« Eine Auswahl weiterer interessanter Ziele birgt die Rubrik »Nach Lust und Laune!«

Dubrovnik und Süddalmatien

Spaziergänge und Touren

Praktische Informationen

Anhang

Magische Momente

Kommen Sie zur rechten Zeit an den richtigen Ort und erleben Sie Unvergessliches.

Hier werden Urlaubsträume wahr! Ein ruhiges Plätzchen am Meer findet sich in Kroatien vielerorts, etwa auf Krk.

Schauen, staunen, kosten – auf Märkten wie in Rovinj kauft man preiswert beim Erzeuger.

1

2

3

4

5

6

7

8

9

10

★★ Baedeker Topziele

Unsere TOP 10 helfen Ihnen, von der absoluten Nummer eins bis zur Nummer zehn, die wichtigsten Reiseziele einzuplanen.

❶ ★★ Dubrovnik
Die Königin der östlichen Adria entführt mit Palästen, Kirchen, Museen und imposanten Wehrmauern in jene glanzvolle Ära, als sie dem mächtigen Venedig Paroli bot. S. 158

❷ ★★ Plitvička Jezera
Rauschende Wasserfälle, türkisfarbene Seen, üppige Vegetation und weiß blitzender Travertin-Stein prägen eine märchenhafte Landschaft. S. 68

❸ ★★ Split
Das Zentrum der quirligen Hafenstadt bildet der Palast des römischen Kaisers Diokletian. Hier findet man antike Götter neben christlichen Heiligen sowie schicke Cafés zwischen römischen Säulen. S. 124

❹ ★★ Poreč
In der Euphrasius-Basilika, dem einzigartigen Gotteshaus aus der Frühzeit des Christentums, sind herrliche Mosaiken der Blickfang. S. 96

❺ ★★ Trogir
In der Altstadt ist die große Vergangenheit des Städtchens allgegenwärtig. Einen Höhepunkt der frühgotischen Steinmetzkunst bildet das mit zig Figuren geschmückte Portal der Kathedrale. S. 129

❻ ★★ Nacionalni Park Krka
Highlight des Nationalparks ist der Wasserfall Skradinski Buk, doch es gibt mehr zu entdecken: einsame Klöster, schattige Wanderwege und üppige Natur. S. 131

❼ ★★ Hvar
Die duftende Lavendelinsel gehört zu den schönsten Eilanden der Welt. Ihr gleichnamiger Hauptort gibt sich kosmopolitisch und bietet hochklassige Unterkünfte. S. 133

❽ ★★ Korčula
Aromatischer Wein und originelle Schwerttänze sind die Markenzeichen der süddalmatinischen Insel. Die bezaubernde Hauptstadt lockt mit engen Gassen, venezianischen Palästen und urigen Lokalen. S. 163

❾ ★★ Pula
Die lebhafte Hafenstadt birgt kostbare Schätze aus römischer Zeit – ein Amphitheater, einen Augustustempel und einen Triumphbogen. S. 99

❿ ★★ Brač
Sonne, Strand und Wind sind die drei Pluspunkte der Insel, die als eine der wenigen in Kroatien einen Feinkiesstrand besitzt. S. 137

Ein Gefühl für Kroatien bekommen …

Erleben, was die Region ausmacht, ihr einzigartiges Flair spüren. So, wie die Kroaten selbst.

Schaulaufen

Sehen und gesehen werden: Den allabendlichen »Korzo« auf dem Trg Bana Jelačića (S. 40) will kein Zagreber verpassen. Junge Eltern schieben Kinderwägen, Grüppchen von Teenies umlagern kichernd die Eisdielen, ältere Damen und Herren promenieren gemessen, es wird gegrüßt und angebandelt und der neueste Klatsch ausgetauscht. Einfach mitspazieren und zuschauen – es macht richtig Spaß (im Sommer abends ab 19 Uhr, im Winter früher und es ist deutlich weniger los).

Barocke Gefühle

Varaždin (S. 73) ist Kroatiens schönste Barockstadt. Wenn jedes Jahr von Mitte September bis Mitte Oktober kroatische und internationale Musiker in barocken Räumen und auf Plätzen teils in Originalkostümen Musik dieser Epoche zum besten geben, fühlt sich jeder Zuhörer ins glanzvolle 18. Jh. mit Rüschenkrinolinen, bunten Uniformen und zierlichen Tänzen versetzt (Varaždinske barokne večeri, Mitte Sept.–Mitte Okt., www.vbv.hr).

Markttag

Obst und Gemüse stapeln sich gen Himmel, aromatische Düfte schwängern die Luft und verkaufstüchtige Marktbeschicker preisen ihre Waren an: Ob Zagreb, Zadar oder Split, in diesen und vielen anderen kroatischen Städten lockt das bunte Markttreiben Einheimische und Touristen schon frühmorgens aus ihren Betten. So auch in Pula: Ein Besuch der eleganten Jugendstil-Markthalle (Narodni trg, Mo–Sa tägl. bis mittags), wo es vormittags richtig bäuerlich und mit Feilschen zur Sache geht, vermittelt ein gute Portion kroatischen Alltags und bildet das Kontrastprogramm zu den vielen Sehenswürdigkeiten aus Pulas (S. 99) Antike. Einkaufen im Supermarkt? Darauf kann man bei dem frischen und verführerischen Angebot der Märkte getrost verzichten! Nicht zu vergessen ist auch das delikate Fischangebot.

Süßes Nichtstun am Kieselstrand in einer einsamen Bucht der Insel Brač

Süße Pause in Rovinj

Frischen Fisch direkt am Hafen gibt es beispielsweise auf dem Markt in Mali Losinj.

Kieselsteine

Strände mit Sand oder Feinkies sind selten an der kroatischen Küste. Doch die Einheimischen vermissen diesen Komfort nicht. Sie schätzen ihre felsigen Badeplätze wegen des glasklaren Wassers – denn kein Sandstrand kann sich damit messen. Ein besonders sauberer und malerischer Strand ist die aus großen Kieselsteinen bestehende Bucht unterhalb des Dörfchens Beli auf der Insel Cres (S. 108). Badeschuhe nicht vergessen, denn auch Seeigel schätzen das saubere Wasser!

Am Ball

Was tun vornehmlich männliche Bewohner von Split (S. 124) an einem Spätsommernachmittag? Sie ziehen an den Bačvice-Strand östlich des Zentrums und spielen Picigin. Die in Split erfundene Variante des Wasserballs wird von bis zu fünf Spielern im knietiefen Wasser praktiziert, scheint keine nachvollziehbaren Regeln zu haben, wird aber verbissen und leidenschaftlich vom Publikum beobachtet und kommentiert. Machen Sie mit!

Am Wind

Diese Hotspots sollte kein Windsurfer missen: In der Wasserstraße zwischen Orebić auf Pelješac und dem Städtchen Korčula (S. 163) treibt pünktlich ab 13 Uhr ein heftiger Maestral die Surfer mit Windstärke sechs vor sich her. Einziger Haken: In dem schmalen Kanal muss man auf Fährschiffe und andere Verkehrsteilnehmer achten! Und verfallen Sie ja nicht in einen Geschwindigkeitsrausch, denn sonst landen Sie viele Seemeilen entfernt am zweiten Surf-Hotspot der dalmatinischen Küste, der Wasserstraße vor Bol (S. 138) auf Brač.

Sladoled – Gelato – Icecream

Urlaub an der Adriaküste, ohne sich mindestens einmal täglich von einer Waffel mit wunderbar cremigen Eiskugeln verführen zu lassen? Undenkbar! Alleine das große Angebot, kombiniert mit der Kunstfertigkeit vieler Eisverkäufer, an denen ein Jongleur verloren gegangen ist, verspricht höchste Wonnen. Bleibt nur die Frage, wo es das beste Eis gibt. Viele meinen in »The Orange Bar« in Rovinj. Der Champion könnte aber auch das Dolce Vita in Dubrovnik sein – entdecken Sie ihren persönlichen Lieblingseismacher!

Wein, Mann und Gesang

Die kroatischen Männerchöre nennen sich »Klapa«. Wenn sie ihre melancholischen A-capella-Lieder anstimmen, steht einem das Herz still: Der Horizont weitet sich, die Sonne geht unter, Segelschiffe steuern aufs Meer hinaus, eine Frau winkt dem Liebsten hinterher – Schmelz und Melancholie der traditionellen Weisen, die die »Klapa«-Chöre vortragen, verlangen nach emotionalem Trost in Form eines Gläschen Weins. In diesem Sinne: »Živjeli«!

Wer die Naturwunder Kroatiens – z. B. den Zrmanja-Canyon im Paklenica-Nationalpark – erblickt, möchte sie für immer festhalten, wenigstens auf einem Bild.

Das Magazin

Ein Land, bildschön und voller Verlockungen: ob atemberaubende Natur, faszinierende Traditionen oder die kroatische Küche.

Seite 12–29

1001 Dalmatiner – Insel-Hopping an der Adria

Tausend Inseln zum Erkunden, mit den saubersten Gewässern des Mittelmeerraums und freundlichem Wetter, ohne sich Gedanken um die Gezeitenlage machen zu müssen – wen wundert's, dass Segler die kroatische Küste so lieben? Kroatien ist im Wettstreit um die Top-Segeldestination im Mittelmeer längst zum ernst zu nehmenden Rivalen für Griechenland und die Türkei geworden.

Eine lebendige Café-Kultur und die schwungvolle Bar-Szene im Sommer schaffen in Städten wie Hvar und Dubrovnik mondäne Alternativen zur französischen Riviera. Anderswo warten zahllose versteckte Buchten und einige der abgeschiedensten Strände Kroatiens auf Besucher mit schwimmenden Untersätzen. Und dann ist da natürlich noch das einfache, aber umso anregendere Vergnügen eines schmackhaften Abendessens in einer Konoba, einem typischen Restaurant, gefolgt vielleicht von einem Rakija-Digestif.

Zahlen und Fakten

- 1185 Inseln, davon etwa 66 bewohnt
- 5835 km Küste
- 4058 km davon auf Inseln
- 56 Jachthäfen
- 350 Naturhäfen
- 13 000 Ankerplätze

Insel-Hopping

Es gibt drei Arten von Insel-Hopping an der Adria. Am unkompliziertesten ist es, das hervorragende Fährennetzwerk zu nutzen, das die Häfen von Zadar, Split und Dubrovnik mit den größeren bewohnten Inseln verbindet. Die meisten fahren unter der Flagge von Jadrolinija (www.jadrolinija.hr, S. 196). Ferner besteht die Möglichkeit, auf einem traditionellen »Gulet«-Motorsegler (http://blaue. reise.com) anzuheuern, der normalerweise eine Woche lang zwischen den Inseln umher-

Stechen Sie in See und erkunden Sie die kroatische Adria! Besonders verlockend sind die Kornaten.

schippert. Oder sind Sie lieber ganz Ihr eigener Herr? Dann chartern sie vor Ort eine Jacht (www.ayc.hr, www.sailcroatia.net). Dabei gibt es verschiedene Varianten: Bei einer sogenannten »Bareboat«-Charter muss mindestens ein Crewmitglied ein erfahrener Segler sein. Andernfalls kann auch ein Skipper engagiert werden, dem die Mitreisenden helfend zur Seite stehen – das bedeutet freilich auch, dass der Käpt'n am Steuer extra bezahlt werden muss. Manche Veranstalter bieten schließlich auch Jachten mit Komplettservice an, also mit Skipper, Koch, Steward und Hostess. Oder aber Sie schließen sich einer Flotille an; hier müssen Sie in der Lage sein, Ihr eigenes Boot zu segeln, sind jedoch Teil einer größeren Gruppe, wo im Zweifelsfall dann auch schnell Expertenhilfe zur Hand ist (www.nautic-tours.de).

Wer mit der eigenen Jacht unterwegs ist, kann sich aussuchen, wo er anlegen möchten. Die meisten der 56 Jachthäfen sind das ganze Jahr über geöffnet – und der nächste ist problemlos in einem Tag zu erreichen (www.croatia.hr, www.aci-marinas.com). Für eine richtige »Zurück-zur-Natur-Erfahrung« nehmen Sie Kurs auf die unbewohnten Eilande der Kornati-Inselgruppe (S. 142) in der Nähe von Zadar. Das einzige, worauf Sie dann noch achten sollten, ist die »Bora«, ein starker Nordostwind, der zuweilen vom Festland aufs Meer bläst und den Schiffsverkehr ganz zum Erliegen bringen kann.

Der Kroatien-Krieg

Mitten im romantischen Dubrovnik, in einem Raum des Sponza-Palasts, lässt die grausame Realität der Balkankriege die Urlaubsfreuden gänzlich in den Hintergrund treten. Der Gedenkraum für die Opfer der Belagerung von 1991/1992 zeigt schockierende Bilder der Auseinandersetzungen, bei denen der Vielvölkerstaat Jugoslawien Anfang der 1990er-Jahre zerfiel.

Serbische Soldaten beschießen kroatische Ziele, 9. Februar 1993.

Kaum jemandem, der seinen Sommerurlaub an der kroatischen Küste verbringt, ist bewusst, dass Kroatien ein junges Land ist, das seine Unabhängigkeit mit Waffengewalt erkämpfte. Noch immer hat sich der Balkan von dem Krieg, der ihn 1991 auseinanderriss und erst 1995 beendet werden konnte, nicht vollständig erholt. Wer ins Landesinnere fährt, nach Vukovar oder zu den serbischen Dörfern um Knin, sieht die Narben des Krieges in ausgebrannten Häusern und zerbombten Fassaden. Und dass der emotionale Schaden unsichtbar ist, heißt nicht, dass er nicht existiert. Die wenigen Kroaten und Serben, die in diesen Gegenden geblieben sind, wahren einen Burgfrieden, führen ihr separates Leben, besuchen separate Bars und schicken ihre Kinder in separate Schulen.

Das Ende einer Ära

In der Rückschau erscheinen die Kriege von 1991–1995 als eine unausweichliche Konsequenz: Jugoslawien war zusammengehalten worden von Präsident Tito (1892–1980), der im Zweiten Weltkrieg die kommunistischen Partisanen anführte und 1953 Staatspräsident seines Landes wurde. Mehr als 35 Jahre lang schaffte es Tito, die Völker des Balkans – Kroaten, Serben, Slowenen, Mazedonier, Bosnier, Albaner und andere – hinter seiner Variante des Sozialismus zu sammeln, die diktatorische Methoden mit persönlicher Freiheit kombinierte. Zehn Jahre nach Titos Tod erklärte sich Kroatien 1991 unabhängig und wurde von Einheiten der Jugoslawischen Volksarmee (JNA) angegriffen. Unter dem Vorwand, die serbische Minderheit in Kroatien schützen zu müssen, marschierten jugoslawische Soldaten in von Serben bewohnte Dörfer ein. Kurz darauf kontrollierten die Serben ein Drittel Kroatiens und vertrieben Kroaten aus ihren Häusern, eine Vorgehensweise, die später als »ethnische Säuberung« bezeichnet wurde. Als die kroatische »Operation Sturm« 1995 die serbische Besatzung beendete, passierte das Umgekehrte und viele Serben flohen nach Bosnien.

Schuld, Sühne, Stolz

In gewisser Weise stellt sich Kroatien immer noch nicht wirklich den Realitäten des vergangenen Kriegs, den es »Heimatkrieg« nennt und in dem jedes der beteiligten Völker Täter und Opfer war. Kroatische Generäle waren ebenso an Vertreibungen und Massentötungen vermeintlich gegnerischer Zivilisten beteiligt wie serbische, und ebenso wie Serbien weigerte sich auch Kroatien lange, die in der Heimat als »Helden« verehrten Kriegsverbrecher dem Internationalen Strafgerichtshof in Den Haag zu überstellen. Doch Kroatien präsentiert sich als moderne, fortschrittliche europäische Nation. Mit Erfolg: 2013 trat Kroatien als 28. Mitglied der Europäischen Union bei.

Ferien auf dem Bauernhof

Eine verhältnismäßig neue Ferienform in Kroatien ist Urlaub auf dem Bauernhof. Gewinnen Sie Einblicke in das traditionelle, agrarisch geprägte Leben Kroatiens, ohne dabei auf etwas Komfort verzichten zu müssen.

Früher übernachteten Kroatien-Urlauber zumeist in einem der großen Pauschalhotels direkt am Meer – und vom Kroatien jenseits der Strände bekamen sie wenig mit. Als der Tourismus als Folge des Krieges von 1991–1995 zusammengebrochen war, wagten die Einheimischen sich jedoch auf Neuland vor. Das Schlagwort heute lautet »ländlicher Tourismus«, auf kroatisch »Agroturizam«. Immer mehr Kroaten pflegen die Traditionen und öffnen ihre Häuser für Gäste.

Sattgrüne Landschaft umgibt Motovun und die anderen Hügelstädtchen im Landesinneren Istriens.

Erfrischung im Pool gefällig? So manche Unterkunft auf dem Land bietet viel Komfort.

Ein frischer Wind

Agrotourismus brachte frischen Wind ins ländliche Kroatien. Alte, fast schon verlassene Dörfer erwachen zu neuem Leben, verfallene steinerne Bauernhäuser werden restauriert und nachhaltige Landwirtschaft wird vorangetrieben. Wer durch die Regionen fern der Küste fährt, sieht Schilder am Straßenrand, die »Agroturizam«, »Seoski turizam« oder »Seljački turizam« bewerben. Dahinter verbergen sich Unterkünfte in kleinen traditionellen Steinhäusern ebenso wie in großen Bauernhöfen, die in ein Luxus-Landhotel mit eigenem Swimmingpool umgewandelt wurden.

Vorreiter Istrien

In Istrien ist der Agrotourismus am weitesten entwickelt, unterstützt von den Fremdenverkehrsbehörden, die u. a. Wein- und Olivenöl-Routen sowie Fahrradwanderwege konzipiert haben. In den Touristeninformation bekommen sie Broschüren mit einschlägigen Adressen. Und auch einige Reiseagenturen haben sich auf den ländlichen Tourismus spezialisiert: So bietet z. B. der Veranstalter Riva Tours ein breites Spektrum an (www.kroatien-idriva.de), bei Istrien Pur werden Ihnen ausgesuchte und geprüfte Betriebe vorgeschlagen (www.istrien-pur.com).

Mit seinen Olivenhainen und Weinbergen ist Istrien die perfekte Agrotourismus-Destination, vor allem, da das Meer nie weit weg ist. Was könnte schöner sein, als sich nach einem Strandnachmittag in Ihr gemütliches Bauernhaus zurückzuziehen?

Agrotourismus startet durch

Doch auch andere Regionen haben in puncto Agrotourismus aufgeholt.

Zu diesen zählen z. B. Zagorje nördlich von Zagreb, die Dörfer um die Plitvicer Seen und die Baranja-Region im nordöstlichen Slawonien, nahe dem Sumpfgebiet Kopački Rit. Weitere Optionen finden Sie auf einigen der größeren Inseln wie Korčula oder Hvar. Manche Höfe bieten Ausritte und Leihfahrräder an, andere lassen Sie hautnah am landwirtschaftlichen Leben teilhaben, ob nun bei der Fütterung der Tiere oder der Weinlese. Das Angebot variiert, aber eines ist allen gemeinsam: die Chance, einen Einblick in das ländliche Leben zu gewinnen.

Alternative Unterkünfte

Wer mal so richtig den Alltag hinter sich lassen will, kann noch ungewöhnlichere Quartiere wählen. Wie wäre es beispielsweise, in einem Leuchtturm an der Adria zu übernachten? Elf Türme sind bisher zu Ferienwohnungen umgebaut worden, die zwischen zwei und acht Personen Platz bieten. Alle Apartments haben Strom oder Gas, fließend heißes und kaltes Wasser, Fernseher und eine Küche, wobei Sie Lebensmittel für die Woche selbst mitbringen müssen. Drei der Leuchttürme – Makarska, Poreč und Savudrija – befinden sich auf dem Festland in der Nähe von Restaurants und Läden, letztgenannter steht an Istriens Nordspitze und ist der älteste Kroatiens (1818 erbaut). Die anderen wurden auf Inseln in mehr oder weniger abgeschiedener Lage erbaut: Der Leuchtturm von Palagruza von 1875 steht 90 m über dem Meer auf der abgelegensten Insel der Adria, 70 km von Vis entfernt auf halbem Weg zwischen der kroatischen und der italienischen Küste. Die Insel ist gerade einmal 1400 m lang und 300 m breit, bietet aber einen eigenen Strand und hervorragende Angelmöglichkeiten. Überfahrten können von Korčula oder Split organisiert werden – einmal dort angekommen, ist man aber auf sich gestellt. Im Notfall können Sie per Handy ein Boot oder einen Helikopter anfordern. Es gibt zwei Vier-Personen-Apartments und zur Gesellschaft einen Leuchtturmwärter. Jetzt müssen Sie nur noch hoffen, dass Sie sich alle gut verstehen … Mehr Information zu Aufenthalten in kroatischen Leuchttürmen gibt es auf www.lighthouses-croatia.com. Über diese Website können Sie auch buchen.

Weinberg nahe Lumbarda auf der Insel Korčula

Die gewundenen Pfade des Plitvicer Nationalparks

Tiefe Wasser, hohe Berge – das wilde Kroatien

Berge, Seen, Flüsse, Wasserfälle, Wälder, Schluchten und das glitzernd blaue Meer – wer spektakuläre Naturlandschaften sucht, wird in Kroatien auf ganzer Linie fündig.

Etwa 40 % des Landes präsentieren sich bergig, wobei die rauen Gipfel und der graue Karst-Kalkstein des Dinarischen Gebirgszugs eine natürliche Grenze zu Bosnien sowie eine dramatische Kulisse für die Adriaküste bilden. Die höchste Erhebung ist der Berg Dinara (1831 m) bei Knin. Das von Schluchten durchschnittene und von unterirdischen Flüssen und Höhlen durchzogene Dinarische Gebirge setzt sich unter der Meeresoberfläche nach Westen fort. Seine aus dem Wasser ragenden Gipfel bilden die wunderschöne kroatische Inselwelt. Weitere 30 % von Kroatien sind bedeckt mit Wäldern, sie bestehen vorwiegend aus Eichen, Kiefern, Tannen, Buchen und Fichten.

Kroatien hat immer schon leidenschaftlich sein reiches Naturerbe geschützt. Der erste Nationalpark wurde 1949 an den Plitvicer Seen (S. 68) eingerichtet. Heute werden in acht Nationalparks Flora und Fauna geschützt und der Tourismus sorgfältig gemanagt. Zu den weiteren zehn Naturparks zählen auch der Kopački Rit (S. 76), das Sumpfgebiet von Lonjsko Polje (S. 78) und der Berg Medvednica (S. 52) nördlich von Zagreb. In den Naturparks wird der Schutz der Tier- und Pflanzenwelt weniger streng praktiziert, und der Zugang ist für Besucher im Allgemeinen umsonst (im Gegensatz dazu wird in den Nationalparks des Landes eine Zugangsgebühr fällig).

Zu Land, zu Wasser oder in der Luft – Kroatien hält unzählige Möglichkeiten für Touren und Outdoor-Abenteuer bereit.

Einfach mal abtauchen: Vor den Küsten warten wunderbare Tauch- und Schnorchelreviere – dank des klaren Wassers sehen Sie viele Meter weit.

Wilde Tiere

Neben Bären fühlen sich auch andere große Säugetiere in Kroatiens Bergen und Wäldern wohl, unter ihnen Luchse, Wölfe und Wildschweine. Ein häufig anzutreffendes Säugetier ist der Baummarder, ein wieselähnliches Raubtier, das sich von kleinen Nagetieren und Vögeln ernährt und dem die kroatische Währung (Kuna) ihren Namen verdankt. Unter den Raubvögeln finden sich – besonders in den Gebirgszügen von Paklenica und Nord-Velebit – Steinadler und Wanderfalken, auf der Insel Cres lebt eine Kolonie von Gänsegeiern. Im Frühling und Sommer brüten Weißstorch und Schwarzstorch in den Feuchtgebieten Nordkroatiens, vor allem in Lonjsko Polje, wo Sie auch Silberreiher, Reiher und Kormorane erspähen können. Delfine tummeln sich oft vor der Adriaküste und um die Inseln Cres und Lošinj lässt sich eine Schule von etwa 200 Großen Tümmlern antreffen.

Ruf der Natur

Kroatien ist ein Paradies für Wanderer, Bergwanderer, Rad- und Kanufahrer, Taucher, Fans von Extremsportarten – und überhaupt für jeden, der es liebt, in der freien Natur zu sein. Während sich die niedrigeren Hangregionen und Wälder gut zum gemütlichen Wandern eignen, sollten die höheren Gefilde erfahrenen Bergwanderern vorbehalten bleiben. Selbst im Sommer, wenn die Küste im Sonnenschein badet, kann in den Bergen Schnee liegen. Und im Winter wird es dort ohnehin bitter kalt. Wer Alpinwandern ins Auge fasst, sollte sich jedenfalls umfassend informieren.

Gut geeignet für gemütlichere Wanderungen sind der Medvednica-Gebirgszug nördlich von Zagreb oder die grünen Hügel des Natur-

Nicht immer muss das Naturerlebnis sportliche Höchstleistungen beinhalten. Manchmal möchte man einfach nur am Strand entlanglaufen und die Aussicht genießen.

parks Žumberak-Samoborsko Gorje. Felskletterer könnten die herausfordernden Felswände der Nationalparks Paklenica und Nord-Velebit in Angriff nehmen. Allein der Nationalpark Paklenica bietet über 360 Kletterrouten, u. a. einen steilen Felsen für Anfänger am Eingang zur Schlucht. Gelegenheit zum Alpinklettern und Freeclimbing gibt es auch auf den Brač, Mljet und Vis sowie im Naturschutzgebiet Zlatni Rat bei Rovinj. Kanu- bzw. Kajakfahren und Wildwasser-Rafting sind beliebt und werden von vielen Veranstaltern angeboten. Die Top-Rafting-Destination ist Omiš, gut erreichbar ab der Makarska Rivijera oder den dalmatinischen Inseln.

Nationalparks

- Nacionalni Park Brijuni (S. 103)
- Nacionalni Park Kornati (S. 142)
- Nacionalni Park Krka (S. 131)
- Nacionalni Park Mljet (S. 165f)
- Nacionalni Park Plitvička Jezera (S. 68)
- Nacionalni Park Risnjak (S. 107)

Thema Bären: die Fakten

Man nimmt an, dass zwischen 400 und 600 Europäische Braunbären in den Gebirgszügen von Gorski Kotar und Velebit, rund um die Plitvicer Seen und im Risnjak-Nationalpark leben. Der Braunbär ist der größte landgängige Fleischfresser der Welt und kann bis zu 300 kg schwer werden. Obwohl Braunbären in anderen Teilen Europas praktisch ausgestorben sind, können sie in Kroatien außerhalb der Nationalparks legal gejagt werden. So wird leider ab und an auch Bärenfleisch zum Verkauf angeboten.

Die Schwerttänzer von Korčula

Der Schwerttanz erreichte die Insel Korčula wahrscheinlich im 16. Jahrhundert. Der Name »Moreška« leitet sich vom spanischen oder italienischen Wort für »maurisch« ab. Im gesamten Mittelmeerraum verarbeiteten die Menschen die Erinnerung an kriegerische Auseinandersetzungen zwischen muslimischen Heeren und christlichen Verteidigern in Form ähnlicher Rituale; auf Korčula, das unter der Bedrohung durch die Osmanen litt, fiel der Tanz deshalb auf fruchtbaren Boden.

Die Moreška erzählt die altbekannte Geschichte von Gut gegen Böse – und wie immer obsiegen die Guten schlussendlich. Das Ritterspiel beginnt mit dem schwarz gekleideten Schwarzen König, der die hübsche muslimische Jungfrau Bula in Ketten gelegt über die Bühne zerrt und sie dazu drängt, seine Liebe zu erwidern. Sie weist ihn je-

Gut gegen Böse – die Armeen der beiden Könige »bekämpfen« sich.

Prächtige Kostüme sind fester Bestandteil der Moreška.

doch zurück, aus Liebe zu Osman, dem Weißen König – der verwirrenderweise rot gekleidet ist.

Schließlich bringen die beiden Könige ihre Armeen ins Spiel, und der Tanz beginnt. Zur Begleitmusik einer Blaskapelle stürzen sich die beiden Armeen in die Schlacht und bilden einen Kreis, um einen stilisierten Kriegstanz aufzuführen, bei dem ihre klirrenden Schwerter paarweise gegeneinanderstoßen. Jede Schrittfolge hat ihren Rhythmus; bei der letzten erfolgen die Schwertstöße Schlag auf Schlag. Funken fliegen, während sich die geschlagene Armee des Schwarzen Königs in die Mitte eines enger werdenden Kreises zurückzieht, um dort zusammenzubrechen. Der Schwarze König gibt sein Schwert auf, und der Weiße König befreit Bula aus ihren Ketten. Beim folgenden Kuss brandet der Applaus der Zuschauer auf.

Moreška-Revival

Zum Ende des Zweiten Weltkriegs erinnerten sich nur wenige Menschen auf Korčula an den Tanz. Wiederbelebt wurde die Moreška durch einige Bürger und den Dirigenten des Stadtorchesters. Heute findet im Juli und August auf der Insel ein Schwerttanz-Festival statt, bei dem auch Varianten wie die »Kumpanija« zum Zuge kommen. Im Gegensatz zur Moreška, die sich zu einem touristischen Spektakel mit wöchentlichen Vorstellungen im Sommertheater gemausert hat, richten sich Kumpanija-Aufführungen eher an die lokale Bevölkerung und bleiben auf Festtage beschränkt. Bei der Moreška stehen Story und Kampf im Vordergrund, während die Kumpanija einem Volkstanz gleicht, bei dem die Schwerter Dekor sind. Doch gleich welcher Tanz – jede Familie, die einen Tänzer stellt, ist darauf stolz.

Eine bunte Speisekarte

Die Balkanküche hat einige berühmte Konstanten – etwa die Hackfleischröllchen Čevapčići, Ražnjići-Schweinefleisch-Spieße oder die innige Leidenschaft für Spanferkel. Kroatien bietet aber noch viel mehr: die ganze kulinarische Bandbreite einer Nation, die an der Schnittstelle von Balkan und Italien, Mitteleuropa und Mittelmeer liegt.

Die Speisekarten in den Küstenstädten sind stark vom regionalen Angebot geprägt. Die klassische dalmatinische Küche setzt auf Fisch und Meeresfrüchte aus der Adria, die frisch und unaufgeregt über Holzkohle gegrillt oder in einer Salzkruste gebacken werden. Alternativen sind reichhaltige »Buzara«-Schmorgerichte (Meeresfrüchte mit Tomaten und Weißwein), oder die hiesige Bouillabaisse. Das traditionelle Fleischhauptgericht ist »Pašticada«, ein in süßem Weißwein geschmorter Rindfleischeintopf; und auf Inseln wie Pag oder Cres, auf denen die Schafzucht weit verbreitet ist, gibt es auch hervorragendes Lammfleisch vom Spieß. Die typische Beilage ist »Blitve«, ein aromatischer Mix aus Mangold und Knoblauch-Kartoffeln.

Das typischste dalmatinische Gericht jedoch wird unter der »Peka« zubereitet, einer schweren Eisenpfanne mit Deckel, die in die Glut gestellt und mit Holzkohle beschwert wird. Ob Lamm, Kalb oder Oktopus – das ist Slow Food von seiner besten Seite: mit Sehnen und Fett gekocht und so saftig wie schmackhaft. Für ein »Peka«-Gericht ist oft eine Voranmeldung nötig, aber es lohnt sich.

Wie die Nachbarn kochen

Der kulinarische Einfluss des Nachbarn Italien ist in Istrien am stärksten. Die Region im Nordwesten Kroatiens – die am besten gehütete europäische Geheimdestination für Feinschmecker – hat eine Küche, die so italienisch ist wie ihr Dialekt: Auf den Tisch kommen die rustikale italienische Bohnen- und Gemüsesuppe »Maneštra«, hausgemachte »Kobasice«-Würstchen und Pastasorten wie »Fuži« (Fusilli), und auch »Njoki« (Gnocchi) sind beliebt. Die Region ist stolz auf ihren Schinken

»Pršut«, der sehr dem Prosciutto ähnelt, und ganz besonders auf ihre weißen und schwarzen Trüffel (»Tartufi«), die jeden Herbst um Motovun von bestens eingespielten Mann-Hund-Teams aufgestöbert werden.

Das Landesinnere steht mehr für etwas rustikalere Geschmackserlebnisse und pfegt seine Vorliebe für Produkte von den hiesigen Bauernhöfen. In Zagorje nördlich von Zagreb finden Sie Truthahn (»Purica«), endlose Variationen von Kohl sowie den Strudel namens »Štrukli«, der oft mit Frischkäse, Fleisch oder Speck gefüllt und gekocht wird. Slawonien schätzt wie das angrenzende Ungarn eine stark gewürzte Küche – Paprika verleiht der Salami »Kulen« oder dem würzigen Eintopf »Čobanac« einen pikanten Biss. Eine Spezialität des äußersten Ostens Kroatiens ist dagegen an einem dünnen Ast gebratener Karpfen.

Schleckermäuler, aufgepasst!

Gemessen an der Vielfalt von Vor- und Hauptspeisen gerät Süßes zum Abschluss eines Menüs etwas ins Hintertreffen. Häufig haben Sie die Wahl zwischen Palatschinken (»Palačinke«) mit Marmelade oder einem Eisbecher. Nehmen Sie lieber den (oft gratis) angebotenen Verdauungsschnaps und heben Sie sich den Hunger auf Süßes für die nächste Konditorei auf. Dort nämlich trifft wieder Orient auf Okzident, in Form von klebrig-süßer »Baklava« aus der ehemals türkischen Einflusssphäre und fluffig-luftiger »Kremšnita« als Reminiszenz der langen Verbundenheit mit dem Habsburger Reich. Übrigens: Auch das Eis ist köstlich und meist nach albanischer Art – zumindest haben sich albanische Einwanderer vor allem in diesem kulinarischen Bereich einen Namen gemacht.

Vergessen Sie Amselfelder …

… falls Sie ihn überhaupt noch kennen, den preiswerten Weinverschnitt, mit dem Jugoslawien unsere Weinregale flutete. Auch unter der Bezeichnung Plavac, bis in die 1990er-Jahre Inbegriff südslawischer Billigweinkultur, dürfen sie sich heute etwas Anderes vorstellen, nämlich einen sehr feinen Roten, den Dalmatiens Winzer zu immer neuen vinologischen Höhen führen. Vor allem alte autochthone Reben werden wieder gepflegt: der istrische Malvazija, seine herben roten Brüder Refošk und Teran, der rote Plavac Mali von der Halbinsel Pelješac, der liebliche weiße Bogdanuša von der Insel Hvar und der ebenfalls auf Pelješac auf besonders steilen Lagen gepflanzte Dingač, ein sehr temperamentvoller Tropfen. Damit der Wein nicht zu Kopfe steigt – der Alkoholgehalt ist durchweg höher als der von hiesigen Weinen – sollten Sie nicht am Mineralwasser aus örtlichen Thermalquellen wie Jamnica sparen.

Lukullische Genüsse warten in vielen kroatischen Restaurants, etwa im »Batelina«.

Sechs der besten Restaurants

In den letzten Jahren haben die Meisterköche der Nation klassische Gerichte neu erfunden und veredelt. Diese Namen sollten auf der Checkliste eines jeden Gaumenfreundes stehen:

Toklarija (S. 112): erstklassiges istrisches Slow Food in rustikalem Ambiente

Konoba Batelina (S. 112): Das Fischrestaurant bei Pula wird wegen der Frische und Kreativität seiner Gerichte gefeiert.

Zigante (S. 112): das Flagschiff-Restaurant einer regionalen Kette, gegründet vom Finder der weltgrößten Trüffel

Zlatna Školjka (S. 148): Seebarsch auf Safranreis ist ein typisches Gericht für dieses preisgekrönte Slow-Food-Restaurant auf Hvar.

Kapetanova Kuća (S. 173): Das Hafenrestaurant ist berühmt für seine in Mali Ston gezüchteten Austern.

Das abendliche Zagreb mag entspannt und ruhig wirken, doch das Herz der jungen Hauptstadt pulsiert kräftig.

Zagreb

Hauptstadt mit Kaffeehausflair – doch hinter Zagrebs nostalgischer Fassade verbirgt sich eine spannende, junge Szene.

Seite 30–57

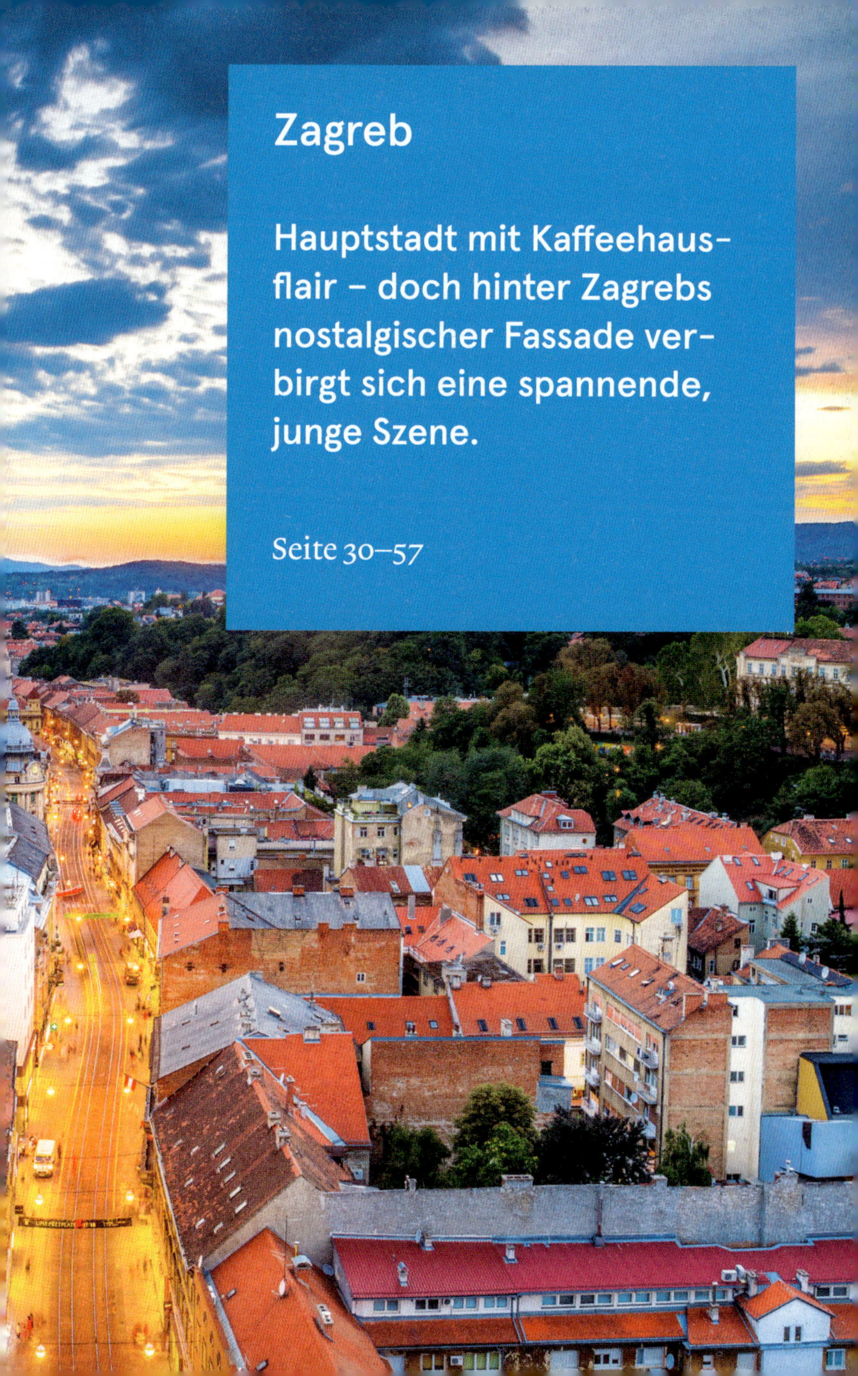

Erste Orientierung

Fast 1 Mio. Menschen leben in Zagreb, was rund einem Viertel der Bevölkerung Kroatiens entspricht. Die Stadt ist damit die bei Weitem größte Metropole des Landes und zugleich auch dessen unangefochtenes politisches, kulturelles und wirtschaftliches Zentrum.

Dabei ist Zagreb erst seit 1991 die Hauptstadt eines unabhängigen Staates, nachdem sie jahrhundertelang im Schatten Wiens, der Kapitale Österreich-Ungarns, und später der jugoslawischen Hauptstadt Belgrad stand. Und so hat sich das Flair einer pulsierenden, zukunftsorientierten jungen Metropole auch erst in den letzten Jahren entwickelt.

Die Stadt liegt zwischen den bewaldeten Hängen der Medvednica im Norden und dem Fluss Save im Süden. Die kroatische Metropole entstand einst aus zwei rivalisierenden befestigten Siedlungen, die sich auf zwei benachbarten Hügeln befanden: dem bis heute von der Kathedrale beherrschten Bischofssitz Kaptol und der Kaufmannsstadt Gradec. Beide zusammen werden heute als Gornji Grad (Oberstadt) bezeichnet.

Die Donji Grad (Unterstadt) bilden dagegen die im Zuge der großen Stadterweiterung im 19. Jh. neu angelegten Viertel mit ihren breiten Boulevards, Museen, gründerzeitlichen Repräsentationsbauten und einem »grünen Hufeisen« aus Parks, Promenaden und begrünten Plätzen. Die meisten der neuen Gebäude wurden nach einem großen Erdbeben im Jahr 1880 errichtet.

An der Schnittstelle von Ober- und Unterstadt liegt Zagrebs Hauptplatz, der Trg Bana Jelačića. Auf dem Platz mit seinen Straßenbahnhaltestellen und belebten Caféterrassen geht es von frühmorgens bis zum späten Abend sehr geschäftig zu.

Nicht verpassen!

11 Trg Bana Jelačića
12 Gornji Grad
13 Atelijer Ivan Meštrović

Nach Lust und Laune!

14 Muzej Grada Zagreba
15 Hrvatski Muzej Naivne Umjetnosti
16 Muzej za Umjetnost i Obrt
17 Muzej Mimara
18 Etnografski Muzej
19 Lenuzzijeva Potkova
20 Arheološki Muzej
21 Maksimirski Perivoj
22 Medvednica
23 Groblje Mirogoj

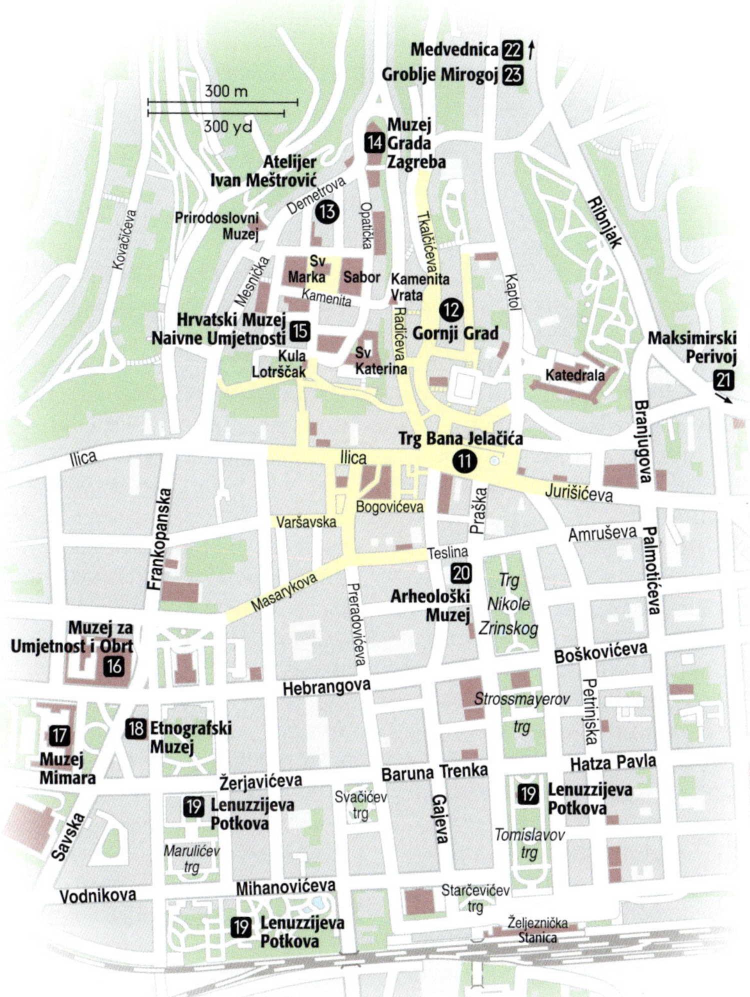

Mein Tag
Typisch kroatisch?

Bei diesem entspannten Stadtbummel klären Sie die Frage: Was ist eigentlich typisch kroatisch? Die rotbäckige Bäuerin auf dem Markt Dolac? Streetware der Designerin Branka Šćepanović? Štrukli oder Kvarner Scampi auf der Speisekarte? Und zu guter Letzt: Haben die Kroaten einen Hang zu kaputten Beziehungen? Viel Spaß – und vergessen Sie nicht, im Vorfeld einen Tisch im feinen Zinfandel's fürs Abendessen zu reservieren!

9 Uhr: Guten Morgen – dobro jutro!

Wo frühstückt ein Zagreber von Welt? Natürlich in der altehrwürdigen Kavana Dubrovnik im gleichnamigen Hotel, die nach umfangreichen Facelifting immer noch sehr traditionell nach Art déco und Zagreber Kaffeehauskultur aussieht und Ihnen mit aromatischem Kaffee und feinem Gebäck den Start in den Tag versüßt. Danach bummeln Sie über den Platz ⓫ Bana Jelačića und durch die Splavnica ulica zum Dolac.

10.30 Uhr: Kraut und Rüben

Auf dem Markt Dolac (S. 41, 56) fordern Farben, Düfte und ein vielstimmiger Sound alle Sinnesorgane. Marktfrauen preisen ihr frisch geerntetes Gemüse an, Lieferanten bahnen sich rufend den Weg durch die Einkäufer, in einer Ecke

16 Uhr: Liebeskummer kann so schön sein
16 Uhr
Kamenita
Muzej Prekinutih Veza
Love, Ana.
Take me home
Ilica
Ilica
Tkalčićeva
Vinothek Bornstein
Kaptol
10.30 Uhr: Kraut und Rüben
10.30 Uhr
Dolac
11
Croata
11.30 Uhr
Oktogon
Kavana Dubrovnik
9 Uhr: Guten Morgen – dobro jutro!
Start
9 Uhr
Natura Croatica
Preradovićeva
Gostionica Purger
13.30 Uhr
Hebrangova
Petrinjska
.30 Uhr: Krawatten, Kroaten nd Klamotten
Roba & Roba
Baruna Trenka
19
Ende
18.30 Uhr: Zum Trost ein Glaserl Wein …
18.30 Uhr
Mihanovićeva
Zinfandel's
300 m
300 yd

Wer sich auf dem Markt Dolac mit seinen vielen farbenprächtigen Ständen unter die Zagreber mischt, wird schnell von der hier herrschenden wunderbaren Stimmung mitgerissen.

dampft warmes Brot, in der anderen verbreitet Fisch Adria-Duftkaskaden. Erdbeer-Rot, Blaubeer-Lila, Mais-Gelb und das Grün knackiger Salate malen bunte Farbpuzzle auf die Marktstände. Für die Zagreber bedeutet der Besuch auf dem Markt viel mehr als nur Einkaufen. Er ist eine Art Happening. Für Sie auch?

11.30 Uhr: Krawatten, Kroaten und Klamotten

Wenige Schritte auf der Einkaufsstraße und Sie finden etwas besonders Typisches: den Krawattenladen Croata (S. 57). Dass Krawatten mit Kroatien zu tun haben, hört man schon am Klang des Wortes: Frankreichs Ludwig XIV. imponierte das kroatische Reiterregiment mit seinen schmucken Halstüchern bei einer Parade so sehr, dass er flugs la cravate, benannt nach den Kroaten, erfand. Wie wäre es mit einer „Kroatin" für Ihren Liebsten? Oder würden Sie lieber Öl, Salz oder Honig mitbringen? Durch die herrlich nostalgische Passage Oktogon, Ecke Petar Preradović-Platz und Ilica, – k. u. k. lässt grüßen – gelangen Sie zu Natura Croatica (S. 57), wo Naturprodukte aus heimischer Herstellung zum Shoppen verlocken. Wenige Häuser weiter

Rechts: Beim Shoppen in der Passage Oktogon

Ganz oben: Qual der Wahl im Krawattenladen Croata

Oben: Leckere Pause mit »štrukli«

zeigt Designerin Branka Šćepanović im Roba & Roba wie schick kroatische Streetware sein kann.

13.30 Uhr: Was sind »štrukli«?

Die Österreicher nennen es Strudel, und daraus wurden bei den Kroaten »štrukli«, allerdings salzig gefüllt mit Quark, manchmal auch Speck, und gekocht! Nirgendwo schmecken Sie so gut wie in der simplen Gostionica Purger – einfach die Hebrangova ulica nach Osten, das 19 grüne Hufeisen (Lenuzzijeva Potkova) überquert und links in die Petrinjska abgebogen!

14.30 Uhr: Formschönes traditionell und modern

Die Petrinjska nach Norden, über den Ban-Jelačić-Platz und entlang

Wenn man das muntere Treiben auf dem Trg Bana Jelačića, dem Ban-Jelačić-Platz, beobachtet, versteht man sofort, wie der Platz zum Herz der Hauptstadt Kroatiens werden konnte.

der Ilica erreichen sie Take me home mit Kleidung, Accessoires, Nützlichem und Unnützem, immer aber toll Gestyltem verschiedener kroatischer Designer. Eine Gasse weiter liegt der Laden von Ana Tevsić Nauković, Love, Ana. design studio. Ana hat für ihre portable Reise-Lampe 2018 den German Design Award gewonnen. Sie brauchen keine Lampe? Dann vielleicht das Ruoka Canapé-Set aus Olivenholz oder auch die todschicke Bucket-Bag aus Öko-Leder?

16 Uhr: Liebeskummer kann so schön sein

Sind Kroaten so unbeständig? Wieso hätten sie sonst ein Museum zerbrochener Beziehungen (Muzej prekinutih veza)? Von Lebkuchenherzen bis Plüsch-Handschellen dreht sich hier, einmalig in Europa, alles um verlorene Liebe.

18.30 Uhr: Zum Trost ein Glaserl Wein …

… und zwar in der Vinothek Bornstein, die unbestritten zu den am

Ganz links: Unterwegs entlang der Ilica.

Links: Nichts für Menschen mit Liebeskummer: Das Museum zerbrochener Beziehungen.

Oben: Im feinen Restaurant Zinfandel's

besten sortierten Weinläden Zagrebs gehört. Durchs Stadttor Kamenita vrata und durch die Oberstadt sind Sie schnell dort und genießen die Riesenauswahl kroatischer Weine. Aber nicht zu tief ins Glas geschaut, denn Sie brauchen alle Ihre Sinne für das feine Abendessen im Restaurant Zinfandel's – und den Weg dorthin. Im Zinfandel's verleiht die ebenso talentierte wie charmante Ana Grgić kroatischen Traditionen internationalen kulinarischen Schwung.

i

Kavana Dubrovnik ✉Ljudevita Gaja 1 ☎01 481 86 13 🌐hotel-dubrovnik.hr
Roba & Roba ✉Predarovićeva 34 ☎01 485 46 81 🌐roba.com.hr
Gostionica Purger ✉Petrinjska 33 ☎01 481 07 13 🌐www.purger.hr
Take me home ✉Tomićeva 4 ☎01 798 76 32 🌐www.takemehome.hr
Love, Ana. design studio ✉Dežmanova 4 ☎01 580 16 75 🌐www.loveanadesign.com
Muzej prekinutih veza ✉Ćirilometodska ul. 2 ☎01 485 10 21 🌐brokenships.com 🕐tgl. 9–22.30, Winter bis 21 Uhr, 40 Kn
Bornstein ✉Kaptol 19 ☎01 481 23 61 🌐www.bornstein.hr 🕐Mo–Do 10–23, Fr, Sa bis 0 Uhr
Zinfandel's ✉Ul. Antuna Mihanovića 1 ☎01 456 66 44 🌐www.zinfandels.hr 🕐tgl. 6–23 Uhr

⓫ Trg Bana Jelačića

Was?	Quirliges Stadtleben mitten im Zentrum
Warum?	Hier erlebt man Zagreb mondän und ländlich zugleich.
Wann?	Am Vormittag, wenn Markt gehalten wird
Wie lange?	Eine halbe bis eine Stunde
Was noch?	Die Touristeninformation ist auch hier.
Resümee	Diesen Platz wird man wieder und wieder besuchen.

Der quirlige Platz am Schnittpunkt zwischen Alt- und Neustadt ist das Herz Zagrebs. Vor der eindrucksvollen Kulisse österreichischer Gründerzeitfassaden aus dem 19. Jh. herrscht den ganzen Tag über geschäftiges Treiben. Für Autos ist der Platz gesperrt, doch von früh bis spät rattern hier Straßenbahnen, die Pendler in die Stadt und später wieder nach Hause bringen. Besonderer Anziehungspunkt sind die Caféterrassen, auf denen Menschen jeglicher Couleur zusammenkommen, um Zeitung zu lesen und sich über Sport, Politik oder den neuesten Klatsch zu unterhalten.

1850 als neues Zentrum der expandierenden Stadt angelegt, erhielt der Platz 1866 sein heutiges Gesicht mit der Aufstellung eines Reiterstandbilds von Josip Jelačić (1801 bis 1859). Als Statthalter der Habsburger diente er zwar der österreichischen Krone, war aber zugleich ein glühender Nationalist, der Krieg gegen die Ungarn führte und Kroatien, Slawonien und Dalmatien zu einer politischen Einheit zusammenfasste.

Bäumchen wechsle dich

In den letzten Jahrzehnten erlebte das Standbild ein wechselvolles Schicksal. Nach der Machtübernahme durch die Kommunisten wurde es 1947 abgebaut und durch ein Denkmal für die sozialistische Frauenbewegung ersetzt, der Platz in Trg Republike (Platz der Republik) umbenannt. Die Reiterfigur wurde derweil vom Kurator eines Museums in einem Keller aufbewahrt. Als Kroatien dann 1990 den Weg in die Unabhängigkeit einschlug, kehrte das Symbol der Nationalbewegung zurück. Das Schwert des Generals, das früher

Die Obst- und Gemüsestände auf dem Markt Dolac bieten Produkte aus der Umgebung Zagrebs an.

gegen Budapest gerichtet war, zeigte nun nach Belgrad und kurze Zeit später nach Süden in Richtung Knin, wo die Serben der Krajina ihre eigene Republik gegründet hatten, die sich bis 1995 gegen den kroatischen Staat behauptete.

Einen Flirt in Ehren …

Heute posieren vor dem Denkmal Touristen für Erinnerungsfotos, und die Einheimischen verabreden sich unter der benachbarten Uhr. Für viele ist der Platz auch Ausgangspunkt des abendlichen »korzo«. Wie auf ein geheimes Signal hin erscheinen jeden Abend zur gleichen Zeit modisch gekleidete junge Leute, Studenten, Büroangestellte und viele andere Menschen auf dem Platz, um spazieren zu gehen, ein Schwätzchen zu halten und zu flirten. Hauptschauplatz des Zagreber »korzo« sind neben dem Trg Bana Jelačića die südlich angrenzenden Fußgängerstraßen, besonders die Bogovićeva und die Gajeva.

Kraut und Rüben

Die eleganten Bauten rund um den Trg Bana Jelačića wurden Ende des 19. Jhs. im Stil der Wiener Sezession errichtet, einer Spielart des Jugendstils. Auf der Nordseite des Platzes führt ein Durchgang bergauf zum Dolac, seit 1930 der wichtigste Marktplatz der Stadt. Die Kroaten sind stolz auf die Qualität und Frische ihrer Lebensmittel – und nirgends ist

Heute wacht er wieder über den Platz, der der nach ihm benannt wurde: Graf Josip Jelačić.

die Breite des Angebots so gut zu bewundern wie hier. Die Verkaufsstände für Brot, Nudeln, Käse, Schinken, Wurst, Nüsse, Getreide, Oliven und Fleisch sind in einer großen Markthalle untergebracht, an deren Westseite sich ein Anbau für die Fischstände anschließt. Draußen bieten auf einer erhöhten Terrasse die Landwirte der Umgebung Obst, Gemüse, Eier und Kräuter an. Der Markt beginnt an jedem Werktag etwa um 8 Uhr – wer ihn ungestört genießen möchte, kommt am besten möglichst früh.

Johann Franck: Trg Bana Jelačića 9, Tel. 01 783 81 53, johannfranck.hr, Mo–Do 8–2, Fr & Sa 8–4, So 8–24 Uhr

Vincek: Ilica 18, Tel. 01 483 36 12, www.vincek.com.hr, Mo–Sa 8.30–23 Uhr

KLEINE PAUSE

Bei den vielen Cafés auf dem Trg Bana Jelačića haben Sie die Qual der Wahl. Sehr beliebt ist das Restaurant und Kaffeehaus **Johann Franck** an der Nordostecke unweit der Kathedrale. Wenige Schritte entfernt serviert **Vincek** Gebäck und Kuchen aus Kastanienmehl. Wer etwas Gehaltvolleres für seinen Magen braucht, findet eine Reihe günstiger Grillrestaurants auf der unteren Ebene des Dolac. Schicker speist man im nur wenige Schritte entfernten **Boban** (S. 55), das einem ehemaligen kroatischen Fußballstar gehört.

---

i

219 F3 Straßenbahnlinien 1, 6, 11, 12, 13, 14, 17

Touristeninformation
Trg Bana Jelačića 11 ☎ 01 481 40 51
Mo–Fr 8.30–20, Sa, So 9–18 Uhr

⓬ Gornji Grad

Was?	Wehrmauern und eine imposante Kirche
Warum?	Hier kann man noch das historische Zagreb erleben.
Wann?	Mittags, wenn um 12 Uhr die Kanone abgeschossen wird.
Wie lange?	Eine Stunde
Was noch?	Standseilbahn fahren.
Resümee	Habsburg war überall.

Ende des 11. Jhs. auf zwei benachbarten Hügeln entstanden, ist die Oberstadt mit ihrem Kopfsteinpflaster, den alten Kirchen und roten Ziegeldächern die Keimzelle Zagrebs. Obwohl aus den frühesten Jahrhunderten nur wenig erhalten blieb, ist sie immer noch der malerischste Teil der Stadt. Die meisten Bauten wurden nach 1880 errichtet. Damals zerstörte ein Erdbeben die Altstadt.

Das heutige Gornji Grad umfasst zwei einst selbstständige Siedlungen, die durch ein Flüsschen getrennt waren. In dem trockengelegten Bett verläuft heute die Ulica Tkalčićeva. Gradec, die westliche dieser Siedlungen, ist seit dem 17. Jh. das politische Zentrum Kroatiens; Kaptol, die östliche, der Sitz der geistlichen Macht: Hier liegen die Kathedrale, der erzbischöfliche Palast und kirchliche Einrichtungen.

Bergauf mit Schwung

Der interessanteste Weg in die Oberstadt ist sicher eine Fahrt mit der Uspinjača, der Zahnradbahn, die von der Ulica Tomića (Tomićeva) aus in einer guten Minute ihr Ziel erreicht. 1893 in Betrieb genommen, ist die blau lackierte Bahn inzwischen eine beliebte Touristenattraktion. Zwischen 6.30 Uhr und 22 Uhr verkehrt sie alle zehn Minuten, sodass es nur selten zu längeren Wartezeiten kommt.

Wo Zagrebs Geschichte begann

Die Kula Lotrščak (Turm der Einbrecher) gegenüber der Bergstation der Zahnradbahn war früher ein Teil der im 13. Jh. errichteten Befestigung des alten Gradec. Ihren Namen erhielt sie von der Campana Latrunculorum, der

»Glocke der Diebe«, die jeden Abend die Schließung der Stadttore ankündigte. Täglich um 12 Uhr ertönt ein Kanonenschuss. Das am Neujahrstag 1877 eingeführte Ritual sollte ursprünglich Zagrebs Glöcknern als Zeichen für den Beginn des Mittagsläutens dienen; bald schon stellten auch die Bürger ihre Uhren nach dem Signal aus der Grič-Kanone. In den Räumen residiert eine Kunstgalerie.

Wappen auf dem Dach

Das Zentrum von Gradec bildet der Trg Svetog Marka (St.-Markus-Platz), in dessen Mitte Sveti Marko (St.-Markus-Kirche) steht, die älteste Pfarrkirche Zagrebs. Auffällig sind ihre gefärbten Dachziegel von 1882, die ein Mosaik formen. Zu sehen sind zwei Wappen: links eine Verbindung der historischen Wappenschilde Kroatiens (ein rot-weißes Schachbrettmuster wie in der Mitte der Nationalflagge), Dalmatiens (drei Löwenköpfe) und Slawoniens (ein Marder zwischen zwei blauen Streifen, die die Flüsse Save und Drau symbolisieren); rechts das Stadtwappen von Zagreb (eine Burg). Westlich und östlich flankieren den Platz die wichtigsten Machtzentren des politischen Lebens, der Sabor (Parlament), in dem 1991 Kroatiens Unabhängigkeit von Jugoslawien proklamiert wurde, und Banski Dvori, der Sitz des Präsidenten.

Das mit Mosaiken geschmückte Dach der St.-Markus-Kirche ist ein farbenprächtiger Blickfang.

Von der Ostseite des Trg Svetog Marka führt die Ulica Kamenita zur Kamenita Vrata (Steinernes Tor), dem einzigen der im 13. Jh. erbauten vier Stadttore von Gradec, das erhalten blieb. Als 1731 ein Feuer große Teile des Tores und die meisten umliegenden Häuser vernichtet hatte, wurde in der Asche ein unbeschädigtes Marienbild gefunden, für das in dem wiederhergestellten Tor eine Kapelle eingerichtet wurde. Diese hat sich zu einer viel besuchten Pilgerstätte entwickelt.

Der weite Blick von oben

Hier beginnt die Strossmayerovo Šetalište, eine schöne Promenade mit schattigen Fußwegen und Sitzbänken, die dem Verlauf der alten Stadtmauer von Gradec folgt. Bei einem Spaziergang haben Sie einen schönen Ausblick über die Dächer von Donji Grad bis hin zu den modernen Hochhäusern von Novi Zagreb jenseits der Save.

Die geistliche Stadt

Von der Kamenita Vrata ist es nicht weit bis Kaptol, das ganz im Schatten der neugotischen Zwillingstürme der Kathedrale steht. Die erste Kirche wurde hier 1102 errichtet; nach ihrer Zerstörung entstand ab dem 13. Jh. ein gotischer Neubau. Er wurde beim Erdbeben 1880 schwer beschädigt und vom deutschen Architekten Hermann Bollé wiederaufgebaut.

Im Inneren zieht es die meisten Besucher zum Sarkophag des Kardinals Alojzije Stepinac (1898–1960), des früheren Erzbischofs von Zagreb. Er wurde nach dem Zweiten Weltkrieg der Kollaboration mit dem faschistischen Ustaša-Regime beschuldigt und unter Tito erst inhaftiert, später dann unter Hausarrest gestellt. Seit der Loslösung Kroatiens von Jugoslawien gilt er als Nationalheld. 1998 wurde er vom Papst bei dessen Besuch in Kroatien selig gesprochen. Ein Relief von Ivan Meštrović an der Nordmauer der Kirche zeigt Stepinac kniend im Gebet vor Christus.

KLEINE PAUSE

Ein guter Ort für einen Stopp sind die Cafés auf dem Katarinin Trg nahe des Lotrščak-Turms. Zum Lunch gehen Sie ins Gartenrestaurant **Pod Gričkim Topom** (S. 55) oder Sie bestellen im **Bistrot Vještica** eine Käse-Schinken-Platte.

Bistrot Vještica: Vranyczanyeva ul. 6, Tel. 01 626 75 09, www.vjestica.eu, Mo–Sa ab 9, So ab 10 Uhr

---

ℹ

Kula Lotrščak, Kunstgalerie
219 E4 ✉ Strossmayerovo Šetalište 9 ☎ 01 485 17 68 ◔ Mo–Sa 9–19, So 10–19 Uhr 20 Kn

Katedrala (Kathedrale)
219 F4 ✉ Kaptol 31 ☎ 01 481 47 27 ◔ tgl. 10–18 Uhr frei

⓭ Atelijer Ivan Meštrović

Was?	Skulpturen, am liebsten sehr groß
Warum?	Um Kroatiens berühmtesten Bildhauer besser kennenzulernen
Wann?	Nicht sonntags oder montags, dann ist geschlossen
Wie lange?	Eine Stunde
Was noch?	Die Gipsreliefs der geraubten Bronzetüren des Meštrović-Mausoleums
Resümee	Meštrović war ebenso genial wie monumental.

Das eindrucksvolle, modern gestaltete Museum vermittelt einen hervorragenden Einblick in das Werk des Künstlers Ivan Meštrović (1883–1962). Er gehört in Kroatien zu den bekanntesten Bildhauern des 20. Jhs. und war zugleich einer der wenigen Kroaten, die internationale Berühmtheit erlangten. Im eigenen Land sind seine Skulpturen allgegenwärtig – zwischen Zagreb und Split schmücken sie Kirchen und Denkmäler, Plätze und Parks.

Im früheren Atelier von Ivan Meštrović kann man viele seiner Werke in aller Ruhe betrachten.

Ivan Meštrović wurde in Slawonien als Sohn einfacher Landarbeiter geboren. Obwohl ihm eine schulische

Ausbildung verwehrt blieb – Lesen und Schreiben brachte er sich selbst bei –, wurde sein künstlerisches Talent früh entdeckt. Im Alter von 15 Jahren erhielt er eine Lehrstelle bei einem Steinmetz in Split, später studierte er in Wien und arbeitete in Rom und Paris, wo er den französischen Bildhauer Auguste Rodin (1840–1917) kennenlernte. Schon 1905 machte er mit der Bronzeskulptur »Lebensbrunnen« auf sich aufmerksam. Sie steht heute vor dem Kroatischen Nationaltheater.

Zurück ins Heimatland

Nach 20-jährigem Aufenthalt im Ausland kehrte Meštrović in seine Heimat zurück und bezog das im 17. Jh. erbaute Haus in Zagreb, in dem heute das Museum beheimatet ist. Hier lebte und arbeitete er mit Unterbrechungen von 1924 bis 1942. Als aktiver Verfechter der jugoslawischen Einheit wurde er vom faschistischen Ustaša-Regime inhaftiert und lebte später meist im Exil in den USA, wo er an der University of Notre Dame im Bundesstaat Indiana eine Professur der Bildhauerei annahm und 1962 starb.

Haus der Skulpturen

In seinem einstigen Atelier in Zagreb stehen noch viele Einrichtungsgegenstände und geben dem Museum die Atmosphäre eines Privathauses. Zudem sind hier über 100 Holz-, Bronze- und Steinskulpturen aus rund 40 Jahren Schaffenszeit versammelt, darunter die berühmte Bronzefigur »Frau in Agonie« (1928) im Innenhof.

Symbolgeladen ist die Skulptur »Geschichte der Kroaten« (1932): Eine Mutter hält als Sinnbild der Nation eine Steintafel mit glagolitischer Inschrift auf dem Schoß. Meštrovićs bevorzugte Themen waren religiöse Darstellungen und weibliche Akte.

KLEINE PAUSE

Gegenüber dem Museum bietet die **Konoba Didov San** preisgünstige kroatische Gerichte an.

Konoba Didov San: Ulica Mletačka 11, Tel. 01 485 11 54, www.konoba-didovsan.com, tägl. 10–24 Uhr

219 E4 Ulica Mletačka 8
01 485 11 23; www.mestrovic.hr
Di–Sa 10–18, So 10–14 Uhr
20 Kn

Magischer Moment

Die weiche Seite des großen Mannes

Er hat in den USA Karriere gemacht, seine Skulpturen schmücken die bedeutendsten Plätze Kroatiens, Ivan Meštrović ist sowas wie ein Übervater der kroatischen Kunst. Dabei sind seine Arbeiten monumental, patriotisch, wenn nicht gar nationalistisch bis zur Schmerzgrenze. Einen völlig anderen, gefühlvollen Meštrović erleben Sie in seinem Zagreber Atelier beim Betrachten der Skulptur »Olga Meštrović beim Stillen ihres Sohnes Tvrtko« (1925): Die Porträtfigur von Meštrovićs zweiter Ehefrau erinnert an eine Madonnendarstellung – man steht davor und lässt sich von der Anmut verzaubern.

Nach Lust und Laune!

14 Muzej Grada Zagreba

Zagrebs faszinierendes Stadtmuseum dokumentiert die Geschichte der kroatischen Hauptstadt von der ersten Erwähnung 1094 bis in die Gegenwart anhand von Karten, Fotos, Modellen und verschiedenen historischen Gegenständen. Untergebracht ist es im ehemaligen Konvent der Armen Klarissen (17. Jh.) sowie im mittelalterlichen Popov Turen (Turm der Priester), in einem angrenzenden Kornspeicher und in einem Schulhaus.

Bei Renovierungsarbeiten wurden vor einigen Jahren im Keller des Gebäudes archäologische Überreste entdeckt – und so beginnt der Rundgang durch das Museum in einer rekonstruierten Werkstatt für Metallbearbeitung aus dem 1. Jh. v. Chr.; die nächsten Exponate sind dann rund 1000 Jahre jünger. Die ansprechend präsentierte Ausstellung folgt im Wesentlichen der Chronologie; daneben sind einige Räume bestimmten Themen wie den Läden, Theatern und Parks der Stadt gewidmet.

Zu den interessantesten Stücken gehören das älteste Wappen von Zagreb auf einem Steinrelief von 1499 und die im 17. Jh. entstandenen Originale der Heiligenfiguren vom Portal der Kathedrale. Den Abschluss des Rundgangs bilden Videos vom serbischen Angriff auf den Präsidentenpalast 1991, die zwischen zerstörten Möbeln und zerbrochenem Geschirr präsentiert werden.

Das in den Gewölben unter dem Museum untergebrachte Restaurant Stara Vura (Alte Uhr) empfiehlt sich für ein romantisches Abendessen.

Im Muzej Grada Zagreba bekommt man einen Überblick über die Geschichte Zagrebs.

219 E5 Ulica Opatička 20
01 485 13 61 www.mgz.hr Di bis Sa 10–19, So 10–14 Uhr 30 Kn

15 Hrvatski Muzej Naivne Umjetnosti

Das kleine Museum im Herzen von Gradec gibt einen guten Einblick in die Geschichte der naiven Kunst in Kroatien, deren Ursprünge im Dorf Hlebine (S. 80) liegen. Von dort trat um 1930 eine Gruppe bäuerlicher Maler um Ivan Generalić (1914–1992) und Franjo Mraz (1910–1981) mit bunten Glasmalereien an die

Öffentlichkeit. Die Künstler waren Autodidakten, die malten, was sie in ihrer Umgebung sahen, weshalb frühe Werke meist Szenen des ländlichen Alltagslebens zeigen. Schon bald erhielten sie weiteren Zulauf und gewannen als Schule von Hlebine internationale Bekanntheit.

Der erste Raum ist Generalić gewidmet, dessen »Selbstporträt« (1975) zu einem Vergleich mit dem kurz zuvor entstandenen Bild »Vater beim Fischen« (1974) seines Sohnes Josip (1936–2004) anregt.

219 E4 Ulica Svetog Ćirila i Metoda 3 01 485 19 11 www.hmnu.hr Mo–Sa 10–18, So 10–13 Uhr 25 Kn

16 Muzej za Umjetnost i Obrt

Die umfangreiche Sammlung des Museums für Kunst und Handwerk ist in einem von Hermann Bollé (1845–1916) entworfenen Gebäude (Ende 19. Jh.) untergebracht.

Im ersten Stock verdient die Sammlung sakraler Kunst Beachtung. Hier sind u. a. Altarbilder aus nordkroatischen Kirchen, darunter eine Madonnendarstellung (17. Jh.) aus dem Dorf Remetinec, sowie Statuen der alten Zagreber Kathedrale zu sehen. Die Räume im zweiten Stock illustrieren anhand von Jugendstil-, Art-déco- und modernen Exponaten, wie sich Kunst und Kunsthandwerk Kroatiens im Kontext der künstlerischen Strömungen in Europa entwickelt haben.

219 D2 Trg Maršala Tita 10 01 488 21 11 www.muo.hr Di–Sa 10–19, So 10–14 Uhr 30 Kn

17 Muzej Mimara

Zagrebs größtes Museum beherbergt ausschließlich die Bestände

Die Skulptur St. Georg und der Drache vor dem Museum für Kunst und Handwerk

der Privatsammlung des kroatischen Geschäftsmanns Ante Topić Mimara (1898–1987). Im Ausland zu großem Reichtum gelangt, baute er in der Heimat eine umfangreiche Kunstsammlung auf.

In Raum 1 sind einige der ältesten Exponate zu sehen, darunter ein christlicher Kelch aus Alexandria (3. Jh.), mit dessen Erwerb angeblich die Sammelleidenschaft des damals 19-jährigen Mimara geweckt wurde. Weitere Höhepunkte sind ein englisches Elfenbeinjagdhorn (14. Jh. im Raum 17), ein Elfenbein-Zepter der polnischen Könige (Raum 26), das Gemälde »Madonna der unschuldigen Kinder« von Rubens, das Porträt einer Dame von Rembrandt (Raum 35) sowie die sinnliche »Badende« von Renoir (Raum 40).

219 D2 Rooseveltov Trg 4
014 82 81 00 www.mimara.hr
Di–Mi, Fr–Sa 10–17, Do 10–19, So 10–14 Uhr, Sommer Di–Fr bis 19 Uhr 40 Kn

18 Etnografski Muzej

Zu den Museen am Westrand von Zagrebs »grünem Hufeisen« gehört auch ein prunkvolles Gebäude mit farbigen Glasfenstern, skulpturengeschmückter Fassade und einer mit Fresken ausgemalten Zentralkuppel. In dem 1904 als Kongresshalle erbauten Haus ist heute das Ethnografische Museum zu Hause. Das Erdgeschoss zeigt Objekte, die von kroatischen Forschern aus dem Ausland nach Zagreb gebracht wurden. Interessanter sind aber die Volkstrachten, Schmuckgegenstände und traditionellen Musikinstrumente aus den verschiedenen Regionen Kroatiens im ersten Stock.

219 D2 Trg Mažuranića 14
014 82 62 20 www.emz.hr
Di–Fr 10–18, Sa–So 10–13 Uhr
20 Kn

19 Lenuzzijeva Potkova

Die U-förmige Parkanlage in Donji Grad wurde Ende des 19. Jhs. von Milan Lenuci (1849–1924) als grüne Lunge für die rasch wachsende Stadt entworfen und sollte Erholung in der Natur mit dem kulturellen Angebot von Museen, Kunstgalerien und Theater kombinieren, die den Park säumen. Der östliche Arm des »grünen Hufeisens« reicht vom Trg Nikole Šubića Zrinskog im Norden über den Strossmayerov Trg mit der Strossmayerova Galerija Starih Majstora (Strossmayer-Galerie Alter Meister) bis zum Trg Kralja Tomislava im Süden. Parallel dazu beginnt der westliche Arm am Trg Maršala Tita mit dem Hrvatsko Narodno Kazalište (Kroatisches Nationaltheater) und setzt sich, flankiert u. a. vom Ethnografischen Museum, in Richtung des 1889 angelegten Botanički Vrt (Botanischer Garten) fort.

219 D2

20 Arheološki Muzej

Untergebracht in einem österreichischen Palais des späten 19. Jhs., beherbergt das Archäologische Museum einen reichen Bestand wertvoller Funde von der Vorgeschichte bis zum Mittelalter. Das wohl interessanteste Objekt ist die Taube von Vučedol, eine dreibeinige Gießflasche aus dem 3. Jt. v. Chr. in Gestalt eines Vogels. Sie diente vermutlich kultischen oder zeremoniellen Zwecken und wurde vielleicht als Behälter für Salböl verwendet. Ihr geometrisches Muster ist kennzeichnend für die vor über 4000 Jahren im Gebiet von Vukovar in Ostkroatien heimische Vučedol-Kultur und macht sie zu den schönsten Zeugnissen neolithischer Keramik des Landes.

219 F3 Trg Nikole Šubića Zrinskog 19 ☎ 014 87 31 01 www.amz.hr Di, Mi, Fr, Sa 10–18, Do 10–20, So 10–13 Uhr 30 Kn

22 Maksimirski Perivoj

Am Wochenende strömen viele Zagreber in den frühen Nachmittagsstunden in den Maksimir-Park, einen der ältesten öffentlichen Parks in Europa. Spazierwege, Seen, Brücken, Pavillons und ein Café mit Aussicht machen das Areal zu einem beliebten Naherholungsgebiet am Rande der Großstadt. Im benachbarten Zoo sind einheimische Tierarten wie Braunbären und Wölfe zu sehen, aber auch Elefanten, Löwen, Tiger, Schimpansen und Krokodile.

219 F3 Straßenbahnlinien 11, 12

Zoo
☎ 012 30 21 99 www.zoo.hr
Sommer tgl. 9–20 Uhr, Winter 9–17 Uhr 30 Kn

22 Medvednica

Die bewaldeten Hänge der Medvednica (Bärenberg) eignen sich hervorragend für einen Tagesausflug. Nehmen Sie die Straßenbahnlinie 8 oder 14 bis zur Endhaltestelle Mihaljevac und fahren Sie von dort mit dem Bus zum Gipfel. Die 1963 in Betrieb genommene Seilbahn ist derzeit stillgelegt und soll 2019 wieder fahren. Die Busse bringen Passagiere bis zum Hotel Tomislavov Dom, von wo man in wenigen Minuten den Gipfel des Sljeme (1035 m) erreicht. Oben befinden sich ein Fernsehturm und eine Aussichtsplattform mit Panoramablick über Zagreb im Süden und das Zagorje (S. 71f) im Norden. Im Winter sind Skilifte in Betrieb. Der Sljeme ist zwar nicht Kroatiens einziges, aber sein bekanntestes Skigebiet.

Durch die Buchenwälder der Bergkette führen viele Wanderwege auf den Sljeme. Für eine mehrstündige einfache Wanderung wenden Sie sich an der Bergstation der Seilbahn nach rechts und folgen Sie den Wegweisern nach Puntijarka. Kurz hinter einer Wiese erreichen Sie die Kirche Unserer Lieben Frau von Sljeme, die 1932 anlässlich der 1000-Jahr-Feier der Christiani-

Die reich verzierten Neo-Renaissance-Arkaden auf dem Mirogoj-Friedhof

sierung Kroatiens errichtet wurde. Von dort geht es auf gleichem Weg weiter bis zur Berghütte Puntijarka (S. 55) und dann über den Wanderweg Nr. 18 zurück nach Dolje.

219 F5 Busse: Sa/So 8–20.40 Uhr jede Stunde, werktags seltener

23 Groblje Mirogoj

Wer vor der Kathedrale in den Bus Nr. 106 nach Mirogoj steigt, trifft oft auf Witwen mit Blumen und Kerzen für die Gräber ihrer Ehemänner – der Friedhof ist keineswegs nur museales Erinnerungsgelände.

Das 1876 von Hermann Bollé gestaltete Gelände liegt hinter einer Mauer, über der zahlreiche Kuppeln aufragen. Sie gehören zu den eindrucksvollen Arkadengängen im Stil der Neorenaissance. Die Gänge links und rechts des Haupteingangs führen an den Grabdenkmälern kroatischer Adelsfamilien und berühmter Personen entlang. Ungefähr in der Mitte des rechten Arkadengangs liegt das Grab von Stjepan Radić (1871–1928), dem Gründer der Kroatischen Bauernpartei, der seit Anfang des 20. Jhs. für Kroatiens Unabhängigkeit eintrat und im Belgrader Parlament erschossen wurde. Franjo Tuđman (1922–1999) liegt unter einem Granitgrabmal hinter der Friedhofskapelle bestattet.

Ebenso interessant ist es, durch die Reihen der einfachen Gräber zu wandern, in denen Katholiken und Orthodoxe, Juden, Muslime ihre letzte Ruhestätte fanden. Alle Religionen sind hier gleichgestellt.

219 F5 tägl. 7.30–18 Uhr Bus 106

Wohin zum … Übernachten?

Preise für ein Doppelzimmer pro Person und Nacht in der Hochsaison:

€ unter 400 Kn
€€ 400–800 Kn
€€€ über 800 Kn

Dubrovnik €€€
Das 1929 erbaute Hotel liegt in der Fußgängerzone südlich des Trg Bana Jelačića. Seine 231 Zimmer sind mit Klimaanlage, Satelliten-TV und anderen Annehmlichkeiten ausgestattet; aus einigen blickt man direkt auf den Platz. Zwar lässt das Haus die Atmosphäre anderer Hotels dieser Preisklasse vermissen, dafür aber liegt es zentral.
219 E3 Ulica Ljudevita Gaja 1
01 486 35 01 www.hotel-dubrovnik.hr
Straßenbahnlinien 1, 6, 11, 12, 13, 14, 17

Esplanade Zagreb €€€
Wer es stilvoll liebt, logiert im Esplanade, das 1925 speziell für Gäste gebaut wurde, die im Orient Express anreisten. Die Gärten mit dem Springbrunnen und die Art-déco-Eingangshalle erinnern an vergangene Zeiten, dank umfangreicher Renovierungen bietet das Haus aber auch moderne Büroräume, WLAN, Fitnessclub und Kasino. Auf den 208 Zimmern machen u. a. Marmorbäder den Aufenthalt zum reinen Luxus. Der Botanische Garten ist nur wenige Minuten entfernt.

Im alterwürdigen Esplanade

219 F1 Ulica Mihanovićeva 1
01 456 66 66 www.esplanade.hr
Straßenbahnlinien 2, 4, 6, 9, 13

Ilica €€
Gut 1 km westlich des Trg Bana Jelačića und von der belebten Einkaufsstraße Ilica etwas zurückgesetzt gelegen. Das Haus hat 20 gemütliche Zimmer mit Bad, ist in der mittleren Preiskategorie die beste Wahl und daher oft ausgebucht.
219 bei D3 Ilica 102 01 377 75 22
www.hotel-ilica.hr
Straßenbahnlinien 1, 6, 11

Sliško €€
Nur etwa 200 m vom Busbahnhof und der Endstation der Shuttlebusse vom Flughafen entfernt, ist dieser moderne kleine Familienbetrieb besonders für Busreisende eine gute Wahl. Das Haus steht in einer ruhigen Straße und bietet 49 komfortabel möblierte Zimmer mit Bad und Satelliten-TV. Der Trg Bana Jelačića ist mit der Straßenbahn in rund 15 Minuten erreicht. Kostenloses WLAN.
219 bei F1 Bunićeva 7
01 618 47 77 www.slisko.hr
Straßenbahnlinien 2, 5, 6, 7, 8

Studio Kairos €
Ein charmantes Bed & Breakfast, wobei dem Frühstück besondere Bedeutung zukommt, denn es ist für kroatische Verhältnisse üppig und vielseitig. Die vier Zimmer sind modern und getreu dem Namen (»Musikzimmer«, »Omas Zimmer« …) eingerichtet, was aber vor allem überzeugt, sind die herzlichen und hilfsbereiten Gastgeber.
219 bei F4 Vlaška 92, 01 464 06 80
www.studio-kairos.com
Straßenbahnlinien 4, 6, 8, 11, 12, 14

Wohin zum … Essen und Trinken?

Preise für ein Essen mit Vorspeise, Hauptgericht und Salat ohne Getränke:

€ unter 150 Kn
€€ 150–300 Kn
€€€ über 300 Kn

Baltazar €€

Das alteingesessene Restaurant gleich nördlich der Kathedrale ist vor allem für die Qualität seiner Steaks berühmt. Dazu gibt es gebratene Paprika, Kartoffelbällchen mit Gorgonzola oder Pommes frites. Es ist empfehlenswert, einen Tisch zu reservieren, vor allem wenn man im Garten sitzen möchte.
219 F5 Nova Ves 4 01 466 69 99 www.baltazar.hr Mo–Sa 12–24, So 12–17 Uhr Straßenbahnlinie 14

Boban €€

Nur wenige Meter abseits des Trg Bana Jelačića hat Fußballstar Zvonimir Boban ein italienisches Kellerrestaurant mit Außenfläche und Bar eröffnet, das vor allem von einer jungen und schicken Klientel besucht wird. Spezialitäten hier sind frische Nudelgerichte, marinierte Rinder- oder Thunfischfilets sowie italienische Salate und Risottos.
219 E3 Ulica Ljudevita Gajeva 9 01 481 15 49 www.boban.hr Mo–Do 11–23, Fr/Sa 11–24, So 11–23 Uhr Straßenbahnlinien 1, 6, 11, 12, 13, 14, 17

Kerempuh €€

Marktverkäufer und ihre Kunden, Geschäftsleute und Touristen begegnen sich in diesem belebten Restaurant auf der oberen Ebene des Dolac. Wer mittags auf der Terrasse sitzen möchte, sollte früh dran sein. Das Menü ändert sich täglich und richtet sich nach dem Angebot auf dem Markt. Einen Schwerpunkt bilden Fleischgerichte wie der Rinderschmortopf »pašticada«. Kohlrouladen sind eine weitere Spezialität des Hauses.
219 F4 Kaptol 3 01 481 90 00 Mo–Sa 8–16, Sommer bis 23 Uhr Straßenbahnlinien 1, 6, 11, 12, 13, 14, 17

Korčula €€

Nur einen Block südlich vom Epizentrum des Zagreber Caféviertels liegt dieses traditionelle, ungezwungene Restaurant. Das Korčula serviert gehobene dalmatinische Küche mit Schwerpunkt auf Meeresfrüchten – z. B. frischer Fisch aus der Adria mit »blitva« oder Tintenfisch aus der »peka«-Pfanne. Aber auch der Rindfleischeintopf »pasčticada« steht auf der Speisekarte.
219 F3 Nikole Tesle 17 01 487 21 59 www.restoran-korcula.hr Mo–Sa 11–23 Uhr

Pod Gričkim Topom €€

»Unter der Grič-Kanone« – so der Name dieses Restaurants – bietet das ideale Ambiente für ein romantisches Abendessen. Auf der mit Blumen geschmückten Terrasse mit Ausblick auf die Unterstadt werden die Gäste von aufmerksamem Personal bedient. Als Vorspeise empfiehlt sich die »zagorje«-Suppe, eine herzhafte Brühe mit Schinken, Käse, Speck, Pilzen und Kartoffeln. Bei den Hauptgerichten stehen gegrillte Fischgerichte und Steaks im Vordergrund.
219 E4 Zakmardijeve Stube 5 (nahe der Bergstation) 01 483 36 07 www.restoran-pod-grickim-topom.hr Mo–Sa 11–23 Uhr Zahnradbahn nach Gradec

Puntijarka €

Von der Bushaltestelle an der Bergstation der Seilbahn auf den Sljeme gelangt man auf bequemem Pfad in 45 Minuten zur Berghütte am Südhang der Medvednica. Das Ambiente ist schlicht, die Speisen – z. B. »grah« (Bohneneintopf), Schweinebraten und »purica z mlincima« (Pute mit Nudeln) – sind gut und herzhaft. Neben der Hütte beginnt ein Weg zur Endstation der Straßenbahn in Dolje – so kann man mittags mit dem Bus auf den Berg fahren und nach dem Essen ein paar Stunden bergab wandern.
219 bei F5 Sljemenska Cesta 4 01 458 03 84 tgl. 9–21 Uhr

Stara Vura €€

Das Kultlokal in den Kellergewölben des Zagreber Stadtmuseums blieb Jahre geschlossen, nun ist es schick und mit feiner dalmatinischer Küche auf dem Weg zu den Top Ten in Zagreb. Besser reservieren!
219 E5 Opatička ul. 20 01 409 58 75 www.staravura.hr Mo–Sa 11–24 Uhr

Tač €€€

Das Ausflugslokal auf dem Vrhovec, 5 km außerhalb des Zentrums, pflegt mit seiner hoch gelobten Küche die Traditionen Istriens und Slawoniens. Hier bekommen Sie

im Frühjahr Wildspargel, im Herbst Trüffel und sogar Fleisch vom istrischen Boškarin-Rind, das nur in speziell lizenzierten Lokalen zubereitet werden darf. Auch slawonische »kulen«-Würste oder »štrukli« aus dem Zagorje stehen auf der Karte. Alles wird frisch zubereitet aus Produkten, die Familie Tač von regionalen Erzeugern direkt bezieht.
219 bei D5 Vrhovec 140 01 377 67 57
www.restac.hr Di–So 12–24 Uhr

Vallis Aurea €
Unweit der Talstation der Zahnradbahn nach Gradec bietet dieses Restaurant ein kleines Stück Slawonien im Herzen Zagrebs. Holztische und bestickte Tischtücher schaffen eine gemütliche Atmosphäre. Das Essen ist würzig, die Preise sind fair. Nach einer herzhaften Vorspeise wie Schinken mit Meerrettich, geräucherter Ochsenzunge oder »kulen« (slawonische Salami) kann man u. a. zwischen drei Tagesgerichten wählen.
219 E4 Ulica Tomićeva 4
01 483 13 05 Mo–Sa 10–23 Uhr
Straßenbahnlinien 1, 6, 11, 12, 13, 14, 17

Zrno Bio Bistrot €
Zagrebs sympathische Option für Bio- und vegane Gerichte mit wechselnder Speisekarte und fantasievoll komponierten Menüs. Auch Wein ist im Angebot.
219 D3 Medulićeva 20 01 484 75 40
www.zrnobiobistro.hr Mo–Sa 12–21.30 Uhr

Wohin zum … Einkaufen?

Obwohl die Hauptstadt Kroatiens kein typisches Wochendendziel zum Shoppen ist, lohnt es sich hier auf Entdeckungstour zu gehen. Wer Exklusives sucht, wie maßgefertigte Lederschuhe oder handgefertigte Hüte, wird hier fündig.

EINKAUFSSTRASSEN

Die wichtigsten Einkaufsstraßen liegen rund um den Trg Bana Jelačića. Am Westende des Platzes beginnt die rund 7 km lange **Ilica**, seit dem 19. Jh. die wichtigste Geschäftsstraße der Stadt, an der heute Antiquitäten-, Mode- und Schuhgeschäfte dominieren. In der **Vlaška** ist das Angebot ähnlich.

Unkonventionellere Läden findet man in der **Radićeva** und **Tkalčićeva**. Hier sind ausgefallene bis schrille Designerboutiquen zu Hause, aber auch Geschäfte für Kunsthandwerk. **Crop Store** (Tkalčićeva 28) verkauft traditionelle und moderne Souvenirs. Die **G.E.A. Gallery** (Radićeva 35) verkauft Handgemachtes aus allen Regionen Kroatiens.

EINKAUFSZENTREN

Edlere Produkte in großer Auswahl findet man in Kaufhäusern und Einkaufszentren. Zu den wichtigsten gehören das historische

Tagsüber kann man in der Tkalčićeva super shoppen und abends sehr gut essen.

Nama (Ilica 4), das Centar Kaptol (Nova Ves 17), das Importanne (Starčevićev Trg), das Importanne Galleria (Iblerov Trg, an einer Seitenstraße der Vlaška). Centar Kaptol und Importanne Galleria orientieren sich an amerikanischen Einkaufszentren.

KULINARISCHES

Die größte Auswahl an frischen Lebensmitteln bietet der tägliche Bauernmarkt auf dem Dolac. Obst und Gemüse werden im Freien angeboten.

Schinken (»pršut«), Käse (»sir«) und viele andere kroatische Delikatessen verkauft Kuča pršuta, sira, vina i maslina (Vlaška 33).

Etwas weiter östlich werden bei Franja (Vlaška 62) frische Kaffee- und Teesorten sowie ein breites Angebot an Weinen und Likören verkauft. Eine weitere Niederlassung von Franja finden Sie in der Heinzelova 6b. Die Vinoteka Bornstein (Kaptol 19) verkauft kroatischen Wein, während Natura Croatica (Preradovićeva 8) u. a. Honig, Marmelade oder auch leckere Liköre im Angebot hat.

MODE

Image Haddad (Ilica 6) präsentiert in der Fußgängerzone schicke Damenmode. Wer's ungewöhnlicher mag, findet bei A'marie (Gundulićeva 19) raffinierte Schnitte.

In der Einkaufspassage Wiener Oktogon von 1899 finden Sie bei Croata (Ilica 5 und Kaptol 13) kroatische Seidenkrawatten.

Wohin zum ... Ausgehen?

Zagrebs Kulturszene sorgt mit vielen Theatern, Kinos, Konzertsälen und Orchestern das ganze Jahr über für ein breites Angebot.

Über das aktuelle Programm informieren die Website der Touristeninformation am Trg Bana Jelačića (www.zagreb-touristinfo.hr), das monatliche Blättchen »Events and Performances«, das in der Touristeninformation ausliegt, sowie das Gratismagazin »Zagreb in your Pocket« (www.inyourpocket.com).

Im Sommer finden diverse Veranstaltungen im Freien statt, z. B. Folkloretanz-Darbietungen auf dem Trg Bana Jelačića während des Internationalen Folklorefestivals im Juli und Konzerte im Musikpavillon auf dem Trg Nikole Šubića Zrinskog. Beim alljährlichen Festival Zagreber Sommerabende, gibt es u. a. in der Kathedrale Kammermusik- und Orgelkonzerte.

THEATER UND MUSIK

Die renommierteste Spielstätte für Theater, Ballett und Oper ist das 1895 eröffnete Hrvatsko Narodno Kazalište (Kroatisches Nationaltheater; Tel. 01 488 84 88; www.hnk.hr). Die Kartenschalter sind Mo–Fr 10–19, Sa 10–13 Uhr und jeweils 90 Minuten vor Vorstellungsbeginn geöffnet.

Ein ähnlich hochkarätiges Programm bietet die Vatroslav-Lisinski-Konzerthalle (Trg Stjepana Radića 4; Tel. 01 612 11 66; www.lisinski.hr), die Heimat des Zagreber Philharmonischen Orchesters.

KINO

Die meisten internationalen Blockbuster sind auch in Zagreb zu sehen. Zwei gute Adressen in der Innenstadt sind das Cineplexx im Einkaufszentrum Centar Kaptol und das Filmkunstkino Kino Klub (Trg žrtava fašizma 14). Das Programm steht in Tageszeitungen.

NACHTLEBEN

Abends auszugehen, bedeutet für die Einheimischen vor allem im Sommer, in ein Café zu gehen und dort auf der Terrasse am Straßenrand zu sitzen und zu plaudern. Besonders beliebt sind die Cafés in der Radićeva und der Tkalčićeva nördlich des Trg Bana Jelačića sowie in der Gajeva und der Bogovićeva südlich des Platzes. Die bekannteste Diskothek ist das Aquarius 4 km südlich der Stadt am Jarun-See. Freunde von Livemusik werden das Sax (Ulica Palmotića 22; Tel. 014 87 28 36; www.sax-zg.hr) mögen.

Die Plitvicer Seen mit ihren wunderschönen Teichen und Wasserfällen sind zu Recht eines der am meisten besuchten Touristenziele in Kroatien.

Das Binnenland

Hier lässt sich Unbekanntes entdecken! Das Binnenland lockt mit barocken Städten, mächtigen Burgen und idyllischen Wasserlandschaften.

Seite 58–85

Erste Orientierung

Wer wie die meisten Kroatienbesucher lediglich Zagreb und die Küstenregionen bereist, lässt sich mehr als die Hälfte des Landes entgehen. Dabei bieten die Gebiete nördlich, südlich und östlich von Zagreb eine Mischung aus zauberhafter Landschaft, historischen Stadtbildern und authentischem Landleben.

Save, Drau und Donau bilden in der Nordosthälfte Kroatiens natürliche Grenzen zu Bosnien-Herzegowina, Ungarn und Serbien. Ende des 16. Jhs. richteten die habsburgischen Herrscher hier zum Schutz ihres Machtbereichs gegen die Osmanen die »Militärgrenze« (»Vojna Krajina«) ein; seit 1699 umfasste diese Zone große Teile Kroatiens an der Grenze zu den osmanisch beherrschten Gebieten Bosniens und Serbiens. Die gleiche Region wurde in den 1990er-Jahren zum Kriegsschauplatz – in Städten wie Osijek, Slavonski Brod und vor allem Vukovar sind die Spuren dieses Krieges bis heute noch nicht ganz beseitigt. Und so erinnern immer wieder Ruinen und verlassene Dörfer an die Kriegsjahre 1991 bis 1995.

Das im Nordosten Kroatiens gelegene Slawonien ist touristisch kaum erschlossen, Weingärten,

Weizenfelder und Bauerndörfer prägen die Szenerie. Die Straßen hier sind – wie auch in großen Teilen des restlichen Binnenlandes nicht immer bestens ausgebaut, und die Auswahl an wirklich komfortablen Hotels und anspruchsvollen Restaurants ist eingeschränkt. Rustikal geht es auch in der Küche zu, die für ihre herzhafte Salami, Gulaschgerichte und Fischeintöpfe bekannt ist.

TOP 10

❷ ★★ Plitvička Jezera

Nicht verpassen!

㉔ Zagorje

㉕ Varaždin

㉖ Kopački Rit

㉗ Lonjsko Polje

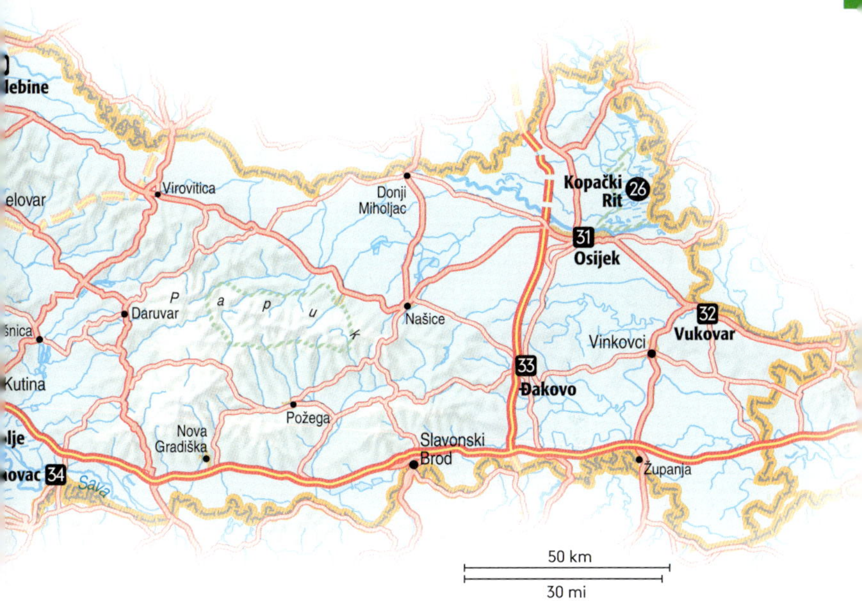

Nach Lust und Laune!

28 Samobor

29 Kumrovec

30 Hlebine

31 Osijek

32 Vukovar

33 Đakovo

34 Jasenovac

Mein Tag im magischen Seenreich

Der Nationalpark Plitvička Jezera ist so gut erschlossen, dass selbst konditionsarme Besucher beim Wandern ihren Spaß haben. Für diese vierstündige, leichte Tour benötigen sie Wanderschuhe, Sonnenhut, Regen- und Sonnenschutz. Es geht stetig, aber immer moderat auf und ab. Mieten Sie sich für zwei Nächte im nahen Resort Etno kuće ein, lassen Sie sich ein Lunchpaket für die Wanderung zusammenstellen und reservieren Sie auch gleich einen Tisch fürs Abendessen.

7 Uhr: Der frühe Vogel …
Es empfiehlt sich ein möglichst früher Start, bevor die Touristenbusse eintreffen. Also: Ein schnelles Frühstück und los geht's! Mit dem Auto fahren Sie zum Startpunkt der Tour, dem Eingang 1, wo Sie parken, Eintritt bezahlen und sicherheitshalber auch noch eine aktuelle Wanderkarte erwerben – Wege können sich auch ändern! Im Frühjahr und Herbst ist der Nationalpark ab 8 Uhr, im Sommer bereits ab 7 Uhr geöffnet. Schon ein paar Schritte weiter erhaschen Sie einen Blick auf den 78 m hohen Veliki Slap (S. 68), Kroatiens höchsten Wasserfall.

15 Uhr: Siesta im Grünen
Start/ Ende
7 & 15 Uhr
Ulaz 1 (Eingang 1)
8.30 Uhr: Fälle, Seen und Travertin
Veliki Slap
8.30 Uhr
Osredak
Jezero Gavanovac
Jezero Milanovac
7 Uhr: Der frühe Vogel ...
Shuttle-Bus
Jezero Kozjak
Plitvicer Seen
Ulaz 2 (Eingang 2)
11.30 Uhr: Lust auf mehr?
Veliki Prštavac
11.30 Uhr
Restaurant Poljana
Gradinsko
12 Uhr
12 Uhr: Seen an einer Kette
Malo Jezero
Jezero Galovac
Shuttle-Bus
Jezero Ciginovac
Jezero Okrugljak
500 m
500 yd
Shuttle-Bus

Oben: Verlaufen ist hier (fast) unmöglich. Die Wege in den Plitvicer Seen sind gut ausgeschildert.

Rechts: Stege führen zwischen den Unteren Seen hindurch.

8.30 Uhr: Fälle, Seen und Travertin

Der Weg mäandert bergab in den Talboden der Unteren Seen; erster See auf dem Weg ist Jezero Kaluđerovac, gespeist von dem Veliki Slap und tief in den Canyon des Flusses Korana eingegraben. Ein Holzsteg führt über seine Travertinsperre, eine Art natürliche Staumauer. Auf der anderen Seite angekommen, bietet sich der Abstecher zum Veliki Slap an. Nach kurzem Umweg erleben Sie den Wasserfall in seiner ganzen Schönheit. Zurück auf der Hauptroute folgen Sie dem Holzsteg am Seeufer etwa in Richtung Süden, der schließlich zurück aufs gegenüberliegende Ufer wechselt. Hier schmiegen sich auch schon die nächsten Seen in ihre Mulden: Gavanovac und Milanovac. Im klaren Wasser flitzen die Schatten der Forellen um die Wette, über dem See tanzen die Libellen im Rhythmus einer unhörbaren Musik und immer wieder sprudeln kleine Kaskaden an den Talwänden hinunter.

9.30 Uhr: Picknick auf der Wiese

Knapp 3 km sind schon geschafft; ein kleiner Sattel führt zu einer Wiese am größten der hiesigen Seen, dem Jezero Kozjak (S. 70). Imbissstand, Toiletten und

Oben: Das Wasser des Jezero Gavanovac scheint in den unterschiedlichsten Grüntönen zu leuchten.

Unten: Unterwegs in den alten Buchenwäldern am Jezero Kozjak.

Picknicktische laden zur Rast. Der nun folgende Abschnitt am Westufer des Sees entlang und durch lichten Buchenwald ist besonders schön und nur selten begangen. Etwa eineinhalb Stunden später erreichen Sie die Wasserfälle am Südende des Koziak-Sees – ein bezaubernder Ort für eine Rast.

11.30 Uhr: Lust auf mehr?

Hier nehmen Sie den Wanderweg E zu den schönsten Highlights der höher gelegenen Seengruppe auf. Am Ende der ersten beiden Seen, die Sie passieren, erwartet Sie 2 km weiter der Veliki Prštavac, eine der imposantesten Kaskaden des Nationalparks, in einer Landschaft, die von winzigen Seenaugen und Bächen geprägt ist.

12 Uhr: Seen an einer Kette

Die folgenden 1,5 km reiht sich sanft ansteigend ein See an den anderen: Zuerst der große Galovac

mit der imposanten Travertinbarriere Galovački Buk, dann Malo Jezero und schließlich Okrugljak, dessen Wasser im Sommer in einem leuchtenden Türkis strahlen. An seinem Ende ein weiterer Wasserfall, über den sich das Wasser aus dem höher gelegenen Ciginovac-See ergießt und zu einer fantastischen Szenerie aus Schlingpflanzen, Moosen und rieselndem Wasser verschmilzt. An den Fällen entlang erreichen Sie wenige hundert Meter weiter die Station des Shuttle-Busses, der Sie mit weiteren tollen Ausblicken auf die Oberen Seen zurückbringt zu Eingang 2.

13.30 Uhr: Mittagsrast mit Seenblick

Vorab: Das Essen in den Hotels und Restaurants des Plitvice Nationalparks ist nicht gerade berauschend und der Service auch nicht. Aber wenn Sie einen Platz auf der Terrasse des Restaurants Poljana (S. 70)

Links: Der Veliki Prštavac gehört zu den beeindruckendsten Wasserfälle des Nationalparks.

Ganz oben: Shuttles verbinden mehrere Stellen des Nationalparks mit dessen zwei Eingängen.

Oben: Moos überzieht die Travertinbarriere Galovački Buk.

Rechts: Fische, ob in den Seen oder auf den Tellern im Restaurant, sind im Park keine Seltenheit.

ergattern, das Grün der Wälder vor Augen und das Rauschen der Fälle im Ohr, braucht es keine kulinarischen Highlights, um glücklich zu sein.

15 Uhr: Siesta im Grünen

Mit dem Shuttle oder zu Fuß kehren Sie zu Eingang 1 und zum Auto zurück. Jetzt haben Sie sich eine Siesta verdient – oder Baden, Bogenschießen, Sauna und was auch immer das Resort anbietet. Abends wird dann richtig gut und ländlich gespeist!

Etno kuće
✉Plitvica selo 66 ☎053 68 80 81
🌐ethnoplitvice.com
Länge der Tour: ca. 12 km

❷ ★★ Plitvička Jezera

Was?	Seen, Wasserfälle, Wälder
Warum?	Weil die Seen ein faszinierendes Naturschauspiel sind.
Wann?	Im Sommerhalbjahr und möglichst früh, gleich nach Öffnung der Tore
Wie lange?	Einen halben Tag bis drei Tage
Was noch?	Duftende Blüten, zwitschernde Vögel, tänzelnde Libellen
Resümee	Man ist verzaubert von Wasser, Travertin und Grün.

Mit jährlich über 1,4 Mio. Besuchern sind die Plitvicer Seen Kroatiens touristischer Hauptmagnet abseits der Küste. Das Seengebiet wurde 1949 zum ersten Nationalpark des Landes und 1979 zum Weltnaturerbe der UNESCO erklärt. Im Sommer drängen sich hier Massen von Tagesausflüglern, doch frühmorgens oder außerhalb der Saison kann man die Naturschönheiten oft ganz in Ruhe genießen.

Der Wasserfall Veliki Slap gehört zu den eindrucksvollsten Sehenswürdigkeiten des Landes. Über 70 m tief stürzt er eine steile Kalksteinfelswand hinab in den Fluss Korana – somit ist er der höchste eines ganzen Systems von Wasserfällen und unterirdischen Wasserläufen, das die 16 smaragdgrünen Seen miteinander verbindet und auf einer Strecke von 8 km einen Höhenunterschied von mehr als 150 m überwindet.

Die Seen entstanden durch die Ablagerung von Travertin, einem kalkreichen schlammigen Sediment, das sich aus Moosen und erodiertem, in Wasser gelöstem Kalkstein zusammensetzt. Die stetigen Ablagerungen bilden Barrieren und sorgen dafür, dass der Wasserpegel der Seen steigt. Rauer Kalksteinkarst und üppige Vegetation verbinden sich zu einer einzigartigen Landschaft. Braunbären und Wölfe bevölkern die Buchen-, Tannen- und Fichtenwälder, in die selbst Luchse zurückgekehrt sind.

Erlebnis Plitvice …

Eine ausführliche Erkundung des Nationalparks dauert mehrere Tage. Die meisten Besucher verbringen jedoch höchstens einen Tag an den Seen. Doch selbst wer nur einige

Atemberaubend schöne Wasserfälle verbinden die Seen miteinander.

Stunden Zeit hat, kann sich dank des perfekt ausgebauten Netzwerks von Fußwegen und hölzernen Stegen einen guten Überblick verschaffen. Manche Pfade führen so dicht an den Wasserfällen entlang oder gar unter ihnen hindurch, dass man deren Sprühnebel spürt.

... zu jeder Jahreszeit

Wechselndes Licht und das Farbenspiel der Natur verleihen den Seen zu jeder Jahreszeit einen anderen Charakter. Im Sommer sind sie erfrischend kühl, aber oft auch überlaufen. Reizvoller ist ein Besuch im Frühling, wenn die Schneeschmelze die Wasserfälle anschwellen lässt, und im Herbst, wenn sich das Laub der Wälder bunt verfärbt. Im Winter ist der Nationalpark nahezu menschenleer: An den Seen herrscht dann eine faszinierende Ruhe, vor allem, wenn Schnee liegt und das Wasser mit Eis bedeckt ist.

Unterwegs im Nationalpark

Es gibt zwei Haupteingänge in den Nationalpark (»Ulaz 1« und »Ulaz 2«), an beiden findet man Parkplätze und Informationsbüros. Vom Eingang 1 ist es nicht weit zum Veliki Slap; eine Terrasse mit Blick auf die Wasserfälle liegt nur 50 m entfernt. Eingang 2 liegt in der Nähe der drei Hotels und ist ein guter Ausgangspunkt für die Erkundung der Oberen Seen und Wasserfälle.

Im klaren Wasser der Seen lassen sich häufig Forellen beobachten.

Die Eintrittskarten (gültig für einen Tag, Verlängerung möglich) gelten gleichzeitig als Fahrkarten für die Ausflugsboote auf den Seen und die parkinternen Busse. Auf den Übersichtsplänen, die an den Eingangsschaltern und in den Hotels verkauft werden, sind Vorschläge für zwei- bis sechsstündige Rundgänge eingezeichnet, bei denen Teilstrecken per Boot und im Bus zurückgelegt werden. Ein vierstündiger Rundgang führt z. B. vom Eingang 1 über die blau markierte Route zum Veliki Slap, dann per Boot über den Jezero Kozjak und mit dem Bus zurück zum Ausgangspunkt. Wenn Sie einen ganzen Tag Zeit haben, starten Sie am besten am Eingang 2 und nehmen zunächst den Bus zu den Labudovac-Fällen am unteren Ende des höchstgelegenen Sees, des Proščansko Jezero. Von dort folgen Sie der rot markierten Route am Seeufer entlang bis zum Jezero Kozjak, wo Sie das Boot besteigen. Der Veliki Slap bildet dann den Abschluss.

KLEINE PAUSE

An den Eingängen zum Park befinden sich Cafés; weitere öffnen im Sommer an den wichtigsten Bootsanlege- und Bushaltestellen. Für den größeren Hunger serviert das Restaurant **Poljana** Gerichte aus der Region. Im Winter beschränkt sich das Angebot auf die Restaurants der Hotels (S. 84f).

Sommer tägl. 8–23 Uhr

ℹ

212 A2
75 km südlich von Karlovac
053 75 10 15;
www.np-plitvicka-jezera.hr

Sommer tgl. 8–20 (oder bis zur Dämmerung), Winter 8–15 Uhr
Sommer 150 Kn, Winter 55 Kn

㉔ Zagorje

Was?	Friedliche Landschaft mit herrischen Burgen
Warum?	Hier lernt man Kroatiens ländliche Seite kennen.
Wann?	Sommer und Herbst
Wie lange?	Einen halben bis ganzen Tag
Resümee	Ein ruhiger Ausflug in die Geschichte

Mit seinen Weingärten, Wiesen und Hügeln, Burgen und Kirchen ist das Zagorje (das Gebiet »jenseits des Berges«) eine der reizvollsten Landschaften Kroatiens und ein beliebtes Wohenend-Ausflugsziel der Hauptstädter.

Veliki Tabor

Die mittelalterliche Burg prägt seit dem 16. Jh. das Gesicht der Landschaft. Da sie umfassend renoviert wurde, bietet sie nun außen wie innen ein glanzvolles Bild. Über dem fünfeckigen Gebäudekomplex erheben sich vier halbrunde Türme rund um einen von Arkaden gesäumten Innenhof, in dem gelegentlich Schwertkämpfer und Falkner ihre Künste vorführen.

Die Burg Veliki Tabor thront auf einem 333 m hohen Hügel.

Trakošćan

Die im 13. Jh. zum Schutz des Bednja-Tals an der slowenischen Grenze angelegte Burg ist die wohl meistbesuchte Sehenswürdigkeit des Zagorje. Das heutige Bauwerk, das wie ein Märchenschloss über einem künstlichen See aufragt, ist aber zum größten Teil ein Neubau des 19. Jhs., der auf den Grundmauern der alten Anlage errichtet wurde. Vorfahren der Adelsfamilie Draškovič erhielten die Festung im 16. Jh. von den Habsburgern.

Der Weg auf den Burgberg führt den bewaldeten Hang hinauf und über eine Zugbrücke. Die Burg selbst präsentiert sich als stattlicher Adelssitz mit Wandteppichen, Gemäldesammlung, Rüstungen, Rauch- und Spielsalons, die teils mit Originalmobiliar aus dem 17. und 18. Jh. ausgestattet sind. Zudem befindet sich hier das Atelier der kroatischen Malerin Julijana Erdödy-Drašković (1847–1901) mit ihrem Klavier, ihrer Staffelei und mehreren ihrer Gemälde.

Krapina

Die Stadt auf halbem Wege zwischen Veliki Tabor und Trakošćan ist Fundort des Homo Krapinensis, eines Verwandten des Neandertalers, der hier vor etwa 130 000 Jahren lebte. Auf dem Hügel Hušnjakovo wurden rund 900 Knochen von mehr als 20 Männern, Frauen und Kindern ausgegraben. Im modernen, interaktiven Neandertalermuseum sind u. a. Modelle von Neandertaler-Schädeln zu sehen.

Marija Bistrica

An der wichtigsten Wallfahrtsstätte Kroatiens verehren die Pilger eine dunkle hölzerne Marienstatue aus dem 15. Jh., die der Legende nach von einem Priester im Gemäuer der Pfarrkirche versteckt wurde, um sie vor den herannahenden Türken zu schützen. Sie wurde 1684 wiedergefunden, als ein Lichtstrahl den Bischof zum Versteck führte. Das heutige Gotteshaus errichtete 1883 Hermann Bollé (1845–1916) und integrierte dabei den steinernen Torbogen und die Fassade der alten Kirche in den Neubau. An bestimmten Festtagen besuchen Tausende von Pilgern die Wallfahrtsstätte.

KLEINE PAUSE

Auf der Terrasse des Lokals **Grešna Gorica** (S. 85) hat man einen schönen Blick auf die Burg Veliki Tabor. Hier kann man gut zu Mittag essen.

Veliki Tabor
206 B4 ☎ 049 37 49 70
www.veliki-tabor.hr
April–Sept. Mo–Fr 9–17, Sa/So 9–19, März, Okt. Di–Fr 9–16, Sa/So 9–17, Nov.–Feb. Di–So 9–16 Uhr 25 Kn

Trakošćan
206 C4 ☎ 042 79 64 22
Sommer tgl. 9–18, Winter 9–16 Uhr
40 Kn

Neandertalmuseum Krapina (Muzej krapinskih neandertalaca)
206 B4 ☎ 049 37 14 91
www.mkn.mhz.hr
Nov.–März, Di–So 9–17, April–Okt., Di–So 9–19 Uhr 60 Kn

㉕ Varaždin

Was?	Altstadtgassen, Burg und romantische Atmosphäre
Warum?	Nostalgie pur
Wann?	An einem Samstag, mittags zur Wachablösung
Wie lange?	Am besten einen ganzen Tag
Resümee	Die totale Operetten-Seligkeit

Hübsche Fassaden in aprikose-, erdbeer- und vanillefarbenen Pastelltönen, aufwendig restauriert und verziert mit Barockengeln und Blumengirlanden – so präsentiert sich Varaždin. Die bezaubernde Stadt mit ihren Caféterrassen und gepflasterten Straßen ist ein echtes Juwel.

Im 12. Jh. gegründet, war Varaždin ab 1756 kurz die Hauptstadt Kroatiens, bis dann 1776 ein Brand einen Großteil des Ortes zerstörte. Beim Wiederaufbau entstand ein harmonisches Ensemble barocker Palais und Kirchen, deren Zwiebeltürme und Kuppeln bis heute das Stadtbild prägen.

Die verkehrsberuhigten Straßen des Stadtzentrums sind wie geschaffen für gemächliche Spaziergänge, bei denen man verborgene Details wie die lauschigen Innenhöfe und die Wappen über den Haustüren entdeckten kann. Früher oder später führt der Weg aber stets zum Trg Kralja Tomislava, dem Hauptplatz. Hier steht das im 16. Jh. errichtete

Die Altstadt von Varaždin ist bestens dazu geeignet, auf entspannte Entdeckungstouren zu gehen.

Rathaus mit einem Uhrenturm aus dem 18. Jahrhundert. Im Sommer findet jeden Samstagmorgen um 11 Uhr vor dem Rathaus die feierliche Wachablösung der Bürgergarde (Purgari) in ihren blauen Uniformen statt.

Überall Engel

Die Galerija Zlati Ajngel (Goldener Engel) ist nicht nur wegen der spannenden Kunstausstellungen sehenswert. Interessant ist auch der idyllische Innenhof eines typischen Varaždiner Stadthauses. Außerdem findet sich hier wie an vielen Häusern und in Kirchen das Motiv des Engels (»ajngel«), weshalb Varaždin auch »Stadt der Engel« genannt wird.

Eine Burg mit Geschichte

Die wichtigste Sehenswürdigkeit ist die Stari Grad, eine Mischung aus Burg und Herrenhaus mit Zugbrücke, Wehrmauern und Wassergraben. Der weiß getünchte Festungsbau mit seinem roten Ziegeldach und dem von Renaissancearkaden gesäumten Innenhof diente als Bollwerk gegen die Türken und beherbergt heute das Stadtmuseum.

Im ersten Stock sind Amtsstab und Siegel der Stadtoberen aus dem Jahr 1464 sowie der ursprüngliche gotische Torbogen der Festung zu sehen. Die Ausstellungsräume geben einen Einblick in die Wohnkultur des Adels von der Renaissance im 16. bis zum Jugendstil im frühen 20. Jahrhundert. Besonders sehenswert ist die über eine Loggia im ersten Stock zugängliche Kapelica Svetog Lavre (St.-Laurentius-Kapelle) in einem runden Befestigungsturm.

Grofica Marica: Trg Kralja Tomislava 2, Tel. 042 32 00 77, tägl. 9–22 Uhr

KLEINE PAUSE

Im Kaffehaus von Gräfin Mariza, **Grofica Marica** am Hauptplatz gibt es einen fantastischen Cappuccino und die besten Cremeschnitten der Stadt.

---

207 D4

Touristeninformation
Ulica Ivana Padovca 3 ☎ 042 21 09 87
www.tourism-varazdin.hr

Stari Grad
☎ 042 21 29 18 www.gmv.hr
Di–Fr 9–17, Sa, So 9–13 Uhr
25 Kn

Galerija Zlati Ajngel
Gajeva 15 ☎ 042 21 27 02
www.ajngel.hr
Di–Fr 18–20, Sa/So 10–12 Uhr

Im Labyrinth der Thujen

Das Spiel von Licht und Schatten ist verwirrend und faszinierend zugleich. Bis zu fünf Meter hoch sind die akkurat beschnittenen Thujen, mit denen Herman Haller 1905 den Varaždiner Friedhof in ein grünes Labyrinth verwandelte. Darin wandeln Sie zwischen den marmornen Zeugen tiefer Trauer oder protzigen Stolzes, rasten im Schatten von Zypressen und kehren immer wieder zu den Thujen zurück. Als hätte Haller Trauer und Sehnsucht zwischen grünen Wänden gebündelt. Atemberaubend schön!
Groblje Varaždin, Dez.–Feb. 7–19, März, April, Okt. 7–20, Mai–Sept. 7–21 Uhr

㉖ Kopački Rit

Was?	Flüsse, Altarme, Sümpfe und Vögel
Warum?	Man lernt eine magische Wasserlandschaft kennen.
Wann?	Frühjahr und Sommer
Wie lange?	Einen bis zwei Tage
Was noch?	Traditionelle Dorfarchitektur
Resümee	Spannende Naturbeobachtung, leider mit Mückenstichen

Der Naturpark in den Feuchtgebieten am Zusammenfluss von Donau und Drau ist ein wichtiges Reservat für eine Vielzahl von Vögeln, die hier nisten, rasten oder überwintern.

Die Überschwemmungsflächen der Donau gehören zu den bedeutendsten Feuchtgebieten und naturnahen Lebensräumen Europas, auch wenn im Lauf des 20. Jhs. mehr als 80 % des Areals erschlossen und überbaut wurde. Die verbliebenen Flächen verteilen sich auf Kroatien, Ungarn und Serbien und stehen vielerorts unter Schutz.

Natur zwischen den Fronten

Im Feuchtgebiet Kopački Rit wurden 1967 rund 180 km² zum Naturpark erklärt; seit 1993 fällt es unter die Ramsar-Konvention zum Erhalt von Feuchtgebieten. Von 1991 bis 1995 war es von serbischen Truppen besetzt und teilweise vermint. Die Natur hat die militärischen Operationen gut überstanden, die Minen wurden inzwischen entfernt: Heute ist das Gebiet für Besucher wieder sicher.

Landschaft in beständigem Wandel

Auch wer dem Kopački Rit nur einen Kurzbesuch abstattet, stößt auf eine vielfältige Tier- und Pflanzenwelt. Weite Teile des Parks bestehen aus Weiden-, Pappel- und Eichenhainen, in denen große Bestände an Rotwild, Edelmardern und Wildschweinen leben. Im Wasser schwimmen Karpfen, Zander und Welse umher, und bei Donauhochwasser verwandeln sich die Auenwälder in eine riesige morastige Sumpflandschaft.

Am eindrücklichsten lernt man den Naturpark bei einer Bootstour kennen. Empfehlenswert ist dabei guter

Ein malerischer Sonnenuntergang über dem Feuchtbiotop Kopački Rit

Mückenschutz. Die Schiffe legen von März bis November drei- bis viermal täglich vom Landungssteg in der Nähe des Besucherzentrums ab. Die Besatzung hält Ferngläser bereit, mit denen man Reiher, Kormorane, Wildgänse und eventuell auch Eisvögel, Seeadler und Schwarzstörche beobachten kann. Eine andere Möglichkeit ist eine Wanderung durch die Eichenwälder rund um die inmitten des Parks gelegene Ortschaft Tikveš. Das Besucherzentrum am Haupteingang bei Kopačevo verleiht auch Fahrräder (20 Kn/Stunde).

Ungarn ist nah

Im nahen Dorf Kopačevo kann man die traditionelle Architektur der Region besichtigen. Die vom Nachbarland Ungarn inspirierten Häuser wenden der Straße ihre Schmalseite zu. Um den Innenhof verlaufen tiefe Arkadengalerien, in denen Maiskolben zum Trocknen aufgehängt sind.

KLEINE PAUSE

Es gibt zwei Restaurants im Naturpark Kopački Rit, beide servieren als regionale Spezialität am Stock gegrillten Karpfen: Das **Kormoran** ist 4 km vom Parkeingang Podunavlje entfernt, das **Didin Konak** befindet sich in Kopačevo.

Kormoran: Tel. 031 75 30 99, www.restoran kormoran.com, tägl. 10–22 Uhr

Didin Konak: Tel. 031 75 21 00, www. didinkonak.hr, tägl. 7–23 Uhr

209 F3
031 44 54 45 pp-kopacki-rit.hr
Okt.–April 8–16, Sommer 9–17 Uhr
Park 10 Kn, Bootstour 80 Kn

㉗ Lonjsko Polje

Was?	Flusslandschaft und traditionelle Dörfer
Warum?	Eines der bedeutendsten Feuchtbiotope Europas
Wann?	Zwischen April und August nisten hier die Störche.
Wie lange?	Einen bis zwei Tage
Was noch?	Deftige Bauernkost
Resümee	Störche, Störche und noch mehr Störche!

Keine 100 km von Zagreb entfernt, erwartet den Besucher im Naturpark Lonjsko Polje eine friedliche Landschaft mit grünen Auwäldern und malerischen Holzhäusern, auf deren Dächern im Frühjahr und Sommer Störche nisten.

Das Lonjsko Polje umfasst eine Fläche von rund 500 km² in den Überschwemmungsgebieten der Save und ihrer Nebenflüsse. Auwälder mit Tausenden von Eichen wechseln sich ab mit flachem Weideland, das sich bei Hochwasser in morastige Sümpfe verwandelt. Das Wasser zieht Frösche und Fische an, die ihrerseits Wasservögeln und Weißstörchen als Nahrung dienen.

Auf den Weiden grasen stämmige Posavina-Pferde, während durch die Eichenwälder das ganze Jahr über Turopolje-Schweine streifen, eine seltene gefleckte Rasse, die sich hauptsächlich von Eicheln ernährt.

Posavina-Pferde kann man im Naturpark Lonjsko Polje häufig beobachten.

Die Hauptstraße durch das Lonjsko Polje folgt dem alten Verbindungsweg von Sisak nach Jasenovac am Ostufer der Save. Sie verläuft durch zahlreiche reizvolle Dörfer, von denen Čigoć und Krapje die sehenswertesten sind.

Besuch im Storchendorf

Das Örtchen Čigoć, in dem auf fast jedem Dach ein Storchennest zu sehen ist, wurde zum ersten Europäischen Storchendorf ernannt. Hier brüten jedes Frühjahr zahlreiche Storchenpaare. Das Klappern der imposanten Vögel ist von April bis August zu hören. Im Volkskundemuseum Sučić sind land- und hauswirtschaftliche Gerätschaften aus dem späten 19. und frühen 20. Jh. zu sehen.

Dorf aus dem Bilderbuch

Rund 30 km von Čigoć entfernt und an der Grenze zu Bosnien-Herzegowina, liegt Krapje, ein für sein »architektonisches Erbe« ausgezeichnetes Dorf mit schönen traditionellen Holz- und Bauernhäusern, die aus dem 19. Jh. stammen. Die für die Landschaft typischen, aus dem Holz der Posavina-Eichen errichteten Häuser wenden der Straße die Schmalseite zu. Eine hölzerne Außentreppe führt in die Wohnräume im ersten Stock. Der Rauch der Feuerstellen zieht nicht durch einen Schornstein ab, sondern zwischen den Deckenbalken hindurch: So können die Dachböden zum Räuchern von Fleisch genutzt werden.

Etwas außerhalb des Dorfes wurde im Jahr 1963 Kroatiens erstes Vogelschutzgebiet, Krapje Đol, eingerichtet, in dem Wasservögel wie Reiher, Löffler und Silberreiher ihr Refugium haben. Das Informationsbüro veranstaltet Führungen.

KLEINE PAUSE

In den Bauernhäusern **Tradicije Čigoč** und **Ravlić** in Mužilovčica (S. 87) wird leckere traditionelle Hausmannskost serviert.

Tradicije Čigoč: Čigoć 7a, 044715124, www.tradicije-cigoc.hr

---

†213 E4/5

Informationsbüro
✉ Čigoć 26 ☎ 0447151 15

🌐 www.pp-lonjsko-polje.hr
🕐 tgl. 8–17 Uhr Naturpark: 10 Kn, 5 Kn, Fahrrad oder Kanu für bis zu 3 Std. 50 Kn, Museum: im Preis enthalten

Nach Lust und Laune!

28 Samobor

Das beliebteste Wochenendziel der Zagreber liegt rund 20 km westlich der Hauptstadt. 1242 durch ein Privileg König Bélas IV. zum freien Marktort erhoben, präsentiert sich Samobor heute als schmucke Provinzstadt. Stadthäuser aus dem 19. Jh. säumen den Marktplatz, der von einer Kirche überragt wird.

Auf einer Anhöhe über dem Zentrum kann man die Ruine einer Burg aus dem 13. Jh. besichtigen. Für längere Wanderungen bietet sich der zwischen Samobor und der slowenischen Grenze gelegene Naturpark Žumberak-Samoborsko Gorje an.

206 B2

Touristeninformation
Trg Kralja Tomislava 5
013360044 www.samobor.hr

29 Kumrovec

In dem kleinen Dorf an der slowenischen Grenze erblickte 1892 der jugoslawische Staatspräsident Josip Broz Tito das Licht der Welt. Schon zu seinen Lebzeiten wurde sein Geburtshaus in ein Museum umgewandelt; nach seinem Tod kamen mehr als 40 weitere, sorgfältig rekonstruierte Gebäude hinzu.

Die Häuser des Museumsdorfs Staro Selo liegen inmitten der heutigen Ortschaft, sodass gleich nebenan in modernen Häusern Familien leben, die mit ihren Traktoren oder Fahrrädern durch die Straßen fahren. Zu Staro Selo gehören alte Bauernhäuser, Kornspeicher und Ställe, Werkstätten von Töpfern und Spielzeugmachern sowie die rekonstruierte Schmiede von Titos Vater. Im Sommer wird in ein paar Gebäuden bäuerliches Kunsthandwerk ausgestellt, und im alten Weinkeller Zagorska Klet reicht man Kostproben typischer Gerichte des Zagorje.

206 B3

Staro Selo
049225830 www.mss.mhz.hr
April–Sept. tägl. 9–19, Okt.–März tägl. 9–16 Uhr 25 Kn

30 Hlebine

Das in der fruchtbaren Region Podravina nahe der ungarischen Grenze gelegene Dorf gilt als Wiege der kroatischen naiven Kunst (S. 49f). Hier waren seit den 1930er-Jahren über 200 Maler und Bildhauer tätig. In den Ausstellungen in der 1968 gegründeten Galerija Hlebine sind auch heute neue Werke einheimischer Künstler zu sehen. Ein Raum ist den Gemälden von Ivan Generalić (1914–1992) gewidmet.

207 F4

Galerija Hlebine
Trg Ivana Generalića 15
0997336026 Di–Fr 10–16, Sa/So 10–14 Uhr 15 Kn

31 Osijek

Die Hauptstadt Slawoniens liegt am Südufer der Drau, von der ungarischen und der serbischen Grenze jeweils etwa 30 km entfernt. Der neugotische Dom (19. Jh.), beherrscht das Stadtzentrum Gornji Grad (Oberstadt). Die bedeutendsten Sehenswürdigkeiten Osijeks befinden sich jedoch nicht hier, sondern 2 km weiter östlich in der von den Habsburgern im 18. Jh. angelegten Festungsstadt Tvrđa. Der Weg dorthin führt über eine Uferpromenade. Auch die Straßenbahnlinie 1, die die Europska Avenija entlangfährt, führt dorthin. Osijek wurde 1991 unter Beschuss genommen – die Schäden sind zum Teil noch heute sichtbar, Tvrđa aber konnte sich seine entspannte Atmosphäre bewahren. Barocke Militär- und Verwaltungsbauten säumen den zentralen Platz, in dessen Mitte eine Pestsäule von 1729 steht. Den besten Blick auf Tvrđa genießt man vom gegenüberliegenden Ufer der Drau.

Detail der Pestsäule im Zentrum von Tvrđa in Osijek

✈ 209 E3

Touristeninformation
✉ Županijska 2 ☎ 031 20 37 55;
🌐 www.tzosijek.hr

32 Vukovar

Kein anderer Ort in Kroatien ist so sehr zum Inbegriff der Schrecken des Kroatien-Krieges geworden wie Vukovar. Die einst wohlhabende, von Serben und Kroaten bewohnte Handelsstadt am Westufer der Donau wurde 1991 drei Monate lang von serbischen Truppen belagert und dabei zu großen Teilen zerstört. Mehr als 2000 Menschen starben während der Belagerung, viele weitere wurden nach der Einnahme durch die Serben von den siegreichen Soldaten getötet und in Massengräbern verscharrt. Bis heute belasten die Kriegsgräuel das Verhältnis zwischen kroatischer (57 %) und serbischer Bevölkerung (35 %).

Mit EU-Mitteln wurden viele der von Kriegsschäden gezeichneten historischen Bauten renoviert. So erstrahlt auch das barocke Palais Eltz in neuem Glanz. Das darin untergebrachte Stadtmuseum zeigt eine Ausstellung zur Geschichte der Stadt mit archäologischen Artefakten aus der jungsteinzeitlichen

Die Kathedrale von Đakovo

Grabungsstätte Vučedol, 5 km von Vukovar entfernt. Dort gibt es auch ein Museum zur Vucedol-Kultur.

Am Zusammenfluss von Vuka und Donau erinnert ein Mahnmal an die Opfer des Krieges. Auf einem Friedhof vor der Stadt, jenseits der Ruine des früheren Wasserturms an der Straße nach Ilok, stehen lange Reihen namenloser Kreuze zum Gedenken an die vermissten Toten.

209 F2

Touristeninformation & Museen
Strossmayerova 15 032 44 28 89, 032 44 12 70 www.turizamvukovar.hr
Gradski Muzej Vukovar, Županijska 2
Di–So 10–18 Uhr 40 Kn

Museum der Vučedol-Kultur,
Vučedol 252 Di–So 10–18 Uhr
30 Kn

33 Đakovo

Die im Herzen Ostslawoniens gelegene Stadt ist vor allem für ihre imposante Backsteinkathedrale bekannt, die Bischof Josip Strossmayer, eine der herausragenden Gestalten der kroatischen Geschichte und früher Verfechter der jugoslawischen Einheit, von 1866 bis 1882 erbauen ließ. In der Krypta befindet sich Strossmayers Grab.

Ein Stück abseits der Kathedrale von Đakovo laden an der beschaulichen Ulica Hrvatskih Velikana hübsche Cafés zum Verweilen ein.

209 D2

Touristeninformation
Ulica Kralja Tomislava 3
031 81 23 19 www.tzdjakovo.eu

34 Jasenovac

In der Nähe des Dorfes befand sich im Zweiten Weltkrieg das gleichnamige größte kroatische Konzentrationslager, in dem Schätzungen zufolge weit über 75 000 Serben, Juden, Roma und politische Gegner des faschistischen Ustaša-Regimes ermordet wurden. Heute steht am Ort des Lagers die »steinerne Blume«, eine Betonskulptur des serbischen Künstlers Bogdan Bogdanović.

213 E4

Braće Radić 47 044 67 23 19
www.jusp-jasenovac.hr
Sommer Mo–Fr 9–17, Sa, So 10–16, Winter Mo–Fr 9–16 Uhr Eintritt frei

Wohin zum … Übernachten?

Preise für ein Doppelzimmer pro Person und Nacht in der Hochsaison:

€	unter 400 Kn
€€	400–800 Kn
€€€	über 800 Kn

KOPAČKI RIT

Hotel Lug €€
Das kleine Hotel liegt auf halber Strecke zwischen Osijek und dem Haupteingang des Naturparks Kopački Rit. Die Zimmer sind mit schweren Holzmöbeln und Teppichen eingerichtet und bieten mit Flachbild-TV und WLAN allen Komfort. Im Restaurant können die Gäste traditionelle Gerichte der Baranja verkosten. Als Standort für Ausflüge in den Naturpark ist das Haus sehr zu empfehlen.
209 E4 Š. Petefija 64, Lug
031 62 80 28 www.bts.hr

Sklepić €
Das Dorf Karanac liegt 20 km nördlich von Bilje nahe der ungarischen Grenze. Hier hat Landwirt Denis Sklepić einige Gebäude seines Hofes in eine Frühstückspension verwandelt. Holzfeuer, rustikale Betten, traditionelle Küche sowie Ausritte und Kutschfahrten vermitteln einen authentischen Eindruck vom kroatischen Landleben.
209 D3 Kolodvorska 58, Baranja
031 72 02 71 www.sklepic.hr

LONJSKO POLJE

Ravlić €
Die Familie Ravlić im Dorf Mužilovčica am alten Lauf der Save empfängt ihre Gäste in einem alten Eichenholzhäuschen mit Blick auf einen See. Eine Holztreppe führt zu den Gästezimmern mit Holzmobiliar und Schwarz-Weiß-Fotos an den Wänden. Im Hof tummeln sich Gänse, Enten und Hühner; zur Bereicherung des Speiseplans halten die Hausherren zudem Turopolje-Schweine.
213 E4 Mužilovčica 72 044 71 01 51
www.obitelj-ravlic.hr

OSIJEK

Waldinger €€
Das charmante Hotel befindet sich in einem Jugendstilgebäude gegenüber vom Kroatischen Nationaltheater. Mit nur 16 Zimmern und geschmackvoll gestalteten Aufenthaltsräumen ist es beides: intim und stylish. Fast alle Räume haben einen Whirlpool; es gibt eine Sauna und einen Fitnessraum. Das Café im Erdgeschoss mit Kunstausstellungen erinnert an einen Literatensalon früherer Zeit.
209 E4 Županijska 8
031 25 04 50 www.waldinger.hr

PLITVIČKA JEZERA

Jezero €€
Das größte der drei Hotels im Nationalpark blickt über den Kozjak-See, bedarf aber, wie die anderen Häuser auch, dringend einer Renovierung. Die 229 Zimmer sind mit Internetanschluss und Satelliten-TV ausgestattet. Wenn auch etwas abgelegen, bietet das Haus Tennisplätze, Spa, Sauna, Nachtclub, Konferenzräume und ein Kinderspielzimmer.
212 A2 bei Eingang 2
053 75 15 00 www.np-plitvicka-jezera.hr

SAMOBOR

Livadić €€
Im 19. Jh. als Bürgerhaus am Marktplatz errichtet, versetzt das freundliche familiengeführte Hotel mit Stil seine Gäste in die späte Habsburger Zeit. Die Zimmer sind groß, gemütlich und mit alten Möbeln, Teppichen und Parkett ausgestattet. Der Frühstücksraum ist opulent dekoriert, und es gibt ein hauseigenes Café (S. 84).
206 B2 Trg Kralja Tomislava 1
013 36 58 50 www.hotel-livadic.hr

VARAŽDIN

Maltar €€
Es gibt nur fünf zentral gelegene Herbergsbetriebe in Varaždin – dieses freundliche kleine Hotel mit seinen 15 funktional, aber komfortabel eingerichteten Zimmern ist wohl das beste. Man kann von 7 bis 11 Uhr

frühstücken, das Stadtzentrum ist nur wenige Minuten entfernt.
⊹207 D4 ✉Ulica Prešernova 1
☎042 31 11 00 ⊕www.maltar.hr

ZAGORJE

Lojzekova Hiža €
Das traditionelle Bauernhaus bei Marija Bistrica ist ein Musterbeispiel für den Trend zum Urlaub auf dem Bauernhof im Zagorje. Unter dem Dach befinden sich neun gemütliche Gästezimmer mit schrägen Dächern und Holzfußböden. Die Hausherren keltern ihren eigenen Wein und verkaufen hausgemachte Schnäpse und Marmeladen.
⊹206 C3 ✉Gusakovec 116, 6 km westlich von Marija Bistrica ☎049 46 93 25
⊕http://lojzekova-hiza.eu

Vuglec Breg €€
Ein exklusiver Rückzugsort in den Weinbergen des Zagorje. Die vier Cottages in dem Ort 4 km nördlich von Krapinske Toplice bieten charmante Apartments mit moderner Ausstattung. Das elegante Restaurant Pri Kleti serviert sehr gute regionale Gerichte. Der Weinkeller bietet Verkostungen mit hauseigenen Weinen an. Gästen stehen Tennisplätze und Reitmöglichkeiten zur Verfügung.
⊹206 C4 ✉Sčkarićevo 151, Lepajci
☎049 34 50 15 ⊕www.vuglec-breg.hr

Wohin zum ... Essen und Trinken?

Preise für ein Essen mit Vorspeise, Hauptgericht und Salat ohne Getränke:

€ unter 150 Kn
€€ 150–300 Kn
€€€ über 300 Kn

KOPAČKI RIT

Kod Varge €
Die Spezialitäten des Lokals mit slawonischer Küche sind Karpfen, Wels und Barsch. Die exzellente »kulen« (Salami) oder das »ribilji paprikaš« (Fischgulasch) probieren!
⊹209 E3 ✉Ulica Kralja Zvonimira 37A, Bilje
☎031 75 01 31 ⊕www.kod-varge.hr
◷tägl. 9–23 Uhr

OSIJEK

Slavonska Kuća €€
In der volkstümlichen Taverne am Rand von Tvrđa sitzen die Gäste auf Holzbänken unter Jagd- und Angeltrophäen. Das Essen ist typisch slawonisch. Zu empfehlen sind »riblja kobasica« (geräucherte Fischwurst) und »čobanec« (mit Paprika gewürztes Gulasch).
⊹209 E3 ✉Ulica Firingera 26
☎031 36 99 55 ◷Mo–Sa 9–23, So 11–17 Uhr

SAMOBOR

Kavana Livadić €
Die »samoborska kremšnita«, ein köstliches Blätterteiggebäck mit Cremefüllung, schmeckt besonders gut im Café, das zum Hotel Livadić gehört.
⊹206 B2 ✉Trg Kralja Tomislava 1
☎01 33 65 850 ◷tägl. 8–23 Uhr

Samoborska Pivnica €€
Gleich hinter dem Hotel Livadić empfängt dieser Bierkeller seine Gäste in gemütlichen Räumen mit niedrigen Deckengewölben.
⊹206 B2 ✉Šmidhenova 3
☎01 33 79 924 ◷tägl. 10–23 Uhr

VARAŽDIN

Palatin €€
Modern und schick präsentiert sich dieses Restaurant-Café. Es serviert kroatische wie

Sagenhaft lecker: »kremšnita«

internationale Gerichte und vor allem eine große Auswahl an bunten Salattellern.
207 D4 ✉Brače Radića 1 ☎042 39 83 00
www.palatin.hr tägl. 10–22 Uhr

Verglec €
Traditionelle Küche aus der Region Varaždin wie Wild-Paprikaš oder Schweinebraten mit »mlinci« sind in diesem sympathischen Restaurant von tadelloser Qualität.
207 D4 ✉Kranjčevićeva 12
☎042 21 11 31 tägl. 10–22 Uhr

ZAGORJE

Grešna Gorica €
Im Restaurant eines Bauernhofs genießt man den Blick auf die Burg Veliki Tabor. Zu Gerichten wie Hirschgulasch oder Schweinebraten werden hausgemachte Weine und »štrukli« (Frischkäsestrudel) serviert.
206 B4 ✉Taborgradska 35, Desinić
☎049 34 30 01 http://gresna-gorica.hr
tägl. 10–21 Uhr

Wohin zum … Einkaufen?

SAMOBOR

Zu den kulinarischen Spezialitäten der Stadt gehören zwei Hinterlassenschaften der französischen Besatzung (1808): Bermet, ein Kräuterwermut, und »muštarda«, ein würziger Senf. Verkauft werden sie u. a. im Laden der **Familie Filipec**. Weine der Region bietet das Restaurant **Ivančić** im Dorf Plešivica an.

VARAŽDIN

In der **Ulica Gundulića** gibt es Wein-, Leder-, Schuh-, Mode- und Souvenirläden. Seidenkrawatten finden Sie in der Croata-Filiale an der Ecke des Trg Kralja Tomislava.

VUKOVAR

Als Souvenir bietet sich eine Miniaturreplik der Taube von Vučedol (S. 52) aus Keramik an, die seit dem Krieg in den 1990er-Jahren ein Friedenssymbol geworden ist. Sie ist auch im Besucherbüro des Naturparks **Kopački Rit** erhältlich. In Ilok werden bei Iločki Podrumi an der Hauptstraße einige der besten Weißweine Kroatiens verkauft.

ZAGORJE

Eine Spezialität des Zagorje ist das »licitarsko Srce«, ein Lebkuchenherz. Es wird der oder dem Liebsten geschenkt und zu Hause aufgehängt. Man findet die Herzen überall in der Region, vor allem in **Marija Bistrica**.

Wohin zum … Ausgehen?

SAMOBOR

Am letzten Wochenende der Faschingszeit ziehen **Karnevalsumzüge** durch die Stadt, bei denen die Teilnehmer aufwendige Masken und Kostüme tragen.

VARAŽDIN

Varaždins Straßen verwandeln sich jeden Sommer in einen Tummelplatz von Künstlern und Musikern. Von Mai bis September zieht samstagvormittags (11 Uhr) die **Stadtwache** vor dem Rathaus auf. Im Juni findet ein **Historisches Festival** statt. Von Ende August bis Anfang September folgt das zweiwöchige **Špancirfest** (Spaziergängerfest) mit Konzerten und Straßentheatern. Bei den **Varaždiner Barockabenden** von Ende September bis Anfang Oktober wird Barockmusik gespielt.

FOLKLORE-FESTIVALS

Beim **Brodsko Kolo** wird Slavonski Brod Mitte Juni zum Schauplatz von Open-Air-Konzerten und der Wahl zur schönsten Frau in Volkstracht. Bei den meist am ersten Juliwochenende stattfindenden **Đakovački Vezovi** (Đakovoer Stickereien) in Đakovo, steht u. a. die Musik der »tamburica« (der slawonischen Mandoline) im Mittelpunkt.

Rovinj, die italienischste aller kroatischen Städte, verzaubert Besucher mit ihrem Flair.

Istrien und Kvarner Bucht

Altehrwürdige Seebäder, Inseln, glasklares Meer und Gaumenfreuden – Istrien zieht Touristen magisch an.

Seite 86–113

Erste Orientierung

Istrien (kroatisch: Istra) ist der kosmopolitischste Teil Kroatiens. Auf der nördlichsten Halbinsel der Adria bereichern Einflüsse des nahen Italien Sprache und Küche. Kulturelle Zeugnisse – von römischer Zeit über die byzantinische Ära bis hin zur K.-u.-k.-Epoche – machen die wohlhabende, selbstbewusste Region zum Anziehungspunkt für Millionen von Besuchern aus ganz Europa.

Durch den Gebirgszug Ćićarija vom restlichen Teil Kroatiens getrennt, nahm die Halbinsel Istrien schon immer eine Sonderrolle ein. Lange herrschten hier die Venezianer und später dann die Habsburger, bevor das Land zwischen den beiden Weltkriegen von den Italienern eingenommen wurde.

Das italienische Erbe zeigt sich noch heute in den zweisprachigen Straßenschildern und an den kroatisch-italienischen Namen jeder Stadt: Pula/ Pola, Poreč/Parenzo, Rovinj/Rovigno oder Motovun/ Montona. Hafenstädte wie Rovinj mit ihren charakteristischen Glockentürmen (»campanili«) wirken sehr italienisch. Und auch die Küche kann mit vielen Pastagerichten, Olivenöl und den für die Region typischen Trüffeln den italienischen Einfluss nicht verleugnen. Triest erreicht man in einer knappen Stunde und nach Venedig kann man schnell mit einem Katamaran übersetzen.

Angesichts der Nähe Istriens zu Mitteleuropa überrascht es nicht, dass der Tourismus hier einen wahren Boom erlebt. Doch das istrische Hinterland mit seinen wunderbaren Weinbergen, Olivenhainen, Eichenwäldern und den unzähligen kleinen Dörfern in den Bergen ist noch so ursprünglich wie eh und je. Im Süden leitet die Kvarner Bucht über nach Dalmatien. Krk und Cres sind die beiden größten Inseln in der Bucht.

TOP 10

❹ ★★ Poreč

❾ ★★ Pula

Nicht verpassen!

㉟ Rovinj

㊱ Nacionalni Park Brijuni

Nach Lust und Laune!

37 Motovun, Buzet & Grožnjan

38 Labin

39 Poluotok Kamenjak

40 Opatija

41 Rijeka

42 Nacionalni Park Risnjak

43 Cres · Lošinj · Krk · Rab

Mein Tag mit Istriens grünem Gold

Wussten sie, dass gleich mehrere istrische Olivenbauern von der Olivenölbibel »Flos Olei« zu den besten der Welt gerechnet werden? Eine erstaunliche Entwicklung, denn als Istrien noch Teil Jugoslawiens war, legte man mehr Wert auf Masse als auf Klasse. Innerhalb von 25 Jahren hat sich die hiesige Landwirtschaft neu erfunden und Istrien mit ihren hochwertigen Naturprodukten in den Gourmetführern Europas etabliert.

9 Uhr: Stärkung für den Tag

Ausgangspunkt der Tour ist das Hotel Villa Rosetta in Zambratija, eine ebenso ideal gelegene wie angenehme Unterkunft am Meer im Nordwesten Istriens. Mit dem Auto können Sie von hier die Meister ihres Fachs auf ihren Stancijas, Landgütern, bequem besuchen, Öl verkosten und kaufen. Möglichst am Vortag anmelden! Mit einem üppigen Frühstück legen Sie das Fundament für die Verkostungen.

10 Uhr: Exquisites Olivenöl

Gegen 10 Uhr geht's los, und man fährt knapp 1 km weiter, wo auch gleich der erste Erzeuger wartet: Mate. Erst 1998 begann der Landwirt Mateo Vekšić mit einer

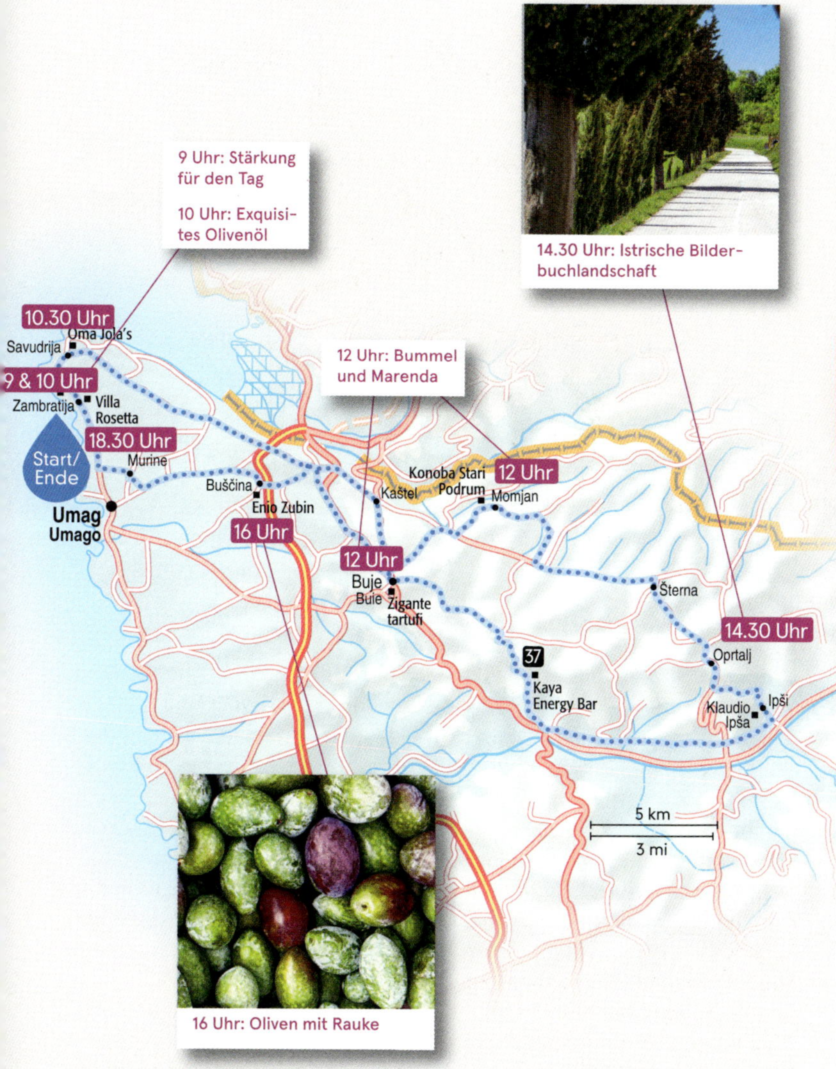
9 Uhr: Stärkung für den Tag
10 Uhr: Exquisites Olivenöl
14.30 Uhr: Istrische Bilderbuchlandschaft
12 Uhr: Bummel und Marenda
16 Uhr: Oliven mit Rauke
10.30 Uhr
Oma Jola's
Savudrija
9 & 10 Uhr
Zambratija
Villa Rosetta
18.30 Uhr
Start/ Ende
Murine
Umag
Umago
Buščina
Enio Zubin
16 Uhr
Kaštel
Konoba Stari Podrum
12 Uhr
Momjan
12 Uhr
Buje
Buie
Zigante tartufi
Šterna
14.30 Uhr
Oprtalj
37
Kaya Energy Bar
Klaudio Ipša
Ipši
5 km
3 mi

Oliven, wohin das Auge reicht: Dieser Tag steht im Zeichen des grünen Goldes – und das gilt es zu sehen, zu riechen und zu kosten.

Anbaufläche von 80 Hektar, auf der 30 000 Bäume knapp 4000 l extra-natives Olivenöl der Sorten Frantoio, Leccino und Pendolino hervorbringen. »Flos Olei« bewertete sein Öl Timbro Istriano mit 97 von 99 möglichen Punkten. Die Kostbarkeit hat aber ihren Preis: 0,5 l kosten um 15 €.

10.30 Uhr: Die Bio-Oma

Weiterfahrt nach Savudrija zur rund 4 km entfernten Farm Oma Jola's, die bislang als einzige in Istrien ausschließlich auf Öko-Anbau von Oliven setzt. »Oma Jola« ist eine sehr charmante Dame und ihr Sohn Michael in Deutschland aufgewachsen. Ein Pluspunkt: Denn auf Deutsch ist die Erläuterung der besonderen Anbaumethoden mithilfe parasitenvernichtender Pilze anstelle chemischer Keulen viel leichter zu verstehen. Das Öl ist nicht prämiert, dafür aber bio-zertifiziert und kostet mit 7,50 € deutlich weniger. Auch der Tee aus Olivenblättern ist zu empfehlen.

12 Uhr: Bummel und Marenda

Auf der Weiterfahrt nach Inneristrien lohnt ein Halt in Buje. Diesmal weniger zum Probieren als

In Buje gibt es nicht nur grünes, sondern auch schwarzes Gold: Beim Bummel durch die hübschen Gässchen kommt man auch an Gianfranco Zigantes Feinkostgeschäft vorbei – und dort locken neben Olivenöl- auch Trüffelspezialitäten.

zum Promenieren – das hübsche Städtchen auf seinem steilen Hügel wird kaum von Touristen besucht. Auf Shopping müssen sie aber auch hier nicht verzichten: Der Laden Zigante tartufi (S. 95) gehört Istriens Trüffeljäger Nummer eins, Gianfranco Zigante, und führt neben den feinen Knollen verschiedene istrische Spezialitäten wie Käse, Honig und hochwertige Olivenöle. Zum Mittagessen geht's Richtung Momjan in die Konoba Stari Podrum zu einer typisch istrischen »marenda« mit frisch aufgeschnittenem Schinken (»pršut«), Trüffelgerichten oder dem Rührei »fritaja« mit wildem Spargel.

14.30 Uhr: Istrische Bilderbuchlandschaft

Über Šterna und Oprtalj fahren Sie durch das hügelige, fruchtbare istrische Hinterland und vorbei an noch wenig bekannten Bergstädtchen nach Ipši, wo die Oliven nicht

Auf dem Weg durch die istrische Bilderbuchlandschaft passieren Sie einige pittoreske Örtchen – beispielsweise das malerische Bergdorf Grožnjan. Steigen Sie also immer wieder mal aus und erkunden Sie die schöne Umgebung.

wie an der Küste in der Ebene, sondern an steilen, terrassierten Hängen wachsen. Klaudio Ipša begann in den 1990er-Jahren mit der Bewirtschaftung der großväterlichen Olivenhaine, deren Lage für effektiven Anbau viel zu steil schien. Heute zählen seine Öle zu den weltbesten, und die Lage der Stancija, in der man auch übernachten könnte, ist traumhaft. Ähnlich traumhaft stehen Tische und Stühle der Kaya Energy Bar im benachbarten Grožnjan auf einer fantastischen Aussichtsterrasse – Zeit für einen Cappuccino mit Blick auf das Heer von Olivenbäumen in der Ebene.

16 Uhr: Oliven mit Rauke

Auf der Rückfahrt in Richtung Meer lohnt sich ein letzter Stopp in Buščina, wo Enio Zubins Bäume wachsen. Er ist der jüngste Neuzugang in der Spitzengruppe der »Flos-Olei«-Öle und baut zwischen seinen Oliven Lavendel und Rauke an – auch eine Methode, Schädlingen zu Leibe zu rücken. Dann aber nichts wie zurück zum Hotel – und wie wäre es im Anschluss mit einem Sprung ins Meer?

18.30 Uhr: Sundowner auf istrisch

Wenn die Sonne dekorativ im Meer versinkt, sitzen Sie mit einem Glas

Zwischendurch sollten Sie sich unbedingt Zeit für ein Päuschen nehmen. Zum Abschluss nippen Sie an einem Sundowner oder erfrischen sich im Meer. Dann geht's zum Abendessen – und schon lockt wieder die Olive in verschiedenen Variationen.

kühlen Weißweins – vielleicht einem istrischen Malvazija – auf der Terrasse und freuen sich auf die weiteren Genüsse, die Sie später erwarten. Das Hotelrestaurant hat nämlich einen exzellenten Ruf!

ⓘ

Länge: ca. 100 km

Hotel Villa Rosetta ✉Ulica Crvene uvale 31, Zambratija ☎052 75 27 10 🌐www.hotelvilla rosetta.net €€

Mate ✉Romanija 60/A, Zambratija ☎052 75 92 81 🌐www.mateoliveoil.com 🕘Mo–Fr 9–15, Sa 9–12 Uhr

Oma Jola ✉Franceskija 54, Savudrija ☎052 73 70 45 🌐www.omajolas.com

Zigante tartufi (Filiale Buje) ✉Titov trg 12, Buje, ☎052 77 21 25 🌐www.zigantetartufi.com 🕘tägl. 9–20 Uhr

Konoba Stari Podrum ✉Most 52, Merišće, ☎052 77 91 52 🌐www.staripodrum.info €€

Ipša ✉Ipši 10, Livade ☎052 66 40 10 🌐www.ipsa-maslinovaulja.hr 🕘tägl.10–18 Uhr

Kaya Energy Bar ✉Grožnjan ☎052 77 60 51, 🕘tägl. 9–23 Uhr

Enio Zubin ✉Buščina 18 B, Umag, ☎052 73 25 00

❹ ★★ Poreč

Was?	Tolle Altstadt, viele Läden und ein UNESCO-Weltkulturerbe
Warum?	Bummeln auf römischem Pflaster
Wann?	Den Juli und August möglichst meiden
Wie lange?	Einen bis drei Tage
Was noch?	Schattige Felsbuchten mit glasklarem Wasser
Resümee	Goldglänzende Mosaiken und rotgoldene Sonnenuntergänge

Der beliebteste Touristenort Kroatiens besitzt eine hübsche Altstadt, in der sich eines der herrlichsten Kunstwerke des Landes versteckt: Die Mosaiken der Euphrasius-Basilika.

Die reich gegliederte Küstenlinie bot sich zur Entwicklung von Hotelzonen geradezu an, und so rahmen heute die beiden »Lagunen« im Süden, Zelena und Plava Laguna, sowie die Touristensiedlung Lanterna im Norden Poreč auf seiner Halbinsel ein. Mehr als 100 000 Hotelbetten erwarten die sonnenhungrigen Gäste, und der Besuch außerhalb der Hauptsaison ist mitunter angenehmer – dann erleben Sie Poreč als charmantes Städtchen mit alten Wurzeln und tollen Buchten.

Auf römischem Grundriss

Die Römer hatten einst die Halbinsel befestigt und hier ihre Stadt Parentium errichtet. Man kann sie noch heute am rechtwinkeligen Grundriss ihrer Hauptstraßen erkennen: der Nord-Süd-Verbindung Cardo Maximus und der Ost-West-Verbindung Decumanus. Unweit der Kreuzung dieser beiden Hauptachsen liegt die Euphrasius-Basilika.

Ein frühchristliches Heiligtum

Das herrliche Bauwerk der frühchristlichen Architektur, das seit 1997 zum Weltkulturerbe der UNESCO zählt, betritt man durch das Atrium, einen herrlichen Innenhof mit Rundbögen. Links sehen Sie das achteckige Baptisterium (Taufkapelle).Von hier aus gelangt man zum Glockenturm aus dem 16. Jh., den man besteigen kann.

Vom Innenhof aus gesehen liegt rechter Hand der schönste Teil der Anlage, die Basilika. Das Gotteshaus wurde

Auf Porečs Einkaufsstraße Decumanus heißt es schlendern, schauen und schlemmen.

535–550 von Bischof Euphrasius auf den Fundamenten einer älteren Kirche errichtet, die dem hl. Maurus geweiht war. Der Märtyrer aus dem 3. Jh. war der erste Bischof von Poreč.

Christus und die Heiligen in Gold

Die klaren Linien des langen Mittelschiffs mit seinen weißen griechischen Säulen und Rundbögen lenken den Blick auf die Apsis, die überreich mit byzantinischen Mosaiken aus Blattgold und Perlmutt verziert ist. Der obere Teil des Hauptmosaiks zeigt Christus, das Licht der Welt, mit seinen Aposteln. Darunter erkennt man einen Bogen mit dem Lamm Gottes im Zentrum. Die Kuppel der Apsis zeigt die Jungfrau mit dem Kind, umgeben von Heiligen und Engeln. Links der Jungfrau sind neben einem Engel der hl. Maurus und der Bischof Euphrasius mit einem Modell der Kirche zu sehen. Den Altarraum dominiert ein ebenfalls prächtig verzierter Baldachin aus dem 13. Jahrhundert. In dieser majestätischen Kulisse finden im Sommer Konzertabende statt.

KLEINE PAUSE

Auf dem Decumanus und an der Uferpromenade Obala Maršala Tita liegen viele Cafés. Für ein Mittagessen empfiehlt sich die **Pizzeria Nono.**

Pizzeria Nono: Zagrebačka 4, Tel. 052 45 30 88

Touristenbüro
210 A4 ✉ Zagrebačka 9
☎ 052 45 12 93 🌐 www.myporec.com

Basilika
210 A4 ✉ Eufrazijeva ● Basilika, Campanile und Museum Juni–Sept. 9–21, Okt.–Mai 9–18 Uhr 40 Kn

Ein Kleinod, von Gold umglänzt

Im Komplex der Euphrasius-Basilika von Poreč stehen Sie an einem Ort, an dem die ersten Christen im Geheimen ihre Gottesdienste abhielten, während Kaiser Diokletian sie draußen auf den Straßen Parentiums gnadenlos verfolgen ließ. Im Innenhof des Museums für religiöse Kunst ist noch ein Mosaik aus diesem ersten Gotteshaus erhalten, das dem hl. Maurus, geweiht war. Kein Gold, kein Glitzer – nur ein einfacher Fisch ist darauf in Steinen gelegt, das friedliche Symbol der ersten Gemeinden. Zwischen all dem Glanz gibt der schlichte Fisch ein anrührendes Bild ab.

9 ★★ Pula

Was?	Quirlige Hafenstadt mit großer Vergangenheit
Warum?	Um antikes Erbe hautnah zu erleben
Wann?	Juli/August möglichst meiden
Wie lange?	Einen bis zwei Tage
Resümee	Ein wunderbar vielfältiger Ort, um Urlaub zu machen.

Urbanes Flair, historische Bauten und buchtenreiche Ferienlandschaften vor der Haustür – das ist Pula an Istriens Südspitze. Streifen Sie durch die römische Geschichte, schlemmen Sie ein wenig und sehen Sie das glasklare Meer glitzern.

Einst war Pula die bedeutendste römische Stadt Istriens und im 19. Jh. wichtigster Marinestützpunkt der Habsburger. Dank der gut erhaltenen Altstadt ist Pula heute ein Touristenmagnet. Die meisten Ferienanlagen liegen im Süden von Pula auf der Halbinsel Punta Verudela.

Brot und Spiele

Mit dem Bau des Amphitheaters, der sechstgrößten Arena des römischen Weltreichs, wurde 2 v. Chr. unter Kaiser Augustus begonnen. Seine heutige Form erhielt es rund 70 Jahre später unter Kaiser Vespasian, der auch das Colosseum in Rom in Auftrag gab. Der ellipsenförmige Bau aus Sandstein ist 130 m lang und 100 m breit, und in der Römerzeit konnten hier bis zu 30 000 Zuschauer Gladiatorenkämpfe verfolgen. Noch heute meint man, etwas von dieser Atmosphäre zu spüren.
Im 16. Jh. gab es Pläne, das Amphitheater abzutragen und nach Venedig zu verfrachten – zum Glück wurde dieser Plan aber nie ausgeführt. Heute ist im Untergeschoss ein interessantes Museum über Weinbau und Olivenölproduktion im römischen Istrien untergebracht. Und zu den Tagen der Antike – Pula Superiorum Anfang Juni treten »Gladiatoren« und »Römer« im Amphitheater auf (www.pulasuperiorum.com).

Römisches auf Schritt und Tritt

Weitere interessante Bauwerke aus römischer Zeit verbergen sich im Gassengewirr der Altstadt: Versteckt neben der

In Pula bilden buntes Getümmel und antikes Erbe eine stimmungsvolle Liaison.

Kapelle Sv. Marija Formoza unweit des Forums liegt ein römisches Bodenmosaik aus dem 2. Jh.: Es zeigt die Söhne des Zeus, Zethos und Amphion, die ihre Stiefmutter Dirke an die Hörner eines Stieres binden.

Der zierliche Tempel des Augustus mit seinem korinthischen Säulenportikus wurde 14 n. Chr. fertiggestellt und dem römischen Kaiser geweiht. Er beherrscht eine Ecke des ehemaligen römischen Forums, heute der beliebteste, von Cafés gesäumte Stadtplatz in Pula. Im Sommer können der Innenraum und die Sammlung römischer Skulpturen bewundert werden.

Der wenige hundert Meter entfernte Triumphbogen der Sergier, auch Zlatna Vrata (Goldenes Tor) genannt, wurde im 1. Jh. v. Chr. von einer reichen Familie gestiftet. Später als mittelalterliches Stadttor genutzt, hat er bis heute überdauert.

Cvajner Café: Forum 2, Pula, Tel. 052 21 65 02

KLEINE PAUSE

Das **Cvajner Café** ist eines der schönsten am Forum. Drinnen sind moderne Kunst sowie Fresken aus dem 16. Jh. zu sehen.

i

✈ 210 B2

Touristeninformation
✉ Forum 3 ☎ 052 21 21 97 🌐 www.pulainfo.hr

Arena
✉ Ulica Flavijevska ☎ 052 21 90 28
🕒 Juli/Aug. 8–24, Mai, Juni u. Sept. bis 21, April bis 20, Okt. 9–19, Nov. bis März 9–17 Uhr 🎟 50 Kn

Tempel des Augustus
✉ Forum 🕒 Juli, Aug. 9–23, Mai, Juni, Sept. 9–21, April, Okt. bis 19 Uhr 🎟 10 Kn

35 Rovinj

Was?	Altstadt mit Kirche, Kunst und Läden
Warum?	Eine der hübschesten Hafenstädte Istriens
Wann?	Juli und August unbedingt meiden
Wie lange?	Einen bis zwei Tage
Resümee	Beste Laune und pures Urlaubsfeeling

Wie gemalt staffeln sich die pastellfarbenen Häuser Rovinjs auf ihrer Halbinsel vom Meer zur Kirche der hl. Euphemia. Kaum einem anderen Ort ist es trotz Massentourismus so gut gelungen, das historische Erbe zu bewahren und zugleich sich als Fischereihafen und Touristenattraktion zu behaupten. Mit vielen italienisch sprechenden Einwohnern ist Rovinj auch die italienischste aller Städte Kroatiens.

Lebendige Stadtgeschichte

Die ersten Häuser von Rovinj wurden auf einer Insel errichtet, die erst 1763 mit dem Festland verbunden wurde. Den schönsten Blick auf diese Altstadt hat man vom Trg Maršala Tita, dem großen Platz direkt am Hafen. In einem großen Palast aus dem 17. Jh. befindet sich heute das Stadtmuseum von Rovinj mit archäologischen Fundstücken, einer Galerie Alter Meister und zeitgenössischer Kunst. Der 1680 errichtete Balbi-Bogen erinnert an die venezianische Herrschaft.

Gassauf gassab zu Galerien und Ateliers

Durch den Bogen gelangt man in die Altstadt, ein Gewirr aus Gassen und Hinterhöfen. In den letzten Jahren wurde Rovinj von Künstlern entdeckt, weshalb man auf der Hauptstraße Grisia und in ihren Nebengassen auf viel Kunst stößt.

Alle Wege führen zu Euphemia

Welche Straße man auch bergauf geht: Am höchsten Punkt treffen Sie auf die Kirche St. Euphemia. Ihr über 60 m hoher Glockenturm wurde 1677 nach dem Vorbild des Campanile auf dem Markusplatz in Venedig errichtet. Die übrigen Teile der Kirche entstanden im 18. Jh. und 19. Jahrhundert.

Malerische Meeresszenerien, Tore und enge Gässchen – kein Wunder, dass Rovinj auch Künstlerherzen erobert.

Bootsmann ahoi!

Alles über die Geschichte der traditionellen Batana-Fischerboote und viel Wissenswertes über den Fischfang erzählt das Eko-muzej Batana. Besonders die vom Museum organisierten Veranstaltungen – eine Batana-Fahrt oder ein Abend in der Kneipe Spacio Matika – machen richtig Spaß.

Das Meer lockt zum Bade

Die Einheimischen gehen im Sommer gern zu den Felsen unterhalb der Kirche, wo sie sich auf Badeplattformen sonnen und ins Meer springen. Schöner ist es vom Hafen aus mit dem Rad die Küstenstraße entlang zum Wald von Zlatni Rat zu fahren, den Baron Hüttenrodt bis 1910 auf der Rovinj gegenüberliegenden Halbinsel anlegen ließ.

Bacchus: Eufrazijeva Ul. 10, Rovinj

KLEINE PAUSE

Setzen Sie sich in eines der Cafés oder Restaurants am Meer. In der **Vinotheka Bacchus** gibt's Regionales.

---

i

210 A3

Touristeninformation
Obala Pina Budicina 12
052 81 15 66 www.tzgrovinj.hr

Batana-Museum
Ob. P. Budićina 2 www.batana.org
März, April, Okt., Nov. Di–So 10–16, Mai, Sept. Di–So 10–13, 18–21, Juni bis Aug. tägl. 10–13, 19–23 Uhr 20 Kn

Museum
Trg Maršala Tita 11 052 81 67 20
Sommer tägl. 10–18 Uhr, Winter Di–Sa 10–13 Uhr 15 Kn

㊱ Nacionalni Park Brijuni

Was?	Istriens einzige größere Inselgruppe
Warum?	Wegen des Dufts von Aleppo-Kiefern und gegrillten Sardinen
Wann?	Mai bis Oktober
Wie lange?	Ein Tag
Was noch?	Das romantische Hafenstädtchen Fažana
Resümee	Insel mit Ruinen, Tito-Villen und hübschen Strandbuchten

Der Nationalpark Brijuni umfasst einen Archipel von 14 Inseln, die 3 km vor dem Fischerhafen Fažana im Meer liegen. Nur die beiden größten Inseln, Veli Brijun und Mali Brijun, sind zugänglich.

Jahrhundertelang ein Domizil wichtiger Persönlichkeiten

Schon manch römischer Kaiser, die Habsburger und später sogar die führenden Köpfe der kommunistischen Partei verbrachten auf diesen Inseln vor der Küste Istriens ihren Urlaub.

Auch vor über 2000 Jahren waren die Inseln beliebt: Die Relikte einer römischen Villa aus dem 1. Jh. können in der Verige-Bucht besichtigt werden. Weitere Sehenswürdigkeiten sind eine byzantinische Festung und eine venezianische Kirche aus dem 15. Jh. mit Inschriften in glagolitischer Schrift (S. 182). 1893 kaufte der österreichische Industrielle Paul Kupelwieser Veli Brijun und stellte den Nobelpreisträger Robert Koch ein, um die Insel von der Malaria zu befreien. Anschließend ließ er ein Ferienzentrum für die Oberschicht errichten. Der österreichische Erzherzog Franz Ferdinand und der deutsche Schriftsteller Thomas Mann weilten hier zur Sommerfrische, lebten in den Luxushotels, vertrieben sich im Casino, im Poloclub und auf dem Golfplatz die Langeweile und schwammen im beheizten Meerwasserbecken.

1947 entdeckte Tito die Insel als Sommerresidenz und verbrachte bis zu seinem Lebensende bis zu sechs Monate des Jahres dort. Er lud die Großen der Welt zu sich, darunter Fidel Castro und Königin Elisabeth II. von England – insgesamt etwa 90 Politiker aus aller Welt.

Zum Brijuni-Nationalpark gehört auch die antike Siedlungsstätte auf der Hauptinsel Veli Brijun.

Veli Brijun per Schiff und Rad

Heutzutage steht der Nationalpark allen offen: Von Fažana aus kann man im Sommer täglich mehrmals (im Winter seltener) im Rahmen einer Bootstour nach Veli Brijun übersetzen. Reservierungen sind aber dringend empfohlen. Im Preis inbegriffen sind eine Rundfahrt mit einer Miniatureisenbahn und eine dreistündige Führung, die auf dem Weg zu einem eher tristen Safaripark durch offenes Parkland führt.

Man kann sich auch ein Fahrrad oder ein Elektromobil ausleihen, um die Insel auf eigene Faust zu entdecken. Der Verleih befindet sich nahe der Anlegestelle beim Hotel. Unterschätzen Sie die Entfernungen nicht und machen Sie sich zeitig auf den Rückweg, um die Rückfahrt nicht zu versäumen.

Am Sardinenhafen

Das Städtchen Fažana steht etwas im Schatten der vorgelagerten Inseln. Schade, denn wenn die Ausflugsbusse abgefahren sind, bezaubert es mit friedlicher, authentischer Atmosphäre und urigen Konobas, in denen vor allem Sardinen, Fažanas Spezialität, mit viel Knoblauch gegrillt werden.

KLEINE PAUSE

Packen Sie einen Picknickkorb – es gibt lauschige Buchten für die Mittagsrast.

ⓘ ✢210 A2

Bootsausflüge zum Nationalpark
✉ Brijunska 10, Fažana ☎ 052 52 58 82
🌐 www.np-brijuni.hr 🎟 125–210 Kn

Nach Lust und Laune!

37 Motovun, Buzet & Grožnjan

Das Hinterland Istriens erinnert mit seinen Olivenhainen, den Weinbergen, grünen Hügeln und auf Bergkuppen thronenden Dörfern an die Toskana. Viele Siedlungen sind weitgehend verlassen, Alternative, Künstler und letztlich auch der Tourismus haben allerdings dafür gesorgt, dass das Leben zurückkehrt.

Motovun, das 277 m hoch über dem Tal der Mirna aufragt, ist von Eichenwäldern umgeben. Auf den Weinbergen wachsen die Trauben für die beliebten Malvasier- und Teran-Weine.

Man betritt das Dorf durch das alte Stadttor, in dem noch römische Inschriften und die steinernen venezianischen Löwen zu erkennen sind. Biegen Sie bei der Stadtloggia nach links ab; die Gasse führt Sie zum lang gezogenen Marktplatz, der von einem Campanile aus dem 13. Jh. überragt wird. Auf dem Platz steht ein alter Brunnen mit einem Relief des venezianischen Markuslöwen von 1322. Von hier aus kann man einen Rundgang um die mittelalterlichen Stadtmauern unternehmen und die prächtige Aussicht genießen. Motovun zieht vor allem Ende Juli zum jährlich stattfindenden Filmfest ein großes Publikum an.

Hoch über dem Tal der Mirna liegt auch das größte aller Bergdörfer, Buzet. Von hier aus ist es nicht mehr weit zur Glagolitischen Allee (S. 182) und zur kleinen Stadt Hum. Im Herbst kann man oft Bauern mit ihren Hunden sehen, die in den Eichenwäldern nach Trüffeln suchen.

Nicht weniger beliebt ist inzwischen auch das Dorf Grožnjan, das um 1960 fast ausgestorben war. Damals wurde es zu einem Künstlerdorf erklärt und die alten Steinhäuser an Maler und Musiker vermietet. In den Gassen kann man gemütlich bummeln und sich die Ausstellungen in den Kunstgalerien anschauen.

Grožnjan ist ein stimmungsvolles Pflaster.

210 A4, B4, B4
Touristeninformation
Trg Andrea Antico 1, Motovun
052 68 17 26 www.tz-motovun.hr

38 Labin

Tauchen Sie ein in die mittelalterliche Atmosphäre der historischen Stadt hoch über der Ostküste Istriens und verbringen Sie ein paar angenehme Stunden in den zahlreichen Kunstgalerien und Ateliers des

Ortes. An herrlichen Renaissance- und Barockpalästen vorbei führt ein Spaziergang vom Marktplatz (Titov Trg) durch das Stadttor bergan. Steigen Sie die Stufen zur Kirche der hl. Jungfrau Maria hinauf. Über ihrem Portal wacht ein venezianischer geflügelter Löwe.

Im nahe gelegenen Lazzarini-Palast befindet sich das Volkskundemuseum. Am interessantesten ist eine nachgebaute Kohlenmine – Labin hat lange von der Kohleförderung gelebt. Wieder an der frischen Luft haben Sie die Möglichkeit, entlang den Stadtmauern den ganzen Ort zu umrunden. In Rabac, einem quirligen Badeort etwa 4 km unterhalb von Labin, findet man malerische Kiesbuchten und hübsche Badestrände.

210 C3
Touristeninformation
Aldo Negri 20 ☎ 052 85 55 60
www.rabac-labin.com

Volkskundemuseum
Mo–Sa, Juli/Aug. 10–13, 18–22, Juni, Sept. 10–13, 17–20, April, Mai, Okt. 10–14 Uhr 15 Kn

39 Poluotok Kamenjak

Die rund 10 km lange und zwischen 400 m und 1,5 km breite, unter Naturschutz stehende Halbinsel bildet die Südspitze Istriens. An ihrem Beginn beim Dorf Premantura säumen Campingplätze und Feriensiedlungen die Küste; doch ist einmal die Mautstation (Maut für Autos 25 Kn) passiert, eröffnet sich vor allem Fahrradfahrern oder Wanderern eine Naturlandschaft mit bis zu 12 m hohen Felsklippen, einsamen Kiesbuchten und einem faszinierenden Orchideenreichtum. Gleich am Beginn der Halbinsel sind in einer Bucht versteinerte Dinosaurierspuren erhalten; ein kurzer Lehrpfad informiert über die Dinosaurierfunde in der Region. Am Ende der Halbinsel ist die Einkehr in der aus Treibgut und Holz zusammengezimmerten Safari Bar ein Muss.

Die Fahrradtour über die Halbinsel kann man auch gut mit Kindern unternehmen – wenn sie müde werden, weckt ein Sprung ins Wasser die Lebensgeister. Einen Fahrradverleih finden Sie z B. beim Windsurfing Center Premantura (www.windsurfing.hr); Mountainbikes sind empfehlenswert.

210 B2 Brajdine 41, Medulin
☎ 052 57 71 45 www.medulinriviera.info

40 Opatija

Der Berg Učka schützt Opatija vor dem kalten Wind. Das einzigartige Mikroklima an der Kvarner Bucht machte das Städtchen zu einem beliebten Winterdomizil der Habsburger, deren Belle-Époque-Villen und Luxushotels am Ufer den alten Glanz Opatijas erahnen lassen: Königliche Hoheiten, Herzöge und Schriftsteller wie Anton Tschechow (1860–1904) haben hier einst Urlaub gemacht.

Historische Gebäude schmücken Opatijas Ufer.

Das schönste Bauwerk aus der Habsburgerzeit ist die Villa Angiolina inmitten eines riesigen Parks gleich neben dem Kvarner Hotel (S. 110). Eine 12 km lange Seepromenade, die Lungomare (offiziell: Šetalište Franz Josef I.), verbindet Opatija mit Volosko im Norden und Lovran im Süden.

↗ 210 C4
Touristeninformation
✉ Maršala Tita 128 ☎ 051 27 13 10
🌐 www.visit-opatija.com

41 Rijeka

Die größte Hafenstadt Kroatiens ist an der Peripherie stark von Industrie geprägt. Am Hafen stehen die alten ockerfarbenen Gebäude aus der Habsburgerzeit, die reich mit Reliefs und Skulpturen mit nautischen Themen geschmückt sind. Gleich hinter dem Hafen liegt der immer gut besuchte Korzo, die wichtigste Einkaufsmeile. Ein Bogen unter dem Uhrenturm führt in den ältesten Teil Rijekas, dessen Mittelpunkt die Kirche des hl. Vitus bildet. Steigen Sie vom Ufer der Rječina die vielen Stufen (oder die Buslinie 1) zur Pilgerkirche von Trsat hinauf, wo Engel im Jahre 1291 das Geburtshaus Mariens hingebracht haben sollen. Wunderbare Ausblicke über die Rječina-Schlucht haben Sie vom nahe gelegenen Schloss Trsat (Sommer tägl. 9–20, Winter 9–17 Uhr, Eintritt 15 Kn). Schloss und Kirche sind Mittelpunkt eines Kneipenviertels.

↗ 211 D4
Touristeninformation
✉ Užarska ul. 14 ☎ 051 31 57 10
🌐 www.visitrijeka.eu

42 Nacionalni Park Risnjak

Wenn es an der Küste zu heiß wird, sollten Sie von Rijeka aus landeinwärts fahren; dort erwarten Sie in den Bergen von Gorski Kotar kühle Buchen- und Tannenwälder. Bären, Wölfe und Luchse sind hier zu Hause, doch zu sehen bekommt man sie selten. Die Parkverwaltung befindet sich im Dorf Crni Lug. Von hier aus führt Sie der gut ausgeschilderte 4 km lange Leska-Wanderweg durch den Nationalpark. Am Wegrand stehen Infotafeln, die über die Landschaft informieren. Ein anspruchsvoller Weg führt hinauf zum 1528 m hohen Gipfel des Veliki Risnjak.

↗ 211 D4 ✉ Crni Lug ☎ 051 83 61 33
🌐 http://np-risnjak.hr 🎟 45 Kn

43 Cres · Lošinj · Krk · Rab

Die breite Kvarner Bucht trennt Istrien im Norden von der dalmatinischen Küste im Süden. Obwohl die Inseln in der Bucht nicht ganz so attraktiv wie die weiter südlich gelegenen sind, haben sie ebenfalls Interessantes zu bieten: Bauwerke aus der römischen und venezianischen Epoche, lebhafte Hafenstädte und einige der schönsten Strände Kroatiens. Jede der vier Inseln kann man mit Fähren oder über Brücken erreichen. Mit der Fähre hat man während der Sommermonate gar die Möglichkeit zum Insel-Hopping von Cres nach Krk und weiter nach Rab.

Verlockend: die Inseln der Kvarner Bucht

Cres

Die 40 km lange und sehr schmale Insel ist eigentlich Teil eines überschwemmten Höhenzugs, dessen Rest die Učka bildet. Von Brestova in Istrien und von Valbiska auf der Insel Krk fahren regelmäßig Fährschiffe nach Cres. Den Nordteil der Insel bedecken Wiesen und Wälder, der Süden ist dagegen felsig und wird nur als Schafweide genutzt.

Cres, die Hauptstadt der Insel, liegt an einer schönen Bucht inmitten von grünen Hügeln. Die malerische Stadt mit ihrer venezianischen Loggia, einem Campanile, alten Stadttoren und vielen Renaissance-Palästen lädt zu einem ausgedehnten Stadtbummel ein. Osor an der Südküste ist die älteste Siedlung auf der Insel und wirkt mit ihren alten Steinhäusern, den Gässchen und der Kathedrale aus dem 15. Jh. wie ein großes Freiluftmuseum.

Lošinj

Eine Brücke verbindet Osor mit der Insel Lošinj. Anders als das herbe Cres präsentiert sich Lošinj im grünen Kleid üppiger Vegetation und aromatisch duftender Wälder. Mali Lošinj, der Hauptort der Insel, ist ein quirliges Hafenstädtchen mit stolzen Kapitänshäusern und reichem kulinarischem Angebot. Einen sensationellen Unterwasserfund zeigt das Muzej Apoksiomena (Riva Lošinjskih kapetana 13, www.muzejapoksiomena.hr, Di–So 9–17 Uhr, Eintritt 50 Kn). Im Mittelpunkt der Ausstellung steht ein 192 cm großer, griechischer Bronzejüngling aus dem 2. Jh. v. Chr., den Taucher völlig intakt in den Gewässern vor Lošinj entdeckt haben. Veli Lošinj hingegen besitzt eine etwas ruhigere Atmosphäre. Rund um die nahezu kreisförmige Čikat-Bucht erinnern prunkvolle und zu Hotels umgebaute Villen an die Zeit als k. u. k. Luftkurort.

Krk

Die größte Insel Kroatiens erreicht man über eine mautpflichtige Brücke bei Kraljevica südlich von Rijeka. An der Nordwestküste befinden sich die beliebten Ferienorte Omišalj, Njivice und Malinska.

Die Hauptstadt Krk ging aus der römischen Siedlung Curicum hervor, von der noch Teile der alten Stadtmauer erhalten sind. Im Stadtzentrum stehen eine romanische Kathedrale und die Kirche des hl. Quirin aus dem 12. Jahrhundert. Der gemeinsam genutzte Glockenturm trägt eine markante Zwiebelkuppel. Baška an der Südspitze der Insel besitzt einen herrlichen, 2 km langen und im Sommer sehr gut besuchten Sand- und Kieselstrand.

Landeinwärts steht in der Kirche Sv. Lucija von Jurandvor eine Nachbildung der Tafel von Baška: Der Stein aus dem 11. Jh. zeigt die älteste Inschrift in glagolitischer Schrift (S. 182).

Rab

Rab ist die schönste Insel in der Kvarner Bucht. Die Ostküste gegenüber dem Festland ist felsig und durch den kalten Fallwind Bora abgeschliffen; die Westküste hingegen ist grün und hat viele malerische Buchten. Sandstrände gibt es in Lopar, San Marino und Kampor, die eigentliche Attraktion der Insel ist aber die Altstadt von Rab, die auf einer Halbinsel neben dem Hafen liegt. Von den zum Meer hin geöffneten Plätzen führt ein Gewirr enger Gassen durch die Altstadt, die von drei Parallelstraßen durchschnitten wird: Donja Ulica (Untere Straße), Srednja Ulica (Mittlere Straße) und Gornja Ulica (Obere Straße). Schon von weit draußen auf dem Meer erkennt man die »Skyline« Rabs mit ihren vielen Glockentürmen.

Im Meer baden kann man an der Promenade im Komrčar Park oder in Kandarola auf der Halbinsel Frkanj (Wassertaxi). Den hiesigen FKK-Badestrand machte der britische König Eduard VIII. populär als er mit seiner Geliebten Wallis Simpson hüllenlos ins Meer stieg. Fähren zur Insel Rab legen ganzjährig in Stinica ab, das 100 km südlich von Rijeka an der Küstenstraße liegt.

Cres
210 C2
Touristeninformation:
✉ Cons 10, Stadt Cres ☎ 051 57 15 35
🌐 www.tzg-cres.hr

Lošinj
211 D1
Touristeninformation:
✉ Priko 42, Mali Lošinj ☎ 051 23 18 84
🌐 www.visitlosinj.hr

Krk
211 D3
Touristeninformation:
✉ Trg sv. Kvirina 1, Krk ☎ 051 22 13 59
🌐 www.krk.hr

Rab
211 D2
Touristeninformation:
✉ Trg Municipium Arba 8, Rab
☎ 051 72 40 64 🌐 www.rab-visit.com

Wohin zum … Übernachten?

Preise für ein Doppelzimmer pro Person und Nacht in der Hochsaison:

€	unter 400 Kn
€€	400–800 Kn
€€€	über 800 Kn

FAŽANA

Villetta Phasiana €€

Das bezaubernde Haus am Hafen besitzt nur wenige, aber hübsch eingerichtete Zimmer und wird mit viel Charme geführt.
✉ Trg Sv. Kuzme i Damjana 1, ☎ 052 52 05 58
🌐 www.villetta-phasiana.hr

MOTOVUN, BUZET & GROŽNJAN

Kaštel €€

Im alten Stadthaus aus dem 18. Jh. mit ruhigem Garten direkt am Hauptplatz von Motovun vereint man Tradition und modernen Stil. Die 29 Räume sind schön ausgestattet; es gibt eine Kunstgalerie und einen Pool. Von der Dachterrasse aus blickt man über die Festungsmauern auf das Mirna-Tal. Spezialität des Restaurants sind Trüffelgerichte.
210 B4 ✉ Trg Andrea Antico 7, Motovun
☎ 052 68 16 07 🌐 www.hotel-kastel-motovun.hr

OPATIJA

Kvarner €€€

Das Grandhotel mag seit seiner Eröffnung 1884 etwas von seiner alten Pracht

Altehrwürdige Eleganz: Hotel Kvarner

eingebüßt haben, die Eleganz der Nobelherberge aus der Habsburgerzeit ist aber trotzdem zu spüren. Die helle klassizistische Fassade schmücken Engel mit Trompeten, prächtige Gartenanlagen reichen bis zum Meer. Beheizter Swimmingpool.
210 C4 ✉ Ulica Tomašića 1–4
☎ 051 71 04 44 🌐 www.remisens.com

Mozart €€€

Im rosafarbenen, stilvoll, aber modern renovierten Luxushotel erahnt man den alten Glanz der Belle Époque in Opatija. Die Hotellobby ist im Art-déco-Stil eingerichtet, die 26 Zimmer haben meist einen Balkon mit Meerblick. Obwohl das Hotel mit allem erdenklichen Komfort ausgestattet ist, hat es sich den alten Charme der Habsburgerzeit bewahrt: Das Personal trägt alte Uniformen, das Kaffeehaus erinnert an Wien und die Zimmer sind mit Antiquitäten ausgestattet.
210 C4 ✉ Maršala Tita 138
☎ 051 71 82 60 🌐 www.hotel-mozart.hr

POREČ

Grand Hotel Palazzo €€€

Das 1910 erbaute Hotel besitzt eine unvergleichlich schöne Lage an der Spitze der Altstadt-Halbinsel mit unverstelltem Blick aufs Meer. Nostalgisches Flair, moderner Komfort, ruhige und dennoch zentrale Lage. Im Restaurant wird kroatisch mit internationalem Touch gekocht.
210 A4 ✉ Obala Maršala Tita 24
☎ 052 85 88 00 🌐 http://hotel-palazzo.hr

Isabella Hotel €€€

Das luxuriös sanierte Hotel auf der bewaldeten Insel Sveti Nikola erreicht man von Poreč aus in nur fünf Minuten mit den hoteleigenen Booten (stündlich). Zu den Annehmlichkeiten gehören Pools im Garten, Tennisplätze, ein Badeplatz an der Felsenküste und Unterhaltungsprogramme für den Abend. Auf Sr. Nikola werden auch Apartments in einer Villa aus dem 19. Jh. vermietet. Autos müssen auf dem Festland in der Nähe des Hafens geparkt werden.
210 A4 ✉ Otok Sveti Nikola ☎ 052 46 51 30
🌐 www.valamar.com 🕒 April–Okt.

PULA

Alla Beccaccia €€
Der sympathische Agriturismobetrieb auf halbem Weg zwischen Fažana und Pula bietet modern ausgestattete Zimmer, alle mit eigener Terrasse. Kleiner Pool und exzellentes Restaurant.
210 B2 Pineta 25, Valbandon, Fažana
052 52 07 53 www.beccaccia.hr

Scaletta €€
Das charmante Hotel direkt an der Straße zum Amphitheater ist wohl das schönste in Pula. Das Hotel in einem alten Stadthaus hat zwölf moderne Zimmer, jedes mit Bad und Klimaanlage. Reservierungen sind angeraten. Das Restaurant gehört zu den besten der Stadt.
210 B2 Ulica Flavijevska 26
052 54 15 99 www.hotel-scaletta.com

ROVINJ

Istra €€€
Obwohl es auf den ersten Blick wie ein hässlicher Kasten auf der schönen Insel Crveni Otok wirkt, ist das große, moderne Hotel doch der ideale Standort für einen geruhsamen Strandurlaub in der Nähe von Rovinj. Die 358 Zimmer, darunter auch Familienzimmer, sind modern und komfortabel. An der Felsenküste kann man im Meer baden. Über einen Damm haben die Gäste auch Zugang zu FKK-Stränden auf einer kleinen Insel. Das Hotel vermietet Kanus oder Motorboote, man kann surfen, im Pool schwimmen, Tennis spielen oder Restaurants und Bars aufsuchen. Wem es trotzdem langweilig wird, der hat im Sommer eine Bootsverbindung nach Rovinj (stündl. bis 24 Uhr).
210 A3 Crveni Otok 052 80 25 00
www.maistra.hr April–Okt.

Lone €€€
Wenn Sie schon immer einmal in einem perfekten Designhotel absteigen wollten – hier haben Sie die Gelegenheit dazu! Das Lone ist das erste Haus in Rovinj und verwöhnt seine Gäste mit 236 todschicken Zimmern, mehreren Restaurants und einem fantastischen Spa und Strand.
210 A3 Luje Adamovića 31
052 80 02 50 www.lonehotel.com

Wohin zum ... Essen und Trinken?

Preise für ein Essen mit Vorspeise, Hauptgericht und Salat ohne Getränke:

€	unter 150 Kn
€€	150–300 Kn
€€€	über 300 Kn

LIMSKI KANAL

Fjord €€
Das Restaurant liegt oberhalb des Stegs, an dem die Boote von Poreč und Rovinj einen Zwischenhalt machen. Von der großen Terrasse aus hat man einen herrlichen Blick auf die Bucht. Auf der Speisekarte stehen Fisch und Meeresfrüchte aus dem Fjord, aber auch hervorragende, günstige Čevapčići, serviert mit Fritten, Zwiebeln und Avjar.
210 A3 Limski Kanal, nahe Kloštar
052 44 82 22 tägl. 11–22 Uhr

MOTOVUN, BUZET & GROŽNJAN

Humska Konoba €
In diesem Wirtshaus direkt am Stadttor des 23-Seelen-Dorfs Hum isst man klassische Gerichte Istriens wie »Fuži« (Nudeln) mit Gulasch oder gegrilltem Lamm. Unbedingt probieren sollten Sie die »Supa«: Rotwein wird im Krug erwärmt, mit Zucker, Pfeffer und Olivenöl gewürzt und mit frischem Brot gegessen. Biska, ein Branntwein aus Mistelzweigen, gilt als Spezialität des Hauses.
210 C4 Hum 2 052 66 00 05
www.hum.hr/humskakonoba
Juni–Okt tägl. 11–22 Uhr, Winter nur Sa–So

Konoba Mondo €€
Direkt vor den Stadttoren von Motovun liegt das schicke Restaurant, das mit zahlreichen Trüffelspezialitäten aufwartet, darunter einfache Omeletts mit schwarzen Trüffeln oder eigenwillige Kreationen wie Polenta mit Trüffeln oder Schafskäse mit Trüffelsauce. Der

Innenraum strahlt mit seinen Steinmauern Gemütlichkeit und Wärme aus.
✝210 B4 ✉Ulica Barbacan 1, Motovun
☎052 68 17 91 ●März–Nov. Mi–Mo 12.30–15.30, 18–22 Uhr

Stara Oštarija €€
Das alte Dorfgasthaus am Kirchplatz wurde als Trüffelrestaurant wiedereröffnet und serviert nun istrische Highlights wie »maneštra« (Gemüsesuppe), Pasta, »ombolo« (Schweinefilet), Steak mit Trüffeln und die regionale Spezialität »frittata« (Trüffelomelette), begleitet von istrischen Weinen. Als Dessert sollten Sie das »dolce istriano«, einen hausgemachten Kuchen, probieren. Das Restaurant liegt großartig über den Klippen mit toller Sicht auf die Neustadt.
✝210 B4 ✉Ulica Petra Flega 5, Buzet
☎052 69 40 03 ●tägl. 12–22 Uhr

Toklarija €€€
Von außen sieht das alte Steinhaus vielleicht nicht besonders einladend aus, es beherbergt jedoch eines der exklusivsten Restaurants Istrien. Die alte restaurierte Ölmühle liegt in einem kleinen Dorf hoch über dem Tal der Mirna. Die »Slow food«-Köche kredenzen ein Fünf-Gänge-Menü mit Suppe, Schinken, Pasta, einem Hauptgang und einem Nachtisch. Ohne Reservierung bekommt man keinen Tisch, selbst wenn ein Platz frei wäre.
✝210 B4 ✉Sovinjsko Polje 11 (an der Hauptstraße von Buzet nach Motovun)
☎091 926 67 69 ●Mi–Mo 13–22 Uhr

Zigante €€€
Das berühmte Restaurant gehört zur Kette Zigante Tartufi (S. 113). Trüffel findet man in den Eichenwäldern im Tal der Mirna rund um das Dorf Livade bei Motovun. So überrascht es wenig, dass hier hauptsächlich Trüffelgerichte auf der Speisekarte stehen. Wie wäre es mit einem Trüffeleis zum Abschluss? Im Herbst kommen Gäste aus Zagreb, Italien und Slowenien angereist, nur um in diesem Restaurant zu tafeln!
✝210 B4 ✉Livade 7 ☎052 66 43 02
🌐www.restaurantzigante.com
●tägl. 12–23 Uhr

OPATIJA

Plavi Podrum €€€
Feine, raffinierte Fischküche am romantischen Hafen von Volosko. Das Restaurant ist Mitglied der Jeunes Restaurateurs und unter Gourmets weit über Opatijas Grenzen hinaus berühmt.
✉Obala Frana Supila 12 ☎051 70 12 23
🌐www.plavipodrum.com ●tägl. 12–24 Uhr

PULA

Konoba Batelina €€€
Am Anfang stand eine Fischerfamilie und ein einfaches Restaurant – heute zählt die Konoba 10 km von Pula zu den am höchsten ge-

lobten Restaurants Istriens. Koch David serviert nur Fisch und Meeresfrüchte, die sein Vater Danilo morgens aus der Adria holt. Dem Trend zum Edelfisch setzt er die kreative Verarbeitung von Meeresgetier entgegen, das in anderen Gourmetrestaurants gar nicht erst den Weg in die Küche fände. So kann der Gast z. B. Sardellen, Pasta mit getrocknetem Fischrogen oder Haileber verkosten.
✝210 B2 ✉Čimulje 25, Banjole
☎052 573 76 70 ●Mo–Sa 17–23 Uhr

ROVINJ

La Puntulina €€
Genießen Sie vom Altstadtrestaurant hoch über den Badefelsen eine der romantischsten Aussichten auf Rovinj! Tagsüber kann man hier in der Sonne sitzen und abends bei einem Glas Wein den Sonnenuntergang beobachten. Die Küche bietet hervorragende istrische und italienische Küche. Das

Vier-Gänge-Menü umfasst meist frische Meeresfrüchte und Nudeln.
⊕210 A3 ✉Ulica Svetog Križa 38
☎052 81 31 86 ●tägl. 12–15, 18–24 Uhr

Veli Jože €€
Die altmodische Konoba, eine urige Gastwirtschaft, hebt sich eindeutig von den anderen Touristenkneipen der Altstadt ab. Innen wurde alles rustikal mit Holzbänken, Musikinstrumenten und einem Fahrrad an den Wänden gestaltet. Im Sommer stehen Tische draußen auf der Straße. Auf der Speisekarte finden sich typische Gerichte aus Istrien: geräucherter Schinken, Schafskäse, gegrilltes Gemüse, Nudelgerichte, »Fuži « (Nudeln) mit Gulasch, gegrilltes Lamm mit Kartoffeln und hervorragende Steaks mit Trüffeln. Das Restaurant ist beliebt, daher sollte man früh kommen.
⊕210 A3 ✉Ulica Svetog Križa 1
☎052 81 63 37 ●März–Dez. tägl. 11–1 Uhr

Wohin zum ... Einkaufen?

Giancarlo Zigante bekam einen Platz im Guinnessbuch der Rekorde, als er 1999 in der Nähe von Buje die größte weiße Trüffel ausgrub, die je gefunden wurde: Sie wog 1310 g!

Heute besitzt er eine Ladenkette namens Zigante Tartufi, in der ausschließlich Trüffelprodukte angeboten werden: schwarze und weiße Trüffel und viele Erzeugnisse auf Trüffelbasis wie Trüffelöl. Die Läden haben außerdem ein großes Sortiment lokaler Spezialitäten und Getränke wie Honig, Wein und »biska« (Mistelschnaps). Das größte Geschäft befindet sich in Buzet, am Anfang der Altstadt am Trg Fontana (tägl. 9–20 Uhr, Tel. 052 66 33 40, www.zigantetartufi.com). Zigante ist Istriens Trüffelpapst, aber nicht der einzige Trüffeljäger: Auch bei Natura Tartufi dreht sich alles um die aromatische Knolle (Smegla 21, Buzet, Tel. 052 55 40 57, www.naturatartufi.com).

Genug von Trüffeln, Wein und Olivenöl? Aleš Winkler produziert auf seiner Farm Kumparička delikaten Ziegenkäse, den er im Street Food Imbiss »Place« auf dem Markt von Pula verkauft (www.kumparicka.com).

Sommerliche Accessoires wie Espadrilles, Sonnenhüte, Armbänder und Ketten in den Farben von Sonne und Meer verkauft die Ladenkette Aqua, deren Geschäfte in jeder größeren Stadt zu finden sind, z. B. in Poreč (www.aquamaritime.com, Dekumanus 12). Und wer Kunst sucht, wird in den Galerien von Grožnjan und Rovinj fündig.

Wohin zum ... Ausgehen?

Die Sommerabende sind so mild und angenehm, dass die meisten Leute nichts lieber tun als sich einfach in den abendlichen »korzo« auf den großen Plätzen und Straßen einzureihen oder in einem der Cafés zu sitzen.

MUSIK

Fragen Sie nach Sommerkonzerten, die in den Kirchen und auf den großen Plätzen von Poreč, Rovinj und Pula veranstaltet werden. In Poreč finden Konzerte in der Euphrasius-Basilika statt, in Rovinj in der Kirche der hl. Euphemia und im Franziskanerkloster und in Pula in der Arena des römischen Amphitheaters. Auch in anderen Küstenorten wie Umag, Novigrad und Vrsar werden Konzerte veranstaltet. Jazz können Sie im Innenhof des Stadtmuseums von Poreč lauschen.

Im Hinterland Istriens treffen sich in Grožnjan jeden Sommer junge Musiker in der internationalen Sommerschule, der Jeunesses Musicales Croatia. Weitere Informationen über Veranstaltungen erhalten Sie in jeder Touristeninformation.

FILMFESTE

In Pula und Motovun finden im Juli internationale Filmfestspiele statt, bei denen kroatische und ausländische Produktionen gezeigt werden, darunter vor allem avantgardistische Filme. Weitere Auskünfte erhalten Sie in den Büros der Touristeninformation oder im Internet unter http://pulafilmfestival.hr bzw. www.motovunfilmfestival.com.

Splits Schönheit lädt ein, sich ein Weilchen hinzusetzen und die Stadt in aller Ruhe zu bestaunen.

Nord- und Mitteldalmatien

Zauberhafte alte Städte, wundervolle Inseln, goldene Strände und rauschende Wasserfälle erwarten Sie.

Seite 114–149

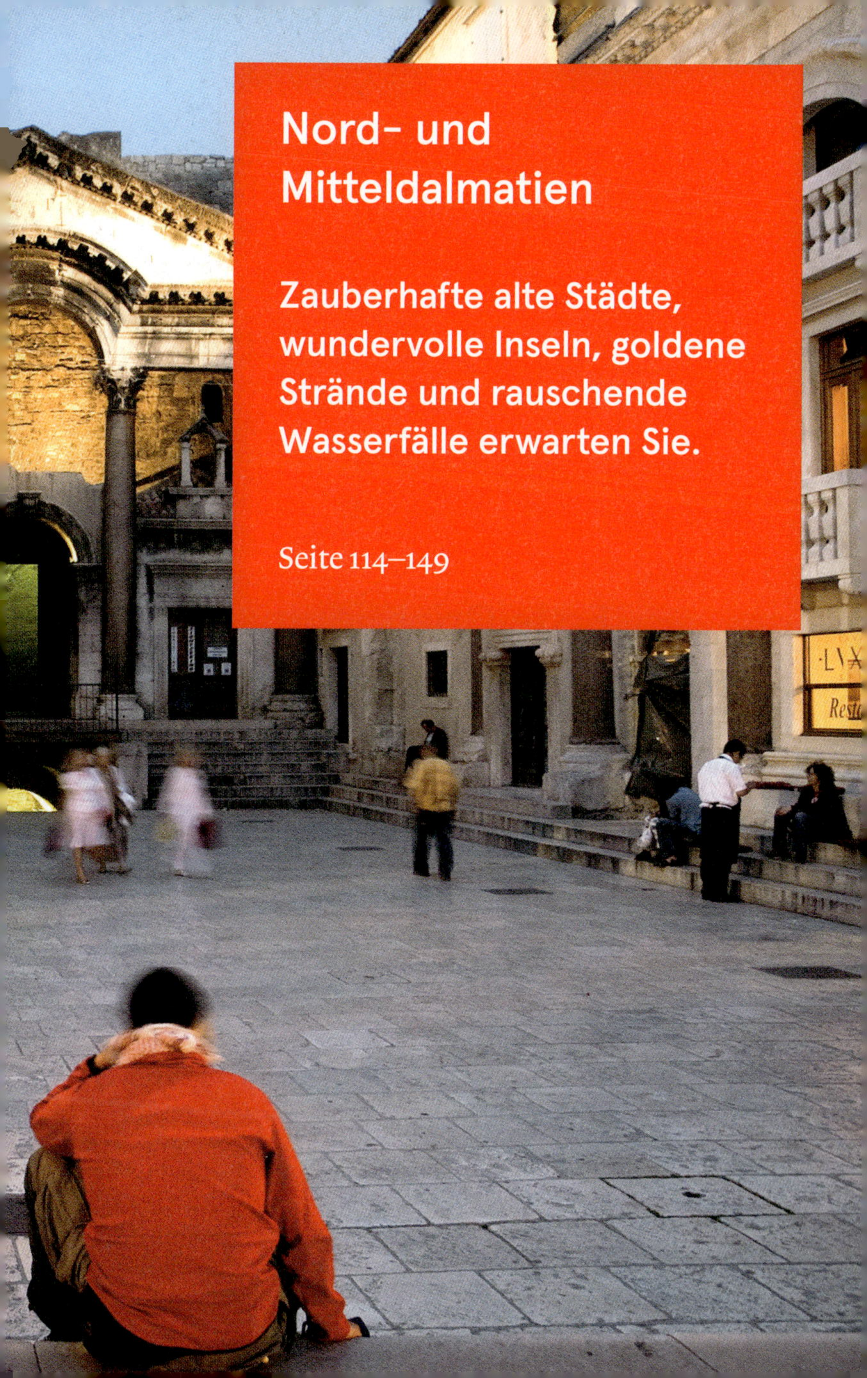

Erste Orientierung

Dalmatien bildet auf der Landkarte einen schmalen Küstenstreifen zwischen Adria und Dinarischem Gebirge. Hier findet man viele Postkartenmotive: Hafenstädte mit venezianischen Kirchtürmen, mit Lavendel bedeckte Inseln und tiefblaues Wasser. Die nördlichen Inseln um Zadar noch recht unberührt, während weiter südlich Inseln wie Brač und Hvar immer beliebter werden.

Historisch betrachtet war Dalmatien immer von Kroatien getrennt – die Region trägt die Stempel ihrer Eroberer. Die Griechen gründeten Handelssiedlungen in Hvar (Pharos) und Vis (Issa) und legten Weingärten an, die noch heute bestellt werden. Die Römer bauten die Stadt Salona. Kaiser Diokletian, der hier geboren wurde, zog sich später nach Split zurück; sein Palast bildet das Zentrum der heutigen Stadt. Fast 400

Jahre lang herrschten die Venezianer in Dalmatien und hinterließen faszinierende Kirchen und Paläste in Šibenik, Trogir und Hvar. In jüngster Geschichte wurde Norddalmatien während des Krieges 1991 bis 1995 zum Kriegsschauplatz, als die serbischen Truppen in Knin die Serbische Republik Krajina gründeten. Heute sind die Kriegsschäden weitestgehend behoben. Der aufblühende Tourismus hat die Küste zur Normalität zurückgeführt.

Reisen in Dalmatien ist heute ziemlich unkompliziert: Die meisten Sehenswürdigkeiten liegen entlang der Küstenstraße Magistrala und der ab Zadar parallel verlaufenden Autobahn, Auto- und Personenfähren verbinden die Inseln mit dem Festland.

TOP 10
- 3 ★★ Split
- 5 ★★ Trogir
- 6 ★★ Nacionalni Park Krka
- 7 ★★ Hvar
- 10 ★★ Brač

Nach Lust und Laune!
- 44 Nin
- 45 Zadar
- 46 Vransko Jezero
- 47 Nacionalni Park Kornati
- 48 Šibenik
- 49 Salona
- 50 Vis
- 51 Makarska

Mein Tag in der Renaissance

Die rund 180 km lange Rundtour führt zu den Höhepunkten der Renaissancearchitektur in Dalmatien. Künstler wie Juraj Dalmatinac, Andrija Aleši und Nikola Firentinac beendeten im 15. Jh. mit ihren Arbeiten in Šibenik, Trogir und Split die Strenge der Gotik und verliehen den Sakralbauten menschliche Dimensionen. Alle besuchten Gotteshäuser zählen zum UNESCO-Weltkulturerbe. Und damit der Tag nicht zu »trocken« wird, gibt's zwischendrin auch kleine Badepausen.

9 Uhr: Frühstück mit Aussicht

Ausgangspunkt ist 48 Šibenik, wo Sie beispielsweise im Hotel Life Palace im Herzen der Altstadt romantisch unterkommen. Das Frühstück im Café Gradska vijećnica (S. 123) genießen Sie mit Blick auf die Katedrala Svetog Jakova (S. 144f) von Juraj Dalmatinac. Der Bildhauer und Architekt war im venezianischen Kulturraum auch unter dem Namen Giorgio Sebenico, Georg aus Šibenik, bekannt. Seine Lehrjahre verbrachte er in Venedig und erlebte dort den Übergang von der Gotik zur Renaissance, was seine weiteren Arbeiten prägte.

10 Uhr: Der Schalk im Nacken

Gehen Sie ruhig nahe ran, denn am Šibeniker Dom leistete Dalmatinac sich eine kleine Extravaganz, die aus der Ferne nicht zu sehen ist: Er schmückte die Fassade entlang der Apsiden mit Portraitköpfen bekannter Zeitgenossen,

18 Uhr: Sieg der Renaissance
15 Uhr: Von Kaštel zu Kaštel
6
Start/
Ende
18 Uhr
48
eligrini
Katedrala
Svetog Jakova
9 und
0 Uhr
9 Uhr: Frühstück
mit Aussicht
10 Uhr: Der
Schalk im Nacken
Primošten
11 Uhr
Konoba
Torkul
15 Uhr
Kaštel
Štafilić
Kaštel
Lukšić
Kaštel
Gomilica
49
5
Trogirska
Katedrala
13.30 Uhr
3
Splitska
Katedrala
Café
Luxor
10 km
6 mi
13.30 Uhr: Lächeln
der Engel
11 Uhr: Ins blaue Meer

Die Jakobs-Kathedrale in Šibenik ist auch wegen der ausdrucksstarken Gesichter an der Fassade sehenswert. Einen wunderbaren Blick auf die Kirche genießt man auch vom Café aus.

einige schon fast grotesk überzeichnet. Alte, junge, runde, schmale, mürrische und freundliche Gesichter starren Sie an, ein jedes unverwechselbar. Man munkelt, Dalmatinac hätte sich damit an einigen Mitbürgern gerächt. Innen empfängt Sie lichte Renaissance. Und ein fast verborgenes Reliefband ganz oben unter der Decke: Erkennen sie die unterschiedlichen Wellenmuster? Dalmatinac verewigte damit die Winde seiner Heimat und die unterschiedlichen Wellenformen, die sie auslösen.

11 Uhr: Ins blaue Meer

Das nächste Ziel, Primošten, ist ein malerischer Badeort auf einem mit der Küste verbundenen Inselchen. Zeit für eine Pause am und im Meer. Wenn Sie genug haben von der Sonne, knurrt vielleicht schon der Magen. Ein Imbiss in der Konoba Torkul am Strand könnte ihn mit »Scampi buzzara« beruhigen.

13.30 Uhr: Lächeln der Engel

33 km sind's nach ❺ ★★ Trogir, dessen romanisch-gotische Trogirska Katedrala Sv. Lovre (S. 130) vor allem wegen der mittelalterlichen Reliefs am Hauptportal berühmt ist. Und wegen der Grabkapelle für den hl. Ivan Ursini, deren Reliefs und Skulpturen als Meisterwerke des Bildhauerduos Andrija Aleši und Nikola Firentinac gelten. Beide hatten bei Dalmatinac gelernt und seine Schritte in Richtung

Wie wäre es mit einer kleinen Erfrischung zwischendurch? Das geht beispielsweise am Strand von Primošten. In Trogir wartet die nächste Station auf Ihrer Renaissance-Tour mit Engeln, Löwen und allerlei Bestaunenswertem auf.

Renaissance mit einem kühnen stilistischen Sprung ans Ziel gebracht. Auffällig ist das besonders an den knapp 100 Engelsgesichtern an Wänden und Decke: Wie freundlich sie dem Besucher zulächeln! Jetzt haben Sie sich ein Eis verdient. Bei Đovani gleich um die Ecke gibt's wirklich hervorragendes!

15 Uhr: Von Kaštel zu Kaštel

Bei der Weiterfahrt nach ❸ ★★ Split sollten Sie die Küstenstraße entlang der »Kaštela«, der »Bucht der Kastelle« wählen. Die Gegend ist ziemlich zersiedelt, aber jeden Küstenort schmückt eine hübsche Renaissanceburg am Wasser. Ursprünglich sollen es 13 gewesen sein, die man zur Abwehr der Osmanen errichtete; sieben davon sind noch erhalten. Sie passieren Kaštel Štafilić, Kaštel Lukšić, Kaštel Kambelovac und Kaštel Gomilica. Eine Badepause können Sie gut

Einen weiteren Höhepunkt des Tages bildet die Kathedrale in Split. Achten Sie besonders auf Gemeinsamkeiten und Unterschiede bei den prächtigen Altären des hl. Domnius (oben) und des hl. Anastasius.

am Bile-Strand von Kaštel Štafilić einlegen.

17 Uhr: Domnius & Anastasius

Parken Sie am Rand der Altstadt von ❸ ★★ Split und schlendern sie auf der Riva zum Diokletianspalast (S. 126f). Am Anastasius-Altar in der Kathedrale (S. 125) innerhalb der ehemaligen Palastmauern begegnen wir noch einmal Juraj Dalmatinac, der hier 1448 vor einer schwierigen Aufgabe stand: Er hatte den Auftrag, ein Pendant zum 20 Jahre zuvor vom Italiener Bonino angefertigten Domnius-Altar gegenüber zu schaffen, der der gotischen Statik verpflichtet war. Dalmatinac musste dieselben Elemente wählen: Heiligenreliefs, Vorhang, Engel. Aber er hauchte ihnen Leben ein. Der gemarterte Christus und seine Peiniger bilden eine furiose Synthese von Wut und Schmerz, die Apostel scheinen aus dem Marmor herauszutreten. Die gotischen Figuren des Domnius-Altars hingegen sind in Posen erstarrt.

18 Uhr: Sieg der Renaissance

Innerhalb von nur 20 Jahren hatte sich unter Dalmatinacs Ägide

An der Küste entlang geht es von Kaštel zu Kaštel, etwa zum Kaštel Kambelovac. Ihren Tag in der Renaissance beschließen Sie in Split bei einem Aperitif und später bei einem wunderbaren Essen im Pelegrini in Šibenik.

eine radikale Veränderung des künstlerischen Ausdrucks vollzogen! Darüber können Sie bei einem Aperitif im Café Luxor der Kathedrale gegenüber nachsinnen, bevor es dann auf der Autobahn in rund einer Stunde zurück nach 48 Šibenik geht. Zum Abendessen haben Sie hoffentlich vorab im Gourmetrestaurant Pelegrini einen Tisch reserviert. Ein köstliches Essen beschließt den Tag.

i

Länge: ca. 180 km

Hotel Life Palace
216 A5 Trg Šibenskih Palih Boraca 1, Šibenik
022 219 00 05 www.hotel-lifepalace.hr

Café Gradska vijećnica
216 A5 Trg Republike Hrvatske 3, Šibenik 022 213 60 05 So–Do 8–23, Fr, Sa bis 1 Uhr

Konoba Torkul
216 A5 Mala Raduča, Primošten
022 570 670 http://konoba-torkul.com
tägl. 10–0 Uhr

Đovani
216 B4 Gradska ulica 15, Trogir
021 218 810 75 tägl. 8–23 Uhr

Café Luxor
216 B4 ul Kraj Svetog Ivana 11, Split
021 341 082 tägl. 8–0 Uhr

Pelegrini
216 A5 Jurja Dalmatinca 1, Šibenik 022 213 701
http://pelegrini.hr
Di–So 12–15, 18.30–0 Uhr

❸ ★★ Split

Was?	Römische Spuren und Shopping
Warum?	Großstadtflair in antiken Palastmauern
Wann?	Zwischen April und November
Wie lange?	Ein bis drei Tage
Was noch?	Kroatiens angesagteste Restaurants
Resümee	Steckt mit mediterraner Lebensfreude an

Hinter Splits bezaubernder, palmenbestandener Uferpromenade verbirgt sich, neben Kirchen und Altstadthäusern, ein echter römischer Palast. Neugierig geworden?

Seine schönste Seite präsentiert Split jenen, die sich mit dem Schiff nähern: mit Blick auf die Promenade, die Altstadt und dahinter die Hochhäuser der aufstrebenden Wirtschaftsmetropole – immerhin ist Split die zweitgrößte Stadt Kroatiens. Antike und Zeitgeist, mediterrane Lässigkeit und die Geschäftigkeit des Fährhafens – das alles verbindet sich in Split zum facettenreichen Bild einer Großstadt mit ungewöhnlichem Flair. Am deutlichsten ist dies dort spürbar, wo Splits Geschichte begann: im Diokletianpalast.

Ein Kaiser dankt ab

Diokletian, zwischen 236 und 245 n. Chr. in Salona als Sohn von Sklaven geboren, schaffte es bis auf den Kaiserthron. Seine Herrschaft ist berühmt-berüchtigt für die Christenverfolgungen, bei denen sowohl der hl. Maurus, Bischof von Poreč (S. 96f), als auch die hl. Euphemia, Stadtpatronin von Rovinj (S. 101f), den Märtyrertod fanden. Diokletian stabilisierte aber das kriselnde Römische Reich, teilte es unter Mitkaisern auf und führte das Konzept der Abdankung ein. 305 zog er sich in seine Heimat zurück und verbrachte seine letzten Jahre in dem großartigen Kaiserpalast, den er eigens unweit von Salona, dem heutigen Solin, hatte bauen lassen. Um 312 starb er hier.

Zuflucht in des Kaisers Haus

Bereits im 7. Jh. war der Palast ein Zufluchtsort für Flüchtlinge aus Salona; noch heute bietet er einheimischen

In der Altstadt erhebt sich hinter den Mauern des Diokletianspalastes die Kathedrale des Hl. Domnius.

Familien ein Heim. Leider ist nur wenig vom Originalbau erhalten – so braucht es viel Vorstellungskraft, sich den alten römischen Palast vorzustellen.

Von der Riva aus betritt man das Palastareal durch das Bronzene Tor, wo sich auch der Eingang zum Podrum (Gewölbekeller) befindet: Er besitzt den gleichen Grundriss wie die kaiserlichen Gemächer darüber, sodass man eine gute Vorstellung vom Ausmaß der Privaträume gewinnt.

Stufen führen hinauf zum Peristyl, dem Haupthof des Palasts und Hauptplatz des gesamten Komplexes. Die schwarze Sphinx aus Granit entstand um 1500 v. Chr. Sie war eine von zwölf ägyptischen Sphinxen, die ursprünglich hier das Mausoleum des Kaisers bewachten; die anderen wurden als Symbole des Heidentums von Christen zerstört.

Das Mausoleum des Kaisers

Das achteckige Mausoleum wurde im 8. Jh. zu einer Kathedrale umgebaut, die sich in einer ungewöhnlichen Mischung aus römischen, romanischen und gotischen Baustilen präsentiert. Ein Relieffries am Gebälk unterhalb der Kuppel zeigt Darstellungen von Eros auf der Jagd und Porträts von Diokletian und seiner Frau Prisca. Altäre sind den hll. Domnius und Anastasius geweiht, die beide durch Diokletian den Märtyrertod starben und jetzt in seiner Grabstätte verehrt werden. Ein Aufstieg auf den daneben stehenden

Kaiserlicher Ruhesitz

Im Diokletianpalast begann Splits Geschichte. Um 300 ließ Kaiser Diokletian hier, in seiner Heimat, seinen Alterssitz errichten. Der riesige Palast ist heute in die Altstadt integriert. Große Teile sind erhalten und belegen das hohe Niveau römischer Baukunst.

Der in nachantiker Zeit verlassene Palast wurde später von den Einwohnern des zerstörten Salona (Solin) genutzt, die auf der Flucht vor den Awaren waren. Über und in den römischen Bauten entstand eine Stadt, die bis heute erhalten ist.

1 Porta aenea: Von der Uferpromenade betritt man den Palast durch das »Bronzene Tor«. Dahinter liegt ein Labyrinth von Räumen, deren Ausstattung nicht mehr vorhanden ist.

2 Podrum: Die Gewölberäume werden heute für Ausstellungen genutzt.

3 Kathedrale Sveti Duje: Das antike Bauwerk, ein von einem Säulengang umgebenes Oktogon, wurde im 8. Jh. als christliche Kirche geweiht und Mitte des 10. Jhs. zur Kathedrale des Bistums Split erhoben.

4 Sveti Rok: An der Ostseite des Peristyls steht die Rochuskirche aus dem 16. Jh. mit schöner Renaissancefassade (heute Tourismusbüro und Souvenirshop).

5 Sveti Filip: Die Philippus-Neri-Kirche am Kraljice-Platz wurde 1735 vom venezianischen Architekten Franceso Melchiori erbaut.

6 Peristyl: Der Platz wird an den Längsseiten von Arkaden über Säulen mit korinthischen Kapitellen gefasst. Hinter den Säulen der südlichen Schmalseite lagen die Kaisergemächer. Hier fügte man während Renaissance und Barock zwei Kapellen ein.

7 Papalić-Palast: Der Stadtwohnsitz der Familie Papalić beherbergt heute das Städtische Museum. Der romanische Palast wurde im 15. Jh. durch Juraj Dalmatinac im Stil der venezianischen Gotik erneuert.

8 Agubio- und Cindro-Palast: Stilmerkmale von Gotik und Renaissance finden sich an diesen Patrizierpalästen in der Krešimirova und der Dioklecijanova ulica.

9 Porta aurea: In den äußeren Gang über dem »Goldenen Tor«, dem nördlichen Stadteingang, wurde im frühen Mittelalter die altkroatische Martinskapelle eingefügt. In der Achse der Porta aurea steht das von Ivan Meštrović gefertigte Standbild des Bischofs Grgur Ninski (Gregor von Nin).

10 Porta ferrea: Durch das »Eiserne Tor« gelangt man in die Altstadt westlich des Palasts. Der Campanile stammt aus dem 11. Jahrhundert.

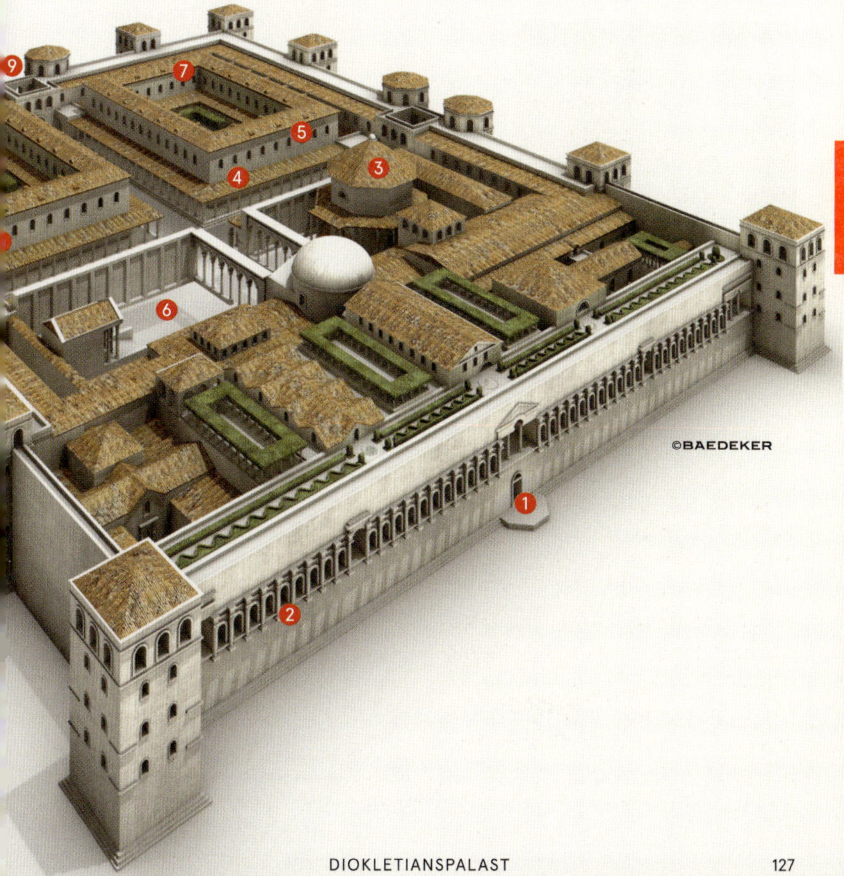

Glockenturm wird mit herrlichen Blicken über Hafen und Palastanlage belohnt.

Taufe bei Jupiter

Gegenüber der Kathedrale führt eine Gasse zum römischen Jupitertempel, der heute als Taufkirche dient. Das Taufbecken stammt aus dem 11. Jh. und ist verziert mit einem Relief von König Zvonimir. Man folgt dem Cardo, der wichtigsten Nord-Süd-Achse des Palasts, und verlässt ihn durch das Goldene Tor. Dahinter befindet sich eine Bronzeskulptur von Ivan Meštrović (S. 127). Sie stellt Grgur Ninski (Gregor von Nin) dar, einen Bischof aus dem 9. Jh., der sich dafür einsetzte, das Lateinische in den Kirchen durch die slawische Sprache und glagolitische Schrift zu ersetzen. Den großen Zeh der Statue zu polieren bringt Glück!

Ein Zeh als Glücksbringer? Probieren kann man es ja mal!

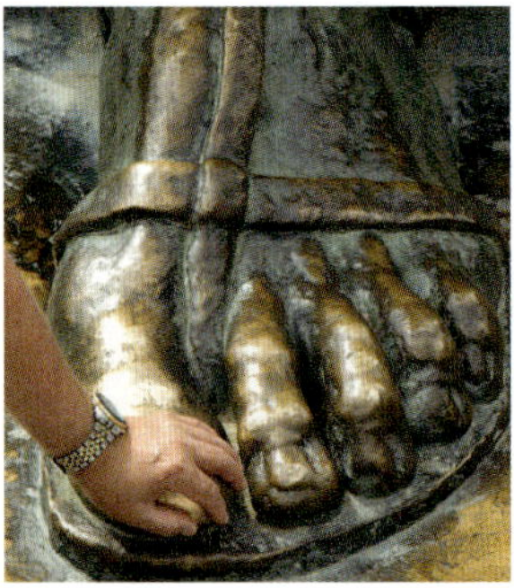

Besuch beim Meister

An der Uferpromenade etwa 2 km nach Westen oder mit Bus 12 von der Riva erreichen Sie die Galerija Meštrović. Das Museum mit Skulpturengarten residiert in der ehemaligen Villa des Bildhauers Ivan Meštrović und zeigt einen Überblick über sein Schaffen. Auch die Heilig-Kreuz-Kapelle Crikvine gegenüber, die Meštrović für seinen Reliefzyklus über das Leben Christi errichten ließ, ist sehenswert.

Der Markt ist vor dem östlichen Tor (Porta Orientalis oder Argentea).

KLEINE PAUSE

Wie wär's mit einer Pause auf dem **Markt Pazar** mit frischem Obst, Gemüse, Würsten und Käse aus der Region?

ⓘ

216 B4

Touristeninformation
Crkvica Svetog Roka, Peristil
021 34 56 06 www.visitsplit.com

Podrum
tägl. 8.30–22, Winter Mo–Sa 9–17, So bis 14 Uhr 42 Kn

Kathedrale
Sv. Duje Juni–Sept. Mo–Sa 8–19, So 12.30–18 Uhr, sonst 12–16 Uhr geschl. Kombiticket Jupitertempel, Schatzkammer und Turm 45 Kn

Jupitertempel
Sommer tägl. 8.30–19.30 Uhr
15 Kn

Galerija Meštrović
Šetalište Ivana Meštrovića 46
Mai–Sept. Di–So 9–19, sonst Di–Sa 9–16, So 9–15 Uhr 40 Kn

❺ ★★ Trogir

Was?	Malerische Altstadt mit imposanter Kathedrale
Warum?	Ausflug ins Mittelalter
Wann?	Zwischen April und Oktober
Wie lange?	Ein halber Tag
Resümee	Alte Stadt mit tollem Flair

Bereits im 3. Jh. v. Chr. wurde die Siedlung auf einer Insel zwischen Festland und dem vorgelagerten Eiland Čiovo von griechischen Siedlern gegründet. Heute präsentiert sich Trogir als eine ruhige Stadt mit Cafés, Jachthafen, autofreien Straßen und einer herrlichen Kathedrale im Zentrum.

Eine Brücke verbindet die Altstadt mit dem Festland, der Zugang erfolgt durch das Kopnena Vrata (Landtor), einen Torbogen aus dem 17. Jh., der von der Statue des hl. Johannes von Trogir (Ivan Ursini) gekrönt wird. Als Bischof lebte er hier im 12. Jh., heute gilt er als Patron und Beschützer der Stadt.

Altstadt wie aus dem Bilderbuch

Ein Gewirr aus engen Kopfsteinpflastergassen, gesäumt von schicken Geschäften, Restaurants und Kunstgalerien, erwartet den Besucher hinter dem Torbogen. Beim Stadtbummel

Im Hafen von Trogir schaukeln Boote auf dem Wasser.

durch romantische Innenhöfe und vorbei an Kirchen und Palästen sollte man auf die Details achten, die Trogir zum Schatzkästchen romanischer Architektur machen.

Ein Portal erzählt Geschichten

Der Bau der Kathedrale begann im 13. Jh. und zog sich bis ins 16. Jh.; der stolze Glockenturm schmückt sich mit venezianischer Gotik. Das sensationelle Westportal ist ein Werk des Steinmetzmeisters Radovan aus dem Jahr 1240: Zu sehen sind unzählige Heilige und Apostel, dazu Szenen, die den Lauf der Jahreszeiten am Beispiel landwirtschaftlicher Arbeiten abbilden. Der obere Portalbogen stellt die Geburt Christi dar, während an den Seitenpfeilern Adam und Eva, verschämt die Nacktheit bedeckend, auf Löwen stehen. Im Inneren der Kathedrale finden sich u. a. eine romanische Steinkanzel aus dem 13. Jh. und ein herrliches Chorgestühl. Die aus dem 15. Jh. stammende Kapelle des hl. Johannes von Trogir ist mit Engeln und Putten und kunstvoll geschnitzten Sarkophagen geschmückt.

Von der Piazza zum Aussichtsturm

Eine Plakette am Rathaus weist darauf hin, dass Trogir seit 1997 zum UNESCO-Weltkulturerbe zählt. Auf der gegenüberliegenden Seite des Platzes befindet sich eine venezianische Loggia, die früher als Gerichtshof diente. Ein aus dem 15. Jh. stammendes Relief von Nikola Firentinac verkörpert Justitia.

Die Hauptstraße Gradska führt zum Stadttor Gradska Vrata und leitet den Besucher zur Riva, einer Promenade mit Sicht bis zur Insel Čiovo, die durch Brücken mit dem Festland verbunden ist. Ein Bummel führt an der palmenbestandenen Riva entlang zur Festung Kamerlengo aus dem 15. Jh. am Westende der Altstadtinsel. Der Turm bietet schöne Ausblicke über die Küste.

Café Smokvica: Radovanov trg 9, Tel. 021 88 45 71

KLEINE PAUSE

Sehr entspannt ist das **Café Smokvica** hinter der Kathedrale.

---

i

+216 B4

Touristeninformation
✉ Ivana Pavla II
☎ 021 88 56 28
🌐 http://tztrogir.hr

Kathedrale
Sommer Mo–Sa 8–20, So 12–18, Winter Mo–Sa 8–12 Uhr · 25 Kn

Kula Kamerlengo
Juni–Okt., 9–21 Uhr · 25 Kn

❻ ★★ Nacionalni Park Krka

Was?	Nationalpark rund um eine eigenwillige Flusslandschaft
Warum?	Abstecher zu Fällen und Seen
Wann?	Mai bis Oktober
Wie lange?	Ein halber Tag
Was noch?	Baden mit Blick auf die Wasserfälle
Resümee	Erfrischt vom üppigen Grün und kühlem Wasser

Kurz vor seiner Mündung in die Adria bei Šibenik schlägt der Fluss Krka eine Serie von Haken durch Schluchten und Seen, gurgelt über Wasserfälle und bildet so die märchenhafte Wasserlandschaft des Nationalparks Krka.

Die Krka legt von ihrer Quelle nahe Knin im Dinarischen Gebirge gerade einmal 72 km bis zur Mündung in die Adria bei Šibenik zurück. Auf dieser kurzen Strecke baut sie sich selbst Travertin-Barrieren, die sie zu Mäandern zwingen und zu Seen aufstauen. Ein Abstecher von der mediterranen Küstenwelt in das malerische Hinterland lohnt sich also!

Unter Kaskaden baden

Hauptattraktion und am leichtesten zu erreichen sind die Wasserfälle von Skradinski Buk, die in 17 Stufen über 45 m in die Tiefe stürzen. Der See darunter ist übrigens ein beliebter und hübscher Badeplatz! Rund um die Kaskaden führen

Im Nationalpark wird man immerzu vom Rauschen der Wasserfälle umtost.

Wanderwege und Stege am Wasser entlang durch die üppiggrüne Landschaft. Sechs weitere Fälle bildet die Krka flussaufwärts, doch kann man sie nur nach längeren Wanderungen erreichen. Einzig der Roški Slap, eine 22 m hohe Kaskade, wird von den im Nationalpark verkehrenden Schiffen angefahren.

Einsam gelegen: das Inselkloster im Visovac-See

Fromme Brüder

Zu den kulturellen Sehenswürdigkeiten zählt die romantische Klosterinsel Visovac, deren Konvent aus dem 15. Jh. von einem hübschen Garten umgeben ist. Im Kloster wird eine bebilderte kroatische Ausgabe von Aesops Fabeln aus dem 15. Jh. aufbewahrt, eines von lediglich drei Exemplaren, die weltweit noch erhalten sind. Noch weiter den Fluss hinauf erreichen die Boote das serbisch-orthodoxe Kloster Krka mit einem romanischen Kreuzgang und den Ruinen zweier Burgen auf der gegenüberliegenden Flussseite.

Was, wie, wo?

Der Nationalpark besitzt zwei Eingänge in der Nähe von Šibenik, Skradin und Lozovac. Von ersterem verkehren Schiffe zu den Kaskaden von Skradinski Buk, von letzterem Shuttlebusse. Skradinski Buk ist Ausgangspunkt für Bootstouren zur Insel Visovac (2 Stunden mit Besichtigung) oder weiter zum Roški Slap (4 Stunden mit Besichtigung). Das Kloster Krka fahren Boote ab Roški Slap an (2,5 Std.), man kann es aber auch mit dem Auto von Kistanje aus erreichen.

Visovačke Mlinice: Trg Ivana Pavla II br. 5, Tel. 022 217 720

KLEINE PAUSE

Bei den Wasserfällen laden mehrere Cafés zur Rast. **Visovačke Mlinice** in einer Steinmühle beim Roški Slap bietet Schinken, Käse und Oliven und verkauft eigenen Wein und Weinbrand.

---

i

215 E2 · 12 km nördlich von Šibenik · 022 20 17 77 · www.npkrka.hr

Sommer tägl. 8–20, Winter 9–16 Uhr · Sommer bis 200 Kn, Winter 30 Kn

7 ★★ Hvar

Was?	Schicke Stadt, Lavendelfelder und hübsche Strände
Warum?	Kroatiens mondänste Insel
Wann?	Zwischen Mai und Oktober
Wie lange?	Ein Tag – oder auch eine Woche
Was noch?	Die Jacht von Steven Spielberg war auch schon mal da.
Resümee	Vielfältiger Inselzauber für Sonnenanbeter und Freunde mondäner Lebensart

Eine der bezauberndsten Inseln der Adria ist Hvar. Weinberge und Lavendelfelder prägen das Gesicht der Insel, die auch wegen ihres Klimas so beliebt ist. Die gleichnamige Hauptstadt hat sich zum schicksten Ort der dalmatinischen Küste entwickelt.

Ein Kalksteinkamm in der Mitte bildet das Rückgrat der lang gezogenen, schmalen Insel; steile Klippen stürzen zu einsamen Stränden und Höhlen hinab. Im Frühling und im Frühsommer ist die Insel ein einziges Farbenmeer. Die Insel hat mehr Sonnenstunden als irgendein anderer Ort an der Adriaküste.

Quirlige Inselhauptstadt

Die schönste Anfahrt nach Hvar ist diejenige mit der Fähre: Vom Meer aus erlebt man die Stadt als ein Gewirr brauner Steinhäuser, die sich rund um die Bucht drängen, darüber erheben sich die alte Festung und die mittelalterlichen Mauern. Im Sommer gleicht der Hafen einem Ameisenhaufen: Schnittige Jachten liegen vor Anker, Fähren entladen ihre Fracht und Wassertaxis bringen Sonnenhungrige zu abgelegenen Stränden. Auch wenn es viel zum Schauen gibt, so ist Hvar doch mehr eine Stadt zum Relaxen – der abendliche »Korzo« ist einer der lebendigsten in ganz Kroatien.

Zeugnisse der Serenissima

Die meisten Cafés finden Sie am Trg Svetog Stjepana. Die Piazza im venezianischen Stil mit Steinpflaster und einem Brunnen aus dem 16. Jh. öffnet sich malerisch zum Meer hin.

Die Westseite wird von der Kathedrale und dem vierstöckigen Campanile beherrscht. Aufmerksame Beobachter werden feststellen, dass sich die Anzahl der Arkadenbögen an den Fenstern mit jedem Stockwerk erhöht. An der Seeseite des Platzes, am inneren Hafen, befindet sich das Venezianische Arsenal. Es war groß genug für die Reparatur von Galeeren. Im obersten Stockwerk befindet sich eines der ältesten öffentlichen Theater Europas, das 1612 eröffnet wurde. Das Theater wird seit Jahren saniert und kann derzeit nicht besichtigt werden.

Beschauliche Szenerie in Stari Grad: Ein Fischer flickt seine Netze.

Sehen und gesehen werden

Dem Arsenal gegenüber staffeln sich die ehemaligen Paläste des Adels – einige stammen aus dem 16. Jh. –, einfache Wohnhäuser und ein Kloster den Hang hinauf. Dies ist der Hot Spot des Hvarer Nachtlebens, mit Restaurants und Bars. Die venezianische Zitadelle (Sommer tägl. 8-22 Uhr, 40 Kn) wurde 1557 errichtet. Die Hauptattraktion ist unzweifelhaft der Blick über das Häusermeer bis zu den Pakleni-Inseln und weiter zur Insel Vis am Horizont.

Baden mit Aussicht

Ein kurzer Weg von den Fähranlegern nach Süden führt zu einem Franziskanerkloster auf einer Landspitze und einer kleinen Bucht. Auf der anderen Seite des Hafens setzt sich die Promenade noch ungefähr 2 km fort. Sie führt an Felsenstränden und Badeplateaus vorbei.

Wer einen erholsamen Nachmittag am Strand verbringen möchte, nimmt ein Wassertaxi zu den Pakleni-Inseln: Die Kette smaragdgrüner kleiner Inseln mit schattigen Pinienwäldern und einsamen Kiesstränden liegt direkt vor der Stadt. Die Insel Jerolim wird vor allem von FKK-Anhängern aufgesucht. Auf Stipanska können Sie im schicken Carpe Diem Beach tagsüber entspannen und nachts zur Musik angesagter DJs tanzen.

Die alte Hauptstadt: Stari Grad

Die Stadt wurde von griechischen Siedlern aus Paros im 4. Jh. v. Chr. gegründet und Pharos genannt. Bis die Venezianer im 13. Jh. die Hauptstadt in die Stadt Hvar verlegten, war Stari Grad die größte Siedlung der Insel. Wenn auch nicht ganz so schick wie Hvar, so ist sie dennoch eine attraktive Stadt in einer geschützten Bucht und besitzt den wichtigsten Fährhafen der Insel.

Die schmalen Kopfsteingassen hinter dem Hafen laden zum Bummeln ein – dabei entdeckt man versteckte Schmuckstücke wie die aus dem 12. Jh. stammende Johanneskapelle, die ein Fußbodenmosaik aus dem 6. Jh. besitzt. Gleich nebenan befindet sich eine archäologische Fundstätte des griechischen Pharos, die Ausgrabungen dauern noch an.

Direkt hinter der Strandpromenade liegt das Sommerhaus des Dichters Petar Hektorović (1487–1572): Tvrdalj Petar Hektorovića (Sommer tägl. 10–13, 17–20 Uhr, Eintritt 15 Kn). Es wurde als Festung gebaut, in der die Stadtbewohner im Fall einer türkischen Invasion Zuflucht finden konnten.

2400 Jahre Ackerbau

Äußerlich unscheinbar lässt die landwirtschaftlich intensiv genutzte Ebene von Stari Grad (Starigradsko polje) kaum Rückschlüsse zu, warum sie zum UNESCO-Weltkulturerbe zählt. Doch das Kataster der heutigen Anbauflächen entspricht genau dem, wie es die griechischen Siedler vor 2400 Jahren festlegten – eine in der Welt einmalige Hinterlassenschaft.

Unbekannteres Hvar

Die drittgrößte Stadt auf Hvar, Jelsa, liegt an der Nordküste mit Sicht auf Brač und die Makarska Rivijera. Deren wichtigste Sehenswürdigkeit ist die Johanneskapelle aus dem 16. Jh. in einer Gasse hinter dem Hafen. Eine Küstenstraße führt nach 4 km zum Fischerdorf Vrboska, einem ruhigen Ort mit schönen Stränden auf der Halbinsel Glavica.

Im Sommer fahren Wassertaxis von Jelsa nach Vrboska sowie zum Inselchen Zečevo mit seinen FKK-Stränden. Wenn man Lust auf etwas Abwechslung hat, kann man sich vom Hafen mit einem Boot zum berühmten Strand von Zlatni Rat auf Brač (S. 138) übersetzen lassen.

Typisch Kroatien: Auch in Hvar gibt glasklares Wasser den Blick auf den Meeresgrund frei.

Wie nach Hvar?

Die kürzeste Verbindung vom Festland bietet die Autofähre von Drvenik nach Sućuraj; allerdings schließt sich daran eine lange Autofahrt quer über die Insel zur Stadt Hvar an. Eine Alternative bietet die Autofähre von Split nach Stari Grad, der alten Hauptstadt. Fußgänger können mit einer Personenfähre direkt von Split nach Hvar schippern oder im Sommer den schnellen Katamaran von Split nach Hvar-Stadt oder Jelsa wählen.

KLEINE PAUSE

Hvars Hafen ist im Sommer eine einzige Promenade – viele Besucher sitzen stundenlang in den Cafés und Bars entlang dem Wasser. Die **Ulica Petra Hektorovića** etwas oberhalb der Nordseite des Hauptplatzes ist die Straße mit den angesagtesten Restaurants – hier findet man gleich drei erstklassige Adressen in einer Straße (S. 148).

---

i ✈217 D3

Touristeninformation
✉ Trg Svetog Stjepana
☎ 021 74 29 77 🌐 www.tzhvar.hr

⑩ ★★ Bra

Was?	Gebirgige Insel, weißer Marmor, Badespaß
Warum?	Allein schon, um Kroatiens berühmtesten Strand zu erleben
Wann?	Zwischen Mai und Oktober
Wie lange?	Einen Tag bis eine Woche
Was noch?	Eremiten gibt's auch.
Resümee	Toller Strand – aber die Insel bietet noch viel, viel mehr.

Brač, die größte Insel vor der dalmatinischen Küste, ist ein Ort der Superlative – vom höchsten Berg der Adria blickt man auf den berühmtesten Strand Kroatiens. Neben unbegrenzten Badefreuden erwarten den Besucher hier Wandermöglichkeiten und kulinarische Genüsse.

Brač ist durch Fähren und Katamarane bestens mit Split und Makarska auf dem Festland und dem benachbarten Hvar verbunden. Der Flughafen wird von Billigfliegern aus Deutschland und Österreich angesteuert.

Nachteil der guten Erreichbarkeit ist die vergleichsweise hohe Zahl an Besuchern. Außerhalb der Saison ist Brač jedoch eine ruhige Insel mit Weinbergen, Obstgärten und versteckt in Buchten liegenden Fischerdörfern. Die Insel ist berühmt für ihren weißen Kalkstein, der hier seit den Zeiten der Römer abgebaut wird und für so verschiedene Bauwerke wie den Diokletianpalast in Split und das Weiße Haus in Washington D. C. verwendet wurde.

Von Supetar ins Inselinnere

Die meisten Besucher kommen in Supetar an, dem größten Ort der Insel, der aber wenig mehr ist als ein Dorf mit niedrigen Häusern rund um den Hafen. Sobald eine Fähre anlegt, bricht im Ort Betriebsamkeit aus – die restliche Zeit ist Supetar jedoch ein verschlafenes Nest, in dem viele Leute aus Split Ferienhäuser besitzen. Die Hotels konzentrieren sich im Westen der Stadt, wo sich auch mehrere Kiesstrände direkt gegenüber von Split befinden.

Die wichtigste Straße durchquert die Insel von Norden nach Süden, eine Nebenstraße führt durch Pinienwälder bis auf die Spitze der Vidova Gora (778 m), dem höchsten Berg aller Adria-Inseln. Auf dem Gipfel steht ein weißes Steinkreuz – und die sagenhafte Aussicht reicht über den Strand Zlatni Rat zu den Inseln Hvar und Korčula. Auch von Bol aus lässt sich der Gipfel über einen gut ausgeschilderten Weg besteigen.

Berühmte Schönheit: das Goldene Horn

Bol, der einzige Ort an der Südküste, schmiegt sich an die südlichen Hänge der Vidova Gora. Im Sommer herrscht hier viel Trubel: Tagesausflügler von Hvar strömen an die Strände, und diverse Veranstalter bieten Schiffsausflüge und Sportarten wie Windsurfen, Segeln, Tauchen und Freeclimben an.

Die Hauptattraktion ist jedoch Zlatni Rat, das »Goldene Horn«: Die Landzunge aus feinem Kies reicht 300 m weit ins Meer hinaus, in ihrer Mitte befindet sich ein schattiger Pinienwald. Der meistfotografierte Strand Kroatiens ist bei Familien mit kleineren Kindern ebenso beliebt wie bei Surfern, die hier ideale Windbedingungen vorfinden. Ein 2 km langer Spazierweg führt von Bol aus auf der Promenade westwärts zur Landzunge. Zlatni Rat ist im Sommer mitunter überlaufen, einsamere Plätze findet man in kleinen Felsbuchten, die auch von FKK-Urlaubern bevölkert werden.

Religiöse Höhlengraffiti

Vom Zlatni Rat führt eine unbefestigte Straße über 4 km an den Klippen entlang nach Murvica mit seinen malerischen Kiesbuchten. Ein Abstecher in die Berge oberhalb Murvicas bringt Sie zur Zmajeva Špilja (Drachenhöhle), deren Wände Mönche im 16. Jh. mit Bildern von Fabelwesen und Drachen verzierten. Die Mönche hatten hier Schutz gesucht, bevor sie die Einsiedelei von Blaca gründeten. Besucher der Höhle müssen mit dem Fremdenführer telefonisch einen Termin vereinbaren (Tel. 091 5 14 97 87, Eintritt 50 Kn); der Treffpunkt ist am Restaurant. Wer die Höhle auf eigene Faust aufsucht, muss sich mit einem Blick durch das Tor auf die Bilder zufriedengeben. Ein mit roten Pfeilen markierter Weg führt vom höchsten Punkt des Dorfes ostwärts in ungefähr einer Stunde teils schweißtreibend steil zur Höhle. Bei den Ruinen eines Klosters aus dem 18. Jh. biegt der Weg nach links zu der 200 m entfernten Drachenhöhle ab.

Am Goldenen Horn badet man am berühmtesten Strand Kroatiens. Doch die Insel bietet noch viele andere schöne Fleckchen.

Wo die Eremiten hausten

Lust auf noch mehr Entdeckungen? Drei Wege führen zur Einsiedelei von Blaca, die sich am Ende einer Schlucht hoch oben an die Felsen krallt: Der beschwerliche, 12 km lange Küstenpfad vom Zlatni Rat, ein holpriger Weg, der von der Straße zur Vidova Gora abbiegt, und im Sommer Bootstouren von Bol in die Bucht von Blaca. Von dort läuft man eine gute Dreiviertelstunde bergauf bis zum Talschluss (Mai bis Okt. Di–So 9–18 Uhr, Winter eingeschränkt, Eintritt 40 Kn).

KLEINE PAUSE

Es gibt eine Unzahl von Cafés am Hafen in Bol und im Sommer am Zlatni Rat. Für einen Kaffee im Schatten oder abends einen Cocktail zu DJ-Tunes steuert man die **Varadero Cocktailbar** an. Für ein Essen mit Aussicht bieten sich die **Ribarska Kučica** (S. 148) an.

Varadero: Ul. Frane Radića 1, Tel. 385 9 59 05 42 03

216 C3

Touristeninformation
Porat Bolskih Pomoraca, Bol
021 63 56 38 www.bol.hr

Nach Lust und Laune!

44 Nin

Gelangt man über die Steinbrücke und durch das Eingangstor in die bescheidene Altstadt von Nin, würde man nicht glauben, dass dies früher das geistliche und weltliche Zentrum Kroatiens war. Zwischen dem 9. und 12. Jh. wurden hier sieben Könige gekrönt; der Bischof von Nin war der mächtigste Mann im Land. Einer der Bischöfe, Gregor von Nin, wurde durch eine Skulptur von Ivan Meštrović verewigt; das Original steht in Split (S. 128), eine Kopie in Nin.

Die größte Sehenswürdigkeit von Nin ist die aus dem 9. Jh. stammende Heilig-Kreuz-Kirche, eine Kapelle in Form eines griechischen Kreuzes. Oft wird behauptet, sie sei die kleinste Kathedrale der Welt. Malerisch steht sie auf einer Wiese im Zentrum, umgeben von Fundamenten eines römischen Tempels.

Ebenso großartig ist die aus dem 9. Jh. stammende Kirche St. Nikolaus, die auf einer kleinen Anhöhe ca. 1 km entfernt von Nin an der Straße nach Zadar thront. Ihr Turm wurde im 16. Jh. von den Venezianern hinzugefügt.

Sabunike, 2 km nördlich von Nin, besitzt einen der schönsten Strände Kroatiens mit Aussicht auf die Insel Pag und den Velebit.

214 C4
Touristeninformation: Trg Braće Radića 3 ☎ 023 26 52 47 www.nin.hr

45 Zadar

Die zweitgrößte Stadt Dalmatiens gehörte ab Mitte des 11. Jhs. zum Herrschaftsbereich der kroatisch-ungarischen Könige, später leistete sie gegen den Machthunger Venedigs heftigen, jedoch vergeblichen Widerstand. Wachsende Vororte umgeben die Altstadt. Diese liegt auf einer Landzunge und wird zum Teil noch von einer mittelalterlichen Stadtmauer umschlossen. Die Lücken, die das Bombardement im Zweiten Weltkrieg hinterließ, wurden durch moderne Bauten geschlossen, weshalb die Altstadt mit ihren Gassen und Kirchen ein lebhaftes, aber kein homogenes Bild bietet.

Im Herzen der Stadt befindet sich das römische Forum, dessen Steine zum Bau der Donatuskirche verwendet wurden. Das ungewöhnliche byzantinische Gotteshaus aus dem 9. Jh. ist einem irischen Bischof geweiht, der sie selbst gebaut haben soll (Sommer tägl. 9–21 Uhr, Eintritt 20 Kn). Direkt daneben steht die romanische Kathedrale aus dem 12. Jh., von deren Kirchturm man eine fantastische Sicht genießt. An das Forum grenzen auch die Kirche und das Kloster St. Maria. Dessen Schatzkammer zeigt auch außergewöhnliche Reliquien sowie die Rekonstruktion einer Kapelle aus dem 11. Jh. (Sommer Mo–Sa 10–13, 17–19, So 10 bis 13 Uhr, im Winter kürzer, 30 Kn).

Zadars unkonventionellste Attraktionen schmücken die Uferpromenade, die Riva: Die Meeresorgel

Sonnengruß auf Kroatisch

Nur den besten Moment nicht verpassen! Nämlich die kurze Phase, bevor die Sonne vollständig hinter der Inselkette vor Zadar verschwunden ist – Alfred Hitchcock nannte das übrigens den »schönsten Sonnenuntergang der Welt«. Dabei kannte er den »Gruß an die Sonne« gar nicht, denn die Scheibe aus über dreihundert mehrschichtigen Glasplättchen wurde erst 2008 installiert. Jetzt also, wenn die Sonne die Spitzen der Berge von Ugljan vergoldet, treten Sie auf die Scheibe – und erleben unter sich bald ein Feuerwerk aus immer neuen Mustern und Farben. O yes, it's true, Mr. Hitchcock!

Morske Orgulje besteht aus Stufen, die zum Wasser hin abfallen; in darunter verborgenen Röhren erzeugen die Wellen Töne. Nachts leuchtet daneben die mit Solarzellen betriebene Installation »Gruß an die Sonne«. Beide Werke stammen vom Zadarer Architekten Nicola Bašić.

214 C2
Touristeninformation
Narodni Trg 5 ☎ 023 31 61 66
www.zadar.travel

46 Vransko Jezero

Kroatiens größter Süßwassersee liegt 25 km südlich von Zadar im Hinterland der Strandorte Biograd und Pakoštane. Seit 1999 ist der See ein Naturschutzgebiet, in dem mehr als 100 Wasservogelarten überwintern. Im Vogelschutzgebiet am Nordwestufer nistet eine Kolonie von Purpurreihern. Im Sommer kann man Ruderboote mieten oder den See mit dem Fahrrad umrunden.

215 D2

47 Nacionalni Park Kornati

Eine Schiffstour durch die Inselwelt der Kornaten ist ein unvergessliches Erlebnis. Die Inseln liegen vor der Küste zwischen Zadar und Šibenik und bilden eine Wunderwelt aus Klippen, Buchten, Unterwasserhöhlen und kleinen Felseninseln.

Der Nationalpark umfasst 89 Inseln und Riffe, der gesamte Archipel 140 Inseln, die sich nach Norden bis zur spektakulären Bucht Telašćica auf Dugi Otok erstrecken. Den größten Teil des Jahres sind die Inseln unbewohnt, im Sommer jedoch öffnen die Bewohner von Murter ihre Fischrestaurants in den Buchten und vermieten einfache Häuser und Fischerboote für einen Robinson-Urlaub. Die Inseln sind ein Paradies für Segler; das Boot ist die schönste Möglichkeit, sie zu erkunden. Alternativ kann man an organisierten Ausflügen von Murter, Zadar und Šibenik aus teilnehmen.

214 C2
Touristeninformation
Ulica Butina 2, Murter
☎ 022 43 57 40 www.np-kornati.hr
nach Größe des Bootes

48 Šibenik

Šibenik ist eine der schönsten Städte im östlichen Adriaraum. Schon die Lage an einer fjordartigen Bucht ist reizvoll. Ihre Altstadt wird beherrscht von der aus dem 15. Jh. stammenden Kathedrale St. Jakob (S. 144), die vielleicht das schönste Beispiel kroatischer Kirchenarchitektur ist.

Zum größten Teil ist das Gotteshaus das Werk von Juraj Dalmatinac, einem Architekten aus Zadar, der in Venedig ausgebildet wurde. Ivan Meštrović hat ihm zu Ehren die Statue auf dem Vorplatz der Kathedrale geschaffen. Nach Dalmatinacs Tod 1473 wurde die Kathedrale von Niccolò Fiorentino vollendet; er entwarf die Kuppel und das tonnengewölbte Dach. Das Ergebnis ist eine Mischung aus venezianischer Gotik und Renaissance.

Dalmatinacs Meisterstück ist der Fries mit 74 Steinköpfen, der die Apsiden schmückt und die Gesellschaft des 15. Jhs. spiegelt. Die Porträts sollen Bürger zeigen, die nichts für den Kirchenbau spendeten.

215 E1
Sv. Jakov
Trg Republike Hrvatske, Šibenik
April bis Sept. 8.30–20, Winter 8.30–12, 16–18.30 Uhr 15 Kn

49 Salona

Die bedeutendste archäologische Fundstätte Kroatiens wirkt außergewöhnlich: die Ruinen einer römischen Stadt mit 60 000 Einwohnern inmitten von Feldern, dazu am Horizont die Hochhäuser von Split. In römischer Zeit war dies die größte Siedlung der dalmatinischen Küste.

Tritt man durch das Tor zur Nekropole von Manastirine, trifft man auf viele Gräber und Sarkophage. Im Presbyterium einer Basilika befindet sich die Grabkammer von Domnius: Der erste Bischof von Salona wurde 304 unter Diokletian enthauptet.

Vom Archäologischen Museum Tusculum führt ein Weg zur tiefer gelegenen Stadt, die sich um die Ruinen einer Kirche erstreckt. Läuft man entlang den römischen Mauern in die Felder, erreicht man das gut erhaltene Theater, das 15 000 Besuchern Platz bot. Viele Kunstschätze von Salona werden im Archäologischen Museum von Split ausgestellt.

216 B/C4 5 km von Split
021 212900 Bus nach Split
April, Mai, Sept. Mo–Fr 7–19, Sa 8–19, So 9–13 Uhr, Juni–Aug. Mo–Fr 7–20, Sa 8–20, So 9–14 Uhr, Okt. Mo–Fr 7–18, Sa 8–18, So 9–13 Uhr, Nov.–März Mo–Fr 7–16, Sa 9–16 Uhr 30 Kn

50 Vis

Vis war vom Zweiten Weltkrieg an bis 1989 für Ausländer gesperrt, da die Insel als Militärstützpunkt genutzt wurde. Außer ein paar Fischern und Weinbauern verließen die meisten Bewohner das Eiland. Heute erweist sich die Abgeschiedenheit, die Vis vor dem Massentourismus bewahrt hat, als Vorteil. Doch die hübsche Insel kommt als Badeort in Mode, viele Jachten gehen vor Anker. Inzwischen fährt auch täglich ein Katamaran in zwei Stunden von Split nach Vis.

Die Griechen gründeten im 4. Jh. v. Chr. die Siedlung Issa an der Stelle der heutigen Stadt Vis; die Überreste der alten griechischen Nekropole liegen hinter dem Hafen.

Komiža auf der Insel Vis

Kathedrale St. Jakob in Šibenik

Begonnen wurde die Kirche 1431, geweiht 1556. Der schlichte Bau besticht durch die Schönheit der Steinmetzarbeiten, harmonische Formen und Ausgewogenheit. Einzigartig ist die Bauweise der Kuppel und des Gewölbes. Marmorplatten tragen sich selbst, und die Baumeister kamen ohne Mörtel aus, denn die Steinblöcke sind miteinander verzapft.

Als Baumaterial wurden hauptsächlich Kalkstein und Marmor von der Insel Brač verwendet. Anfangs wirkten vor allem italienische Architekten; ab den 1440er-Jahren übernahm der einheimische Baumeister und Bildhauer Juraj Dalmatinac die Bauhüttenleitung. Auf ihn gehen der kreuzförmige Grundriss, Chor, Taufkapelle und Sakristei sowie das Konzept für die Vierungskuppel zurück.

1 Seitenportal: Von der ersten Kathedrale an dieser Stelle übernahmen die Baumeister das von Löwen flankierte Portal und setzten es an die östliche Längsseite.

2 Dach: Dalmatinac-Schüler und Nachfolger Niccolò Fiorentino vollendete den Bau. Das tonnengewölbte Dach besteht aus Steinplatten, die ohne Verbindungsmaterialien ineinandergreifen.

3 Grabmal des Bischofs Juraj Šižgorić: Gleich rechts neben dem Eingang im ersten Joch befindet sich das sehenswerte Grabmal des Bischofs und Humanisten Juraj Šižgorić. Es entstand 1454 nach Entwürfen von Dalmatinac.

4 Dreikönigsaltar: Der Dreikönigsaltar im zweiten Joch links vom Eingang zeigt Marmorreliefs von Niccolò Fiorentino und ein Gemälde von Bernardo Rizzardi.

5 Heiligkreuzaltar: Den Heiligkreuzaltar rechts vor der Vierung schuf ein Künstler aus Split um die Mitte des 15. Jahrhunderts.

6 Hauptaltar: Hauptaltar und Holzkanzel stammen aus der Barockzeit.

7 Baptisterium: Eine schmale Treppe rechts der Vierung führt in die Taufkapelle mit vier gewölbten Apsiden und einem Taufbecken. Andrija Aleši vollendete das von Dalmatinac begonnene Werk.

8 Schatzkammer: In der Schatzkammer werden Arbeiten des Šibeniker Goldschmieds Horacije Fortezza aus dem 16. Jh. gezeigt.

Funde aus dem griechischen Issa sind im Museum ausgestellt, das in einem k. u. k. Fort residiert. Während der Napoleonischen Kriege (1811–1815) war die Insel von den Engländern besetzt, die hier auch im Zweiten Weltkrieg einen Stützpunkt hatten. Tito errichtete für kurze Zeit sein Hauptquartier in einer Höhle am Berg Hum. Eine Wanderung über die Klippen westlich des Hafens führt zum Fort Georg III., von dem aus sich ein Blick über die Bucht bis nach Hvar eröffnet.

Auf der anderen Seite der Bucht führt ein Bummel durch den Vorort Kut zu einem englischen Friedhof mit Ehrenmalen für die Opfer der Napoleonischen Kriege und die »Genossen von Titos Befreiungskampf«.

Von der Stadt Vis aus fahren Busse vorbei an Weinbergen und steilen Terrassen zum Fischerhafen Komiža. Das malerische Örtchen hat sich im Gegensatz zur Inselhauptstadt ein entspanntes Flair bewahrt. Das Fischereimuseum im Kastell illustriert traditionellen Fischfang.

Im Sommer werden Schiffsausflüge von Komiža zur Blauen Grotte (Modra Špilja) auf der Insel Biševo angeboten. Wenn die Sonne mittags durch einen Felsspalt die Höhle beleuchtet, erstrahlt das Meer in unwirklichem, türkisfarbenem Licht. Vis besitzt eine buchtenreiche Küste. Traumstrände sind von den Hauptstraßen oft zu Fuß zu erreichen, so Uvala Travna oder Uvala Štinina, beide bei Plisko Polje.

→216 A2
Touristeninformation
✉ Šetalište Stare Isse 5 ☎ 021 717 017
🌐 www.tz-vis.hr

51 Makarska

An der Riviera von Makarska reihen sich im Schatten des Biokovo-Massivs schöne, flach abfallende Kiesstrände aneinander. Ehemalige Fischerdörfer wie Brela, Baška Voda, Tučepi und Podgora sind attraktive Ferienorte. Die Stadt Makarska liegt in einer hufeisenförmigen Bucht, in der es in der Hochsaison hoch hergeht. Der Pauschaltourismus hat hier die größten Wunden in Dalmatien hinterlassen, dennoch ist sie dank der Strände ein beliebter Ferienort.

Über der Küste erhebt sich das Gebirgsmassiv Biokovo, dessen Gipfel Sveti Jure (1762 m) der zweithöchste Kroatiens ist. Wandern Sie an einem klaren Tag hinauf – Lohn der Mühen: die Fernsicht bis nach Italien!

→217 D3
Touristeninformation
✉ Obala Kralja Tomislava 16
☎ 021 612 002 🌐 www.makarska-info.hr

Das Biokovo-Massiv säumt die wunderbaren Strände der Rivijera Makarska.

Wohin zum ... Übernachten?

Preise für ein Doppelzimmer pro Person und Nacht in der Hochsaison:

€	unter 400 Kn
€€	400–800 Kn
€€€	über 800 Kn

BRAČ

Palaca Dešković €€€
Dieser Palast aus dem 15. Jh. in der Nähe des Hafens von Pučišća wurde von der Gräfin Dešković in ein kleines Luxushotel umgebaut. Der Ort ist für den Marmor aus der Umgebung bekannt.
216 C3 Pučišća, Put Sv. Jerolima
021 77 82 40 www.palaca-deskovic.com

HVAR

Kod Kapetana €€€
Das Restaurant präsentiert sich nach einem Facelifting schick und modern; die Küche hat sich neuen Einflüssen geöffnet und überzeugt mit ihrer Fusion kroatischer und mediterraner Traditionen. Dazu kommt der romantische Blick auf den Hafen von Hvar.
216 B3 Fabrika 30, Hvar 021 74 22 30
https://kodkapetana.fullbusiness.com
tägl. 12–15, 18–23 Uhr

Riva/Palace €€–€€€
Das Riva am Hafen ist ein edles Boutique-Hotel. Es ist das erste kroatische Mitglied des Clubs »Small Luxury Hotels of the World«. Dazu gehört auch das Mittelklassehotel Palace, das sich in dem alten venezianischen Gouverneurspalast mit Uhrenturm und Loggia an der Hauptstraße befindet.
216 B3 Riva, Hvar
021 75 05 00 www.suncanihvar.com

NACIONALNI PARK KRKA

Skradinski Buk €€
Die meisten Touristen besuchen die Wasserfälle im Rahmen eines Tagesausflugs von der Küste aus. Wer den Nationalpark genauer erkunden will, sollte in diesem Familienhotel in einem restaurierten Stadthaus in der Hafenstadt Skradin sein Quartier aufschlagen. Die 28 Zimmer sind einfach eingerichtet; von der Terrasse blickt man auf das Wasser. Die Anlegestelle für die Boote zum Nationalpark liegt nur 300 m entfernt.
215 E2 Burinovac, Skradin
022 77 17 71 www.skradinskibuk.hr

SPLIT

Peristil €€€
Das Peristil war bei seiner Eröffnung 2005 das erste Hotel innerhalb der Mauern des Diokletianpalasts. Es ist eine kuriose Mischung aus Altem und Neuem mit römischen Bögen und antiken Mauern.
216 B4 Poljana Kraljice Jelene 5
021 32 90 70 www.hotelperistil.com

VIS

San Giorgio €€€
Das zauberhafte, familiäre Hotel in der Altstadt von Vis überzeugt mit geschmackvoll-modern gestalteten Zimmern und einem sympathischen Restaurant. Zum Haus gehören eine Kellerei und eine Vinothek mit Weinverkostung.
216 B2 Ul. Petra Hektorovića 2, Vis
021 71 13 62 www.hotelsangiorgiovis.com

Wohin zum ... Essen und Trinken?

Preise für ein Essen mit Vorspeise, Hauptgericht und Salat ohne Getränke:

€	unter 150 Kn
€€	150–300 Kn
€€€	über 300 Kn

BRAČ

Palute €€
Das beliebte Restaurant liegt direkt an der Uferpromenade in Supetar, unweit des Anlegers der Fähre aus Split. Die Karte bietet eine große Auswahl gegrillter Fleisch- und Fischgerichte zu fairen Preisen. Fans guter

traditioneller Küche wählen den Schafskäse, gefolgt von Lamm mit Beilagen. Die Familie betreibt auch eine komfortable Frühstückspension in fußläufiger Entfernung zum Hafen.
216 C4 Porat 4, Supetar
021 63 17 30 tägl.10–23 Uhr

Ribarska Kučica €€
Selten sitzt man an einem so romantischen Platz: ein Steinhaus am Meer, Tische und Stühle am Strand, gute mediterrane Küche, Romantik pur. Nur das Personal hält da leider nicht ganz mit. Langsam, gelegentlich unfreundlich.
Ul. Ante Starčevića, Bol 021 63 50 33
www.ribarska-kucica.com tägl. 9–1 Uhr

HVAR

Eremitaž €€
Unweit des Kirchleins Sv. Jerolim nördlich von Stari Grad und direkt am Wasser gelegen bietet das Restaurant ein romantisches Ambiente und gute dalmatinische Küche. Unter den Gerichten sticht besonders die wirklich frische Fischplatte hervor. Im Herbst werden Wildgerichte serviert. Als Dessert sollten Sie die Feigen in Brandteig mit Orangen-Honig-Sauce nicht verpassen.
216 C3 Obala hrvatskih branitelja 1, Stari Grad 091 542 83 95
Juni–Sept. tägl. 12–15, 18–24 Uhr

Konoba Menego €€
Dinieren Sie bei Kerzenlicht oder im Freien. Die familiengeführte Taverne befindet sich an den Treppen vom Hafen zum Kastell. Hier ist alles hausgemacht oder stammt aus der Umgebung, vom Wein bis hin zum Ziegenkäse mit Honig. Üppig belegt sind die Fleisch- und Fischplatten, lobenswert die Auswahl vegetarischer Gerichte. Zum Nachtisch empfehlen sich die »betrunkenen Feigen«, mit Mandeln gefüllt und in Weinbrand getränkt.
216 B3 Groda, Hvar 021 71 74 11
April–Okt. tägl. 12–14, 17–23 Uhr

Zlatna Školjka €€€
Die »Goldene Muschel« im Restaurantviertel der Stadt Hvar serviert Slow-Food-Gerichte unter Verwendung heimischer Produkte und entwickelt traditionelle Gerichte weiter. Auf der Speisekarte finden sich Spezialitäten wie Ziegenkäse in Olivenöl, Gnocchi mit Mandeln, mit Ziegenkäse gefülltes Fleisch oder Kaninchen mit Feigen. Im Juli und August ist eine Reservierung ratsam.
216 B3 Ulica Petra Hektorovića 8, Hvar
098 168 87 97 http://zlatna.skoljka.com
Sommer tägl. 12–15, 19–23 Uhr

SPLIT

Kod Jože €€
Versteckt in einem alten Steinhaus in einer ruhigen Gasse nahe dem Strossmayerov-Park liegt diese ausgezeichnete »Konoba« (Taverne) mit erstklassigen Fleisch- und Fischgerichten. Die Spezialität des Hauses ist frischer Fisch, besonders Seebarsch, Petersfisch, Hummer und Tintenfisch; außerdem gibt es gegrilltes Gemüse und Mangoldrisotto. Die Auswahl an Steaks ist hervorragend: Probieren Sie einmal die mit dalmatinischem Schinken und Käse gefüllte Variante. Gegessen wird auf der schattigen Terrasse und im Restaurant, das mit Weinfässern und Fischernetzen dekoriert ist.
216 B4 Ulica Sredmanuška 4
021 34 73 97 Mo–Fr 10–24, Sa–So 12–24 Uhr

TROGIR

Konoba Trs €€
Der schattige Innenhof dieses hübschen Restaurants ist eine Oase des Friedens. Hier schmeckt die auf den ersten Blick sehr traditionelle dalmatinische Küche besonders gut – und das auch, weil der Küchenchef die Tradition sehr geschickt und schmackhaft durch moderne Fusionküche ergänzt.
Matje Gubca 14 021 79 69 56
http://konoba-trs.com tägl. 11–22 Uhr

VIS

Lola €€€
Eine Überraschung erwartet die Gäste dieses bezaubernden Lokals in Vis-Stadt, das seinen romantischen Garten hinter hohen

Mauern im Stadtzentrum verbirgt. Allein die im Vintage-Stil mit viel Fantasie gestaltete Einrichtung unterscheidet sich wohltuend vom immer gleichen maritimen Schnickschnack. Das Essen basiert auf traditionellen dalmatinischen Rezepten, variiert sie aber mit modernen Küchentrends wie Sushi, Tapas oder Burger. Dabei wird großer Wert auf regionale Produkte gelegt – das Lola besitzt sogar einen eigenen Gemüsegarten auf dem Festland, weswegen hier alles erntefrisch auf den Tisch kommt.
216 B2 Matije Gupca 12, Vis Stadt
095 955 63 32 47 www.lolavisisland.com
Sommer 18–24 Uhr

Wohin zum ... Einkaufen?

Die besten Einkaufsmöglichkeiten bieten die Städte Split, Šibenik, Trogir und Zadar. Im schicken Hvar finden Sie modische und extravagante Boutiquen. Überdies hat jede Insel ihre eigene Spezialität – in Hvar ist es der Lavendel, in Brač der Marmor, in Vis der Wein.

HVAR UND VIS

Wo auch immer man auf Hvar hinkommt, überall wird **Lavendel** verkauft – als Trockenblumen, Öl, Seife oder Shampoo. Ein anderes außergewöhnliches Souvenir von der Insel sind die **Spitzen**, die aus Agavenfasern gefertigt werden. Sowohl auf Hvar als auch auf Vis findet man Kellereien, die den heimischen **Wein** verkaufen. Auf Vis empfehlen sich der trockene Weißwein Vugava und der rote Viški Plavac.

SPLIT

Die meisten Geschäfte befinden sich in der belebten Fußgängerzone. In der Hauptstraße **Marmontova** haben sich viele schicke Boutiquen mit Damenbekleidung und einer großen Auswahl an Schuhen niedergelassen. Die Stände in den unterirdischen Gewölben des **Diokletianpalasts** bieten ein buntes Sortiment an Kunsthandwerk und den billigen Souvenirs, wie es sie sonst auch überall gibt.

Wohin zum ... Ausgehen?

Auf den dalmatinischen Inseln und an der Küste hat man die Qual der Wahl: Man kann surfen, tauchen und raften, aber auch einfach nur gemütlich in einer Bar am Wasser sitzen.

MUSIK UND THEATER

Marmontova, Split

Viele Küstenorte organisieren im Sommer **Kulturfestivals** mit Konzerten und Vorstellungen in Kirchen sowie Open-Air-Veranstaltungen im Juli und August. Besonders schön sind die Aufführungen mittelalterlicher und barocker Musik sowie Kammermusik in der **Donatkirche in Zadar** sowie die Konzerte in der **Kathedrale von Trogir** und im Innenhof der Festung **Kamerlengo**.
Das überragende Ereignis in Split ist der **Spliter Sommer** (www.splitsko-ljeto.hr). Höhepunkt ist die alljährliche Aufführung einer Verdi-Oper. Sehen und gesehen werden heißt es in der **Antiq Bar** an der Riva vor dem Diokletianpalast. Also rein in die schicken Klamotten, einen Drink bestellen und schauen, wer so vorbeikommt!
In der Stadt Hvar lohnt sich der Besuch eines Konzertes im **Franziskanerkloster**.
Mit dem **Carpe Diem** besitzt Hvar einen der berühmtesten Beach-Clubs Kroatiens (www.carpe-diem-hvar.com).

Dubrovnik verzaubert – mit der spektakulären Lage am Meer, der faszinierenden Architektur und dem mediterranen Flair.

Dubrovnik und Süddalmatien

Eine grandiose Szenerie: das blaue, glitzernde Meer, trutzige Festungen und natürlich die »Perle der Adria«.

Seite 150–173

Erste Orientierung

Dubrovnik ist unzweifelhaft das Zentrum der süddalmatinischen Küstenregion. Die Stadt mit ihrer hervorragend erhaltenen Stadtmauer wurde vom englischen Dichter Lord Byron (1788–1824) zu Recht als »Perle der Adria« bezeichnet.

Während der größte Teil Dalmatiens von Venedig kontrolliert wurde, war Dubrovnik 450 Jahre lang Mittelpunkt des mächtigen Stadtstaats Ragusa. Dieser zollte den osmanischen Sultanen und ungarischen Königen einen fiktiven Tribut, weigerte sich jedoch, von ihnen regiert zu werden. Während des goldenen 15. und 16. Jhs. wurde die Stadt durch den Seehandel reich und stieg zum »Athen Kroatiens« auf. Die Stadt war ein Schmelztiegel verschiedener Kulturen und ein Anziehungspunkt für die brillantesten Künstler, Wissenschaftler, Kartografen und Seeleute der damaligen Zeit. In diese Blütezeit fällt auch der Bau der mächtigen Stadtbefestigung.

Während der Belagerung 1991/92 wurde Dubrovnik stark zerstört. Dank eines meisterhaften Wiederaufbaus hat man heute jedoch wieder das Gefühl, sich in einem zum Leben erwachten Freilichtmuseum aus Kirchen, Palästen, Cafés und mit Marmor gepflasterten Gassen zu befinden.

Dubrovnik ist ein guter Ausgangspunkt für die Erkundung Süddalmatiens: Von hier ist es nicht weit zu den Inseln Mljet, Lopud und Šipan, zu den Weinbergen der Halbinsel Pelješac und nach Korčula. Nördlich von Dubrovnik führt die Magistrala auf dem Weg ins Neretva-Delta, wo die meisten Zitrusfrüchte Kroatiens angebaut werden, ein kurzes Stück durch Bosnien und Herzegowina. Im Süden befindet sich hinter dem hübschen Badeort Cavtat das fruchtbare Konavle-Tal, eingezwängt zwischen den Bergen Bosniens und Montenegros.

TOP 10

❶ ★★ Dubrovnik

❽ ★★ Korčula

Nicht verpassen!

㊾ Mljet

Nach Lust und Laune!

53 Lastovo

54 Pelješac

55 Trsteno

56 Elafitski Otoci (Elaphitische Inseln)

57 Lokrum

58 Cavtat

Mein Tag mit Insel-Hopping

Beim Inselhüpfen mit dem Fährschiff lernen Sie die Dubrovnik vorgelagerten Elaphitischen Inseln kennen. Von den 13 Inseln sind nur drei bewohnt und werden regelmäßig ab Dubrovnik angefahren. Venezianische Hafenorte, üppig-grüne Natur und Traumbuchten erwarten Sie. Packen Sie stabile Schuhe und Badezeug ein und überprüfen Sie vorher die Fährzeiten – sie können mit der Saison variieren.

9 Uhr: Ab auf die Fähre!

Abfahrt vom Fährhafen Dubrovnik-Gruž mit der Autofähre zur Insel Šipan. Und bitte nicht verwechseln: Sie fahren mit der Autofähre, nicht mit dem alten Postschiff – das kommt aber auch noch dran! Vorbei an weiteren 56 Elaphitischen Inseln und mit tollem Blick aufs Festland erreichen Sie nach eineinhalb Stunden Šipan.

10.30 Uhr: Wandern mit Panorama

Nach der Ankunft in Suđurađ spazieren Sie in etwa einer Stunde bergauf zur Wehrkirche Sv. Duh (Rkt Crkva-Tvrđava sv. Duha) und in einem Bogen über den Hügel Sv. Ilja mit tollem Blick über die Elaphiten zurück nach Suđurađ. Bei der Kaffeepause am Hafen haben Sie Gelegenheit, einen Blick auf die

10.30 Uhr: Wandern mit Panorama
18 Uhr: Das Festland ruft
5 km
3 mi
Šipan
10.30 Uhr
Suđurađ
Crkva-Tvrđava sv. Duha
Lopud
14.30 Uhr
56
Sunj
Lopud
Koločep
Villa Ruža
12 Uhr
Koločep
18 Uhr
Start/ Ende
9 Uhr
1
57
12 Uhr: Spazieren auf Koločep
14.30 Uhr: Nochmal auf die olle Jolle
9 Uhr: Ab auf die Fähre!

Das Inselhüpfen wird von allerhand Highlights versüßt – ab Suđurađ können Sie beispielsweise eine kleine Wanderung unternehmen, aber der Tag hält auch noch Badefreuden, das eine oder andere Kaffeepäuschen und natürlich immer wieder den Blick aufs glitzernde Meer bereit.

Renaissancevilla der Ragusaner Adelsfamilie Skočibuha zu werfen. Sie ist eigentlich mehr eine Festung mit Ausguck – man hatte stets Angst vor Piraten – und leider nicht zu besichtigen. In der Blütezeit Dubrovniks/Ragusas standen hier viele solche Anwesen; die meisten sind heute aber nur noch Ruinen.

12 Uhr: Spazieren auf Koločep

Um 11.55 Uhr geht es mit der Fähre (diesmal das alte Postschiff Postira) nach Koločep, wo Sie um 12.35 Uhr ankommen. Koločep ist die einzige Elaphiteninsel, auf der es mehrere große Hotels gibt. Der Spaziergang um die üppig grüne Hafenbucht endet am Restaurant Villa Ruža, wo Sie ein feines Mittagessen mit fantastischem Blick auf Insel und Festland genießen. Wenn noch Zeit bleibt, lockt ein Sprung ins glasklare Meer.

14.30 Uhr: Nochmal auf die olle Jolle

Um 14.35 Uhr ist Abfahrt des Fährschiffs nach Lopud, und schon 20 Minuten später wird auf der Nachbarinsel im gleichnamigen Städtchen angelegt. Nach einem kurzen Bummel entlang der Uferpromenade geht's durch fruchtbare Landschaft über den Inselhügel an die Südküste zum Sunj-Strand (30 Min.) Hier ist Baden angesagt, und es gibt echten Sand! Keine

Wenn das Postschiff in Koločep angelegt hat, machen Sie sich zu einem kleinen Spaziergang um die hübsche Hafenbucht auf. Im Anschluss belohnen Sie sich mit einem feinen Gericht – und spätestens, wenn Sie am Sunj-Strand auf Lopud den Sand unter Ihren Füßen spüren, sollten Sie den Sprung ins erfrischende Nass wagen.

sonst so typischen Felsen weit und breit! Gegen Hunger und Durst gibt es einen Kiosk. Gegen 17 Uhr (Juli/Aug. 18 Uhr) sollten Sie aufbrechen und zum Hafen zurückwandern. Dabei lohnt ein Halt an einer eigenwilligen Kunstinstallation: »Your black horizon« heißt das Werk des isländischen Künstlers Olafur Eliasson. Gehen Sie hinein und lassen Sie sich überraschen von dem schwarzen Horizont! Zurück in Lopud-Stadt vergeht die Wartezeit auf die Ankunft der Fähre bei einem Aperitif im Café mit Blick über die Inseln im Nu!

18 Uhr: Das Festland ruft

Um 18.05 (im Juli/Aug. 18.50 Uhr) startet die Fähre. ❶ ★★ Dubrovnik erreichen Sie schon eine Stunde später. Es bleibt also genug Zeit, um sich frisch zu machen, bevor man in der Stadt schön essen geht.

Fähren: Fahrplan und Preise unter www.jadrolinija.hr
Villa Ruža ✉ Donje Čelo, Koločep ☎ 020 757 030 🌐 www.villa-ruza.com, tägl. 11–0 Uhr €€

❶ ★★ Dubrovnik

Was?	Bummeln, Staunen und Genießen
Warum?	Von einer mächtigen Mauer umgürtete Altstadt, zahllose Cafés, romantisches Flair
Wann?	April bis November, möglichst nicht im Juli/August
Wie lange?	Einen bis vier Tage
Resümee	Eine der faszinierendsten Städte an der kroatischen Adria

Dubrovnik ist das unbestrittene Juwel in Kroatiens Krone: In den schmalen Gassen reihen sich Palazzi aus Gotik und Renaissance aneinander, in denen schicke Restaurants und topmodische Boutiquen zum Bummeln und Verweilen laden. Vergangenheit und Gegenwart verschmelzen zu einem faszinierenden Gesamtkunstwerk.

Besucher fühlen sich in Dubrovnik ins Mittelalter oder die Serie »Game of Thrones« versetzt, denn das Fantasy-Abenteuer wurde zu vielen Teilen in der wunderbar intakten Altstadt und auf deren Mauern und Festungen gedreht. Eine durchaus passende Rolle für Dubrovnik, denn von 1358 bis 1808 herrschte von hier aus die unabhängige Stadtrepublik Ragusa, die zu den reichsten Städten Europas zählte und die angeblich drittgrößte Handelsflotte der Welt besaß.

Ein Kulturerbe in Gefahr

Im Jahr 1667 brachte ein verheerendes Erdbeben großes Unglück über die Stadt, und sie musste zu einem großen Teil neu errichtet werden. Dem Wiederaufbau im exakt festgelegten, einheitlichen Stil verdankt Dubrovniks Flaniermeile Stradun ihr heutiges, überaus elegantes Aussehen.

Doch auch die neuere Geschichte machte keinen Halt vor der altehrwürdigen Stadt: Während der Belagerung 1991/92 beschädigte serbischer Granatenbeschuss mehr als 70 % der Altstadthäuser. Schlendert man heute durch Dubrovnik, sieht man zum Glück jedoch nur noch wenige Spuren des jüngsten Krieges: Die Stadt hat wieder zu ihrem alten Selbstvertrauen gefunden, und auch die Touristen sind längst zurück.

In Dubrovniks Altstadt lässt es sich wunderbar umherschlendern – allerorten locken Sehenswürdigkeiten zur Erkundung oder Cafés zum Verweilen.

Mächtige Mauern, imposante Tore

Dubrovniks Altstadt innerhalb des Mauergürtels ist autofrei. Die meisten Busse halten vor dem Pile-Tor (Vrata od Pile). Dieses erreichen Sie über eine Steinbrücke und eine hölzerne Zugbrücke. Dies ist der westliche Stadteingang. Über dem Torbogen befindet sich eine Statue des hl. Blasius, eines armenischen Bischofs aus dem 3. Jh., der als Märtyrer starb. Er wurde Schutzpatron von Dubrovnik, nachdem er einem Priester im Traum erschienen war und diesen vor einem Angriff der Venezianer gewarnt hatte. Das Pile-Tor führt direkt zur Hauptstraße der Altstadt, der Stradun. Der andere Haupteingang zur Stadt, das Ploče-Tor (Vratad Ploče), liegt am östlichen Ende Dubrovniks.

Die bis zu 6 m breite und bis zu 25 m hohe Stadtmauer umgürtet die Altstadt auf rund 2 km Länge. Bollwerke und Türme wie die Festung Tvrđava Minčeta des Florentiners Michelozzo Michelozzi verstärken den wehrhaften Charakter. Von oben erleben Sie Einblicke in den Alltag der Altstadtbewohner (ja, es gibt sie wirklich!), sehen in die Hinterhöfe und Gärten, genießen die Aussicht über das Meer zur Insel Lokrum oder über das Pile-Tor zur Festung Lovrijenac. Der Rundgang kann am Pile-Tor, alternativ am Ploče-Tor oder an der Tvrđava Sv. Ivana beginnen und verläuft entgegen dem Uhrzeigersinn.

Die Stradun: elegante Flaniermeile mit historischem Flair

Der bekannteste Boulevard Kroatiens ist sowohl belebte Einkaufsstraße als auch Ort des abendlichen »Korzo«. Ursprünglich bildeten prächtige Paläste die Straßenfront, nach dem Erdbeben wurden die Häuser jedoch einheitlich wiederaufgebaut – seitdem besitzen alle Häuser Torbögen im Erdgeschoss und grüne Fensterläden in den oberen Stockwerken.

Auf der Stradun kann man vor edler Kulisse flanieren und einkaufen,

Am Ostende erweitert sich die Stradun unterhalb des Uhrturms zum Luža-Platz mit der Roland-Statue (S. 187) in seiner Mitte. Die südliche Seite des Platzes begrenzt die Kirche St. Blasius (Sv. Vlaha), die einen Altar mit einer Statue des Heiligen aus dem 15. Jh. besitzt. Ihr gegenüber erhebt sich der Sponza-Palast, Ragusas ehemaliges Zollhaus im Stilmix von Gotik und Renaissance und eines der wenigen Gebäude, die das Erdbeben überstanden haben.

Klosterschätze

Wer die Stadt durch das Pile-Tor betritt, stößt unmittelbar auf das Franziskaner-Kloster aus dem 14. Jahrhundert. Es wartet mit einem Kreuzgang mit zierlichen Säulen sowie sakralen Schätzen im Klostermuseum auf. Unweit des Kreuzgangs befindet sich eine Apotheke aus dem Jahr 1317 – sie soll die älteste ununterbrochen betriebene Apotheke Europas sein.

Die Kirche des Dominikanerklosters aus dem 15. Jh. mit romantischem Kreuzgang, in dem Orangenbäumchen Früchte tragen, erreicht man über eine Treppe innerhalb des Ploče-Tores. Im Klostermuseum befindet sich ein Bild der Maria Magdalena aus der Werkstatt Tizian (ca. 1488–1576) sowie eines der Jungfrau Maria mit Kind von Ivan Meštrović (1883–1962).

Kathedrale mit wunderlichen Reliquien

Dubrovniks barocke Kathedrale wurde 1713 vollendet. Weiße Wände vermitteln Licht und Raum, die Schatzkammer hinter dem Altar bildet dazu einen auffallenden Gegensatz; sie zeigt eine Ausstellung filigraner, mitunter makabrer

Magischer Moment

Lounge hinter der Mauer

»Cool Drinks« steht auf den Schildern, die hinter der Dubrovniker Kathedrale treppauf an die Stadtmauer und zu einer schmalen Scharte im Gemäuer führen. Dahinter steil zum Meer abfallende Felsen, auf den wenigen flachen Stellen dazwischen Cafétischchen und Stühle, dazu Lounge-Musik und das Plätschern der Wellen. Die Buža-Bar (Ulica Ilije Sarake) ist, obwohl längst kein Geheimtipp mehr, ein verzaubernder Ort. Einen kühlen Drink in der Hand, vor sich das Wogen der See, die an Dubrovniks Küstenlinie brandet, die Silhouette eines Fischerbootes in der Ferne … der Himmel auf Erden!

Wer den alten Rektorenpalast betritt, gerät ob so viel Erhabenheit leicht ins Staunen.

Gold- und Silberarbeiten: Aufbewahrt werden unter anderem ein Kopfreliquiar des hl. Blasius und ein Kästchen aus dem 16. Jh., in dem eine Windel von Jesus liegen soll.

Rektor im Arrest

Dubrovniks Stadtmuseum befindet sich im Rektorenpalast, dem früheren Regierungssitz der Republik Ragusa. 1435 bis 1461 errichtet, wurde er nach dem Erdbeben von 1667 originalgetreu wiederaufgebaut. Der Knez (Rektor) durfte während seiner Amtszeit, die nur einen Monat dauerte, den Palast nicht verlassen. Ein Rundgang umfasst die Staatsgemächer sowie den früheren Kerker. Während der Sommerfestspiele finden im Hof klassische Konzerte statt.

KLEINE PAUSE

Lust auf ein Picknick? Dann decken Sie sich einfach auf dem Markt **Gunduliceva Poljana** mit regionalen Leckereien ein.

Gunduliceva Poljana: unweit der Kathedrale, tägl. 7–18 Uhr

---

i

218 B1

Touristeninformation
220 A3 Brsalje 5 020 31 20 11
www.tzdubrovnik.hr

Stadtmauern
Nov.–März. 9–15, April–Mai, Aug.bis Sept. 8–18.30, Juni–Juli 8–19.30, Okt. 8–17.30 Uhr 150 Kn

Franjevački Samostan
220 A2 Stradun 2 tägl. 9–18, Winter 9–17 Uhr 30 Kn

Dominikanski Samostan
220 C2 Ulica Svetog Dominika
tägl. 9–18 Uhr 30 Kn

Katedrala
220 B/C1 Pred Dvorom
Sommer Mo–Sa 9–17, So 11–17, Winter Mo–Sa 9–12, 16–17, So 11–17 Uhr
Schatzkammer 20 Kn

Knežev Dvor
220 C2 Pred Dvorom Mai–Okt. tägl. 9–18, Nov.–April Mo–Sa 9–16 Uhr 80 Kn

❽ ★★ Korčula

Was?	Vom Meer umspülte mittelalterliche Altstadt
Warum?	Um beim Inselhüpfen auch etwas Stadtluft zu schnuppern
Wann?	Wenn Sie nach einem Sonnenbad am Strand Lust auf ein wenig Abwechslung haben.
Wie lange?	Ein paar Stunden
Resümee	Marco Polo, Säbeltänzer und Tintorettos Jugendwerk

Die von venezianischen Mauern und wehrhaften Türmen nahezu vollständig umgürtete Stadt wirkt auf ihrer Halbinsel wie eine Miniaturausgabe von Dubrovnik. Jahrhundertelang war sie Venedigs Vorposten an der Grenze zu Ragusa, deren Einflussbereich dem Städtchen gegenüber auf der Halbinsel Pelješac begann.

Die Insel, der Korčula-Stadt ihren Namen verdankt, zählt zu den fruchtbarsten Eilanden der kroatischen Adria; Wein- und Obstgärten wechseln sich mit Pinien- und Zypressenhainen ab, von denen viele Hunderte von Jahren alt sind. Felsbuchten laden zu einem Sprung ins glasklare Wasser. Hier lassen sich Kultur und Erholung perfekt verbinden. Am einfachsten erreicht man die Insel Korčula mit der regulär von Orebić auf die Halbinsel Pelješac übersetzenden Autofähre; diese legt in Dominće, 2 km südlich der Stadt Korčula, an. Wer ohne Auto

Das Landtor (oben) ist der Haupteingang zur Altstadt.

Der Platz am Palais Gabrielli (links) verlockt zum Spielen.

unterwegs ist, kann auch die Katamarane ab Dubrovnik oder Hvar wählen, die direkt im Hafen von Korčula anlegten.

Ein majestätisches Entrée

Der imposante Hauptzugang zur malerischen Altstadt verläuft durch das Landtor (Kopnena Vrata), das man über die breiten Stufen erreicht, die zum Revelin-Turm führen. Über dem Torbogen sehen Sie ein Relief des geflügelten venezianischen Markuslöwen. Der aus dem 15. Jh. stammende Turm wurde restauriert und beherbergt nun eine Dauerausstellung (Sommer tägl. 9–21, April/Mai 10–18 Uhr, Eintritt 20 Kn) über die Moreška-Säbeltänzer (S. 25f), die im Sommer Montag- und Donnerstagabend in ihren farbenprächtigen Kostümen vor der romantischen Altstadtkulisse auftreten.

Marco Polos Heimathafen

Eine einzige Straße durchschneidet die gesamte Altstadt, von ihr zweigen enge Gassen beidseitig zum Meer hin ab. Bis zum kleinen Marktplatz ist es ein kurzer Weg: Er wird beherrscht von der Kathedrale St. Markus, mit deren Bau im 13. Jh. begonnen wurde. Während der nachfolgenden 300 Jahre wurde sie in einem Stilmix aus Gotik und Renaissance fertiggestellt. Beachten Sie das Altarbild – es ist wahrscheinlich ein Jugendwerk Tintorettos. Die Schatzkammer der Kathedrale (Sommer Mo–Sa 9–19, April, Okt. bis 17 Uhr, Eintritt 25 Kn) zeigt auch ein Altarbild aus dem 15. Jahrhundert. Das Stadtmuseum (Juli–Sept. Mo–Sa 9–21, April–Juni 10–14, Okt.–März 10–13 Uhr, Eintritt 20 Kn) residiert in einem Palast aus dem 16. Jh. auf der anderen Seite des Platzes und zeigt eine Ausstellung über traditionelle Gewerbe wie Bootsbau, Fischerei und Steinmetzkunst. In der Nähe befindet sich das Marco-Polo-Haus, das angebliche Geburtshaus des Marco Polo (1254–1324), dessen Turm man besteigen kann (Sommer tägl. 9–21, sonst 10–14 Uhr, Eintritt 20 Kn).

Massimo Cocktail Bar: Šetalište Petra Kanavelića, Tel. 385 99 214 45 68

KLEINE PAUSE

Die **Massimo Cocktail Bar** auf dem Zakerjan-Turm ist ein wunderbarer Ort für einen Aperitif hoch über dem Meer.

---

i

217 D2

Touristeninformation
Obala Franje Tuđmana ☎ 020 715 701
www.visitkorcula.eu

52 Mljet

Was?	Sich auf einer zauberhaften Insel entspannen
Warum?	Um unter Bäumen ein wenig im Schatten auszuruhen
Wann?	Wenn Ihnen nach einem Ausflug in die üppige Natur ist.
Wie lange?	Ein Tag darf es schon sein – außer Sie wollen es Odysseus gleichtun: Er blieb sieben Jahre.
Was noch?	Ein hübsches Kloster
Resümee	Wälder, Salzseen, das Meer und ein Nationalpark

Die südlichste der bekannteren kroatischen Inseln ist ein wunderschönes Fleckchen Erde mit Pinien und Eichenwäldern, steilen Klippen, Salzwasserseen und kleinen Buchten.

Mljet ist 37 km lang und nur 3 km breit. Für die Kroaten ist die Insel ein mystischer Ort: Hier soll die Nymphe Kalypso Odysseus verführt und den Schiffbrüchigen in ihrer Höhle an der Südküste sieben Jahre lang gefangen gehalten haben. Wer die Geschichte nachlesen möchte: Homer erzählt den Mythos im fünften Gesang seiner »Odyssee«.

Geschützte Inselnatur

Die meisten Touristen besuchen als Tagesausflügler den 31 km² großen Nacionalni Park Mljet im westlichen Teil der

Im Veliko Jezero träumt ein Benediktinerkloster weltvergessen vor sich hin.

Insel, dessen Natur von Pinienwäldern und zwei Salzwasserseen geprägt ist. Mljet ist übrigens der einzige Ort in Europa, wo es wilde Mungos gibt. Sie wurden 1910 angesiedelt, um die Schlangen auf der Insel zu dezimieren, und sind inzwischen selbst zur Landplage geworden. Schiffsverbindungen nach Mljet gibt es im Sommer per Katamaran von Dubrovnik nach Polače (ca. 1,5 Std., www.gv-line.hr) oder per Autofähre von Prapatno nach Sobra (Halbinsel Pelješac, ca. 1 Std., www.jadrolinija.hr). Während der Hochsaison im Sommer werden von Dubrovnik, Cavtat, Korčula und Orebić aus auch Ausflüge in den Nationalpark organisiert.

Tickets und einen Plan erhalten Sie am Hafenkiosk in Polače. Im Eintrittspreis inbegriffen ist der Minibus-Transfer zum Hauptquartier des Nationalparks in Pristanište.

Um den See zur Klosterinsel

Ebenso inbegriffen ist die Bootsfahrt von Pristanište oder der Stari Most zur Insel St. Maria – fast jeder Kroate kennt das Motiv mit dem Benediktinerkloster aus dem 12. Jh. auf einer kleinen Insel mitten im Veliko Jezero, dem größeren der beiden Salzseen, die durch einen schmalen Kanal mit dem Meer verbunden sind. Es wird seit Jahren renoviert und beherbergt im Sommer ein nettes Restaurant.

Lohnend ist auch der Spazierweg, der hinter den Ruinen eines römischen Palastes aus dem 4. Jh. beginnt. Er führt zum Ufer des Veliko Jezero. Ein Fußweg umrundet außerdem die beiden Seen, die bei der Stari Most (Alte Brücke) zusammentreffen. Hier kann man im Sommer Räder, Kanus und Ruderboote leihen. Eine Wanderung auf den Gipfel des Montokuc (253 m), den höchsten Punkt des Nationalparks, wird mit der Sicht über die Insel belohnt. Der Weg ist vom Ufer des Veliko Jezero, nahe Pristanište, ausgeschildert.

Mali Raj: Babine kuće, Nacionalni Park Mljet, Tel. 385 20 74 4115

KLEINE PAUSE

Es gibt einige Cafés und Restaurants an der Promenade in Polače. Im **Mali Raj** am Veliko Jezero gibt es gegrillten Fisch.

---

i

217 F1

Nacionalni Park Mljet
Pristanište 2 · 020 74 40 41
www.np-mljet.hr · 70–125 Kn

Nach Lust und Laune!

53 Lastovo

Die Insel südlich von Korčula gehörte wie Istrien in der Zeit zwischen den beiden Weltkriegen zu Italien. Von 1976 bis 1989 war sie für Ausländer gesperrt. In den letzten Jahren hat sie sich zu einem schicken Urlaubsziel für Segler und Individualtouristen entwickelt. Die Insel ist mit dem Festland durch eine täglich verkehrende Fähre aus Split verbunden. Im Sommerhalbjahr fährt der schnelle Katamaran von Dubrovnik über Mljet nach Korčula bis Lastovo weiter. Die Schiffe kommen im Hafen von Ubli an. Vom Hafenort sind es 10 km nach Lastovo, dem größten Ort der Insel.

Mit einer Bevölkerung von weniger als 1000 Einwohnern erscheint Lastovo wie ein verwunschener Ort. Besucher können über die grüne Insel wandern, an einsamen Stränden schwimmen oder im Sommer Schiffsausflüge zu den unbewohnten Nachbarinseln unternehmen.

Jedes Jahr am Karnevalsdienstag findet auf der Insel einer der seltsamsten Karnevalsumzüge Kroatiens statt: An diesem Tag wird eine Strohpuppe namens Poklad auf einem Esel durch die Stadt geführt und anschließend verbrannt. Dazu führen Tänzer eine lokale Version des Säbeltanzes auf.

217 D1
Touristeninformation
Lastovo ☎ 020 80 10 18
www.tz-lastovo.hr

54 Pelješac

Die lange, gebirgige Landzunge ist in Kroatien für die hochpreisigen Dingač- und Postup-Rotweine bekannt. Eine einzige Straße verläuft über die 90 km lange Halbinsel, die von ihrer Westküste aus eine herrliche Aussicht auf die Inseln Korčula, Lastovo, Mljet, Hvar und Vis bietet.

Mächtig: die Mauern von Mali Ston

Die Zwillingsstädte Mali Ston und Ston bewachen den Zugang zur Halbinsel, befestigt mit Mauern aus dem 14. Jh., die einst das zweitlängste Verteidigungssystem der Welt nach der chinesischen Mauer bildeten. In Ston ist ein Rundgang auf den Mauern möglich; der Abschnitt nach Mali Ston wurde in jüngster Zeit wiederaufgebaut. Von Ston führt eine Straße zum hübschen Strandort Orebić, der von Korčula nur durch einen 2 km schmalen Kanal getrennt ist. Dabei kommt man durch die Weinberge bei Potomje, einem Weinbauzentrum.

217 E2
Touristeninformation
Zrinsko Frankopanska 2, Orebić
020 71 37 18
www.visitorebic-croatia.hr

55 Trsteno

Im 16. Jh. baute der Adlige Ivan Gučetić sein Sommerhaus im Küstenort Trsteno. Hier trafen sich berühmte Dichter, Künstler und Politiker aus der Republik Ragusa. Haus und Garten blieben bis 1947 im Besitz der Familie Gučetić.

Ein Spaziergang durch den botanischen Garten ist ein Erlebnis: Schattige Wege führen zwischen Hecken und exotischen Bäumen hindurch, die aus von Seeleuten importierten Samen gezogen wurden. Besonders sehenswert ist der Fischteich hinter der Villa; ein Neptun bewacht mit Dreizack und von zwei Nymphen flankiert eine Grotte. Ein steiler Pfad führt hinunter zum Hafen von Trsteno: Am Horizont erblicken Sie die Elaphitischen Inseln.

205 E2 020 75 10 19 Sommer tägl. 7–19, Winter 8–16 Uhr 40 Kn

56 Elafitski Otoci

Die kleinen Elaphitischen Eilande Koločep, Lopud und Šipan sind friedliche Inselparadiese – und das alles nur eine kurze Überfahrt entfernt vom Trubel Dubrovniks.

Während des goldenen Zeitalters von Ragusa bauten sich hier Adlige aus Dubrovnik Sommerhäuser. Einige Renaissancevillen, die fast schon kleinen Festungen gleichen, sind auf Šipan noch gut erhalten. Fähren vom Hafen in Gruž setzten regelmäßig über, zudem fahren im Sommer Ausflugsboote von Dubrovniks altem Hafen zu den Inseln.

Obst- und Gemüsegärten, Weinberge, Pinienwälder, alte Steinkapellen und -kirchen, Fischerdörfer und einsame Strände prägen die ruhigen Inseln, auf denen nicht einmal 1000 Menschen leben. Wandern Sie durch die Natur, entdecken Sie

Im Hafen von Šipan

die entspannten Hafenorte oder schwimmen Sie in einsamen Buchten. Der beste Sandstrand befindet sich bei Šunj auf Lopud. Doch Vorsicht: Die Fähre wartet nich!.

218 A/B2

57 Lokrum

Nur wenige Bootsminuten von Dubrovnik entfernt befindet sich die kleine, bewaldete Insel Lokrum, die man gut im Rahmen eines Halbtagesausflugs besuchen kann. Der englische König Richard Löwenherz (1157–1199) soll hier einst Schiffbruch erlitten haben. Im 19. Jh. schuf sich Erzherzog Maximilian von Habsburg, der jüngere Bruder des österreichisch-ungarischen Königs Franz Josef I., auf Lokrum ein Refugium: Er ließ das alte Benediktinerkloster in eine Villa umbauen. Seine Gärten können noch besichtigt werden.

Die Insel wartet mit guten Bademöglichkeiten auf, sowohl im warmen, flachen Salzwassersee Mrtvo More (Totes Meer) als auch an den vielen Felsbuchten, an denen Leitern oder Stufen ins Wasser führen. Im Sommer verkehren regelmäßig Schiffe vom alten Hafen in Dubrovnik nach Lokrum (ab 9 Uhr, letzte Rückfahrt um 18 Uhr, Kosten 150 Kn); im Winter sollte man nach Wochenendausflügen oder nach einem Wassertaxi zur Insel fragen.

218 B1

58 Cavtat

Cavtat befindet sich knapp 20 km südlich von Dubrovnik und nur wenige Minuten vom Flughafen entfernt. Der Badeort zählt mit seiner Lage an einer hufeisenförmigen, von Sandstränden gesäumten Bucht zu den schönsten Kroatiens.

Der Maler Vlaho Bukovac (1855 bis 1922) wurde hier geboren; sein Haus und Studio am Meer können besichtigt werden. Das von ihm stammende Gemälde vom Hafen von Cavtat im 19. Jh. hängt über der Kanzel in der nahen Maria-Schnee-Kirche. Von dieser führt ein Weg zum Gipfel der Halbinsel Rat, wo sich die griechische Stadt Epidauros befand. Diese wurde im 4. Jh. v. Chr. gegründet, ein Jahrhundert später von den Römern eingenommen und im 7. Jh. n. Chr. nach der Eroberung durch Awaren und Slawen verlassen; die Bewohner flohen nach Norden und gründeten Dubrovnik. Das kuppelförmige Mausoleum Račić an gleicher Stelle schuf Ivan Meštrović für eine Reederfamilie aus Cavtat.

Mit seinen Cafés an der Uferpromenade und einem 5 km langen Weg, der Strände und Pinienwälder verbindet, ist Cavtat ein idealer Ort, um sich zu entspannen. Im Sommer besteht eine Schiffsverbindung zum alten Hafen von Dubrovnik.

218 B1 Bus 10 ab Dubrovnik
Touristeninformation
Zidine 6 020 47 90 25
https://visit.cavtat-konavle.com

Wohin zum ... Übernachten?

Preise für ein Doppelzimmer pro Person und Nacht in der Hochsaison:

€ unter 400 Kn
€€ 400–800 Kn
€€€ über 800 Kn

CAVTAT

Supetar €€€

Das kleine, attraktive Hotel in einem historischen Palazzo an der Uferpromenade hat eine wundervolle Aussicht über die Bucht zur Halbinsel Sustjepan. In der Nähe liegen ein Kiesstrand und eine Badeplattform, die Gäste dürfen aber auch Pool und Spa im Hotel Croatia, einem Fünf-Sterne-Hotel auf der anderen Seite der Bucht, benutzen. Cafés und Restaurants sind nur fünf Minuten entfernt, ebenso der Hafen, von dem aus regelmäßig Schiffe nach Dubrovnik ablegen.
218 B1 Obala A. Starčevića 27 020 47 98 33 www.adriaticluxury hotels.com April–Okt.

DUBROVNIK

In der Altstadt von Dubrovnik gibt es nur eine Handvoll kleiner Hotels. Die meisten Top-Hotels befinden sich jenseits des Ploče-Tors, während sich die Hotels für Pauschaltouristen auf den Halbinseln Lapad und Babin Kuk (5 km westlich der Stadt) konzentrieren. Die Preise liegen deutlich über kroatischem Durchschnitt.

Grand Villa Argentina €€€

Im Gästebuch des Argentina haben sich bereits Tito, Margaret Thatcher, Richard Burton und Elizabeth Taylor eingetragen. Zum Hotel, das zu den besten Adressen der Stadt zählt, gehören ein modernes Gebäude sowie vier Villen. Die hübsche Villa Orsula stammt aus den 1930er-Jahren, die Villa Scheherazade ist ein Prachtbau aus dem frühen 20. Jahrhundert. Treppen führen durch den Garten zu einem Privatstrand; den Gästen stehen ein Meerwasserpool und ein Hallenbad zur Verfügung. Die Altstadt ist zu Fuß in zehn Minuten zu erreichen.
220 bei C3 Frana Supila 14 020 44 05 55 www.adriaticluxuryhotels.com

Old Town Hostel €

Das Hostel im Herzen der Altstadt bietet Unterkünfte in hellen, freundlich eingerichteten Mehr-, Drei- und Zweibettzimmern, teils mit eigener Dusche und WC. Einige Zimmer besitzen sogar winzige Balkone. Gemeinschaftsküche und -terrasse, freier Internetzugang und Skype, Frühstück rund um die Uhr und sehr hilfsbereites Personal sind weitere Pluspunkte des Hostels, das vor allem bei jungen Reisenden beliebt ist.
220 B3 Od Sigurate 7 020 32 20 07 www.dubrovnikoldtownhostel.com

Pucić Palace €€€

Das Fünf-Sterne-Hotel residiert in einem Palast aus dem 18. Jh. unweit des Marktplatzes. Es ist ein echtes Schmuckstück – seine dezente, luxuriöse Atmosphäre diente vielen kleinen Stadthotels in Kroatien als Vorbild. Die 19 Zimmer sind mit Originalgemälden, antiken Möbeln, handgewebten Teppichen und dunklen Holzfußböden ausgestattet, dazu kommen moderne Annehmlichkeiten wie DVD-Player und Satelliten-TV. Ein hoteleigenes Straßencafé (im Sommer), Weinlokal und Terrassenrestaurant mit nahöstlicher Küche runden das Angebot ab. Gäste können außerdem die hoteleigene Jacht chartern.
220 B2 Ulica Od Puća 1 020 32 62 00 www.thepucicpalace.com

Pucić Palace

Stari Grad €€€
Das kleine Hotel (8 Zi.) findet man in der Altstadt in einem alten Herrenhaus nahe dem Pile-Tor. Die alten Spiegel, Kronleuchter, antiken Möbel und Teppiche tragen zum Charme des Hauses bei. Besonders schön ist die kleine Dachterrasse mit wunderbarem Blick über die Stadt.
220 B3 Od Sigurate 4 020 32 22 44
www.hotelstarigrad.com

Vila Micika €–€€
Eine freundliche, nette Unterkunft in Babin Kuk. Es gibt sowohl Mehrbettzimmer als auch Doppelzimmer mit Bad. Die Strände sind wenige Minuten entfernt; zur Altstadt fährt Bus Nr. 6. Preiswert und sauber!
Mata Vodopića 10 020 43 73 32
www.vilamicika.hr

KORČULA

Korčula de la Ville €€
Die größten Pauschalhotels befinden sich am Stadtrand von Korčula. Wer zentraler wohnen möchte, sollte dieses neu renovierte Haus wählen. Die 20 Zimmer befinden sich in einem Steingebäude von 1912 an der Stadtmauer. Nehmen Sie auf der Terrasse einen Drink und genießen Sie den Sonnenuntergang mit Blick auf die Pelješac-Halbinsel.
217 D/E2 Obala Franje Tuđmana 5, Korčula-Stadt 020 72 69 00
www.korcula-hotels.com

MLJET

Odisej €€
Das einzige größere Hotel der Insel liegt im Nationalpark Mljet in einer kleinen Bucht beim hübschen Ort Pomena. Die 156 Zimmer verteilen sich über weiße Bungalows; auch zwei Apartments (€€€) mit Balkon und Meerblick können gemietet werden. Vom Hotel aus werden viele Aktivitäten wie Tauchen, Segeln und Radfahren angeboten. Von Pomena führt ein kurzer Spaziergang durch die Wälder zum Malo Jezero, dem kleineren der beiden Salzwasserseen der Insel.
217 E1 Pomena 020 36 21 11
www.adriaticluxuryhotels.com April–Okt.

Wohin zum … Essen und Trinken?

Preise für ein Essen mit Vorspeise, Hauptgericht und Salat ohne Getränke:

€	unter 150 Kn
€€	150–300 Kn
€€€	über 300 Kn

CAVTAT

Galija €€€
Die altmodische Taverne mit Weinkeller liegt in einer kopfsteingepflasterten Straße, die hinauf zum Friedhof führt. Im Winter kann man drinnen essen, schöner aber sind die Sommerabende auf der wunderbaren Terrasse unter Pinien. Das dalmatinische Essen und die Weine sind ausgezeichnet, von der Fischpastete als Appetithäppchen bis hin zu geräuchertem Schinken, Meeresfrüchterisotto, gedünstetem Seebarsch, gegrilltem Fisch und Steaks als Hauptgerichten. Wer etwas Ausgefallenes möchte, sollte Seeigel, Garnelen in Honig oder Carpaccio vom Barsch mit Parmesan und Rucola probieren.
218 B1 Vuličevićeva 1 020 47 85 66
März–Okt. tägl. 11–23 Uhr

DUBROVNIK

Buffet Škola €
Im winzigen Buffet Škola, an der Ecke zur Stradun, bekommt man die besten Sandwichs der Stadt. Nichts Exotisches, einfach hausgemachtes Brot mit dalmatinischem Schinken oder Käse in Öl mit Tomaten. Im Sommer stehen einige Tische auf der Straße.
220 B2 Antuninska 1 020 32 10 96
tägl. 8–24 Uhr

Gil's little Bistro €€€
Höchste Kreativität und Kochkunst bescheinigen Gourmet-Bibeln dem französischen Chef Gilles, der in seinem »Little Bistro« ambitionierte Küche aus regionalen Produkten wie Kvarner Scampi, istrischen Trüffeln oder adriatische Goldbrasse anbietet – nur zu erschwinglicheren Preisen.

+220 B2 ✉Petilovrijenci 4 ☎020 32 11 68
◷tägl. 12–24 Uhr

Mea Culpa €
Die beliebte Pizzeria in einer Seitenstraße der Altstadt bietet gutes und preiswertes Essen. Die Pizza wird in einem Holzofen gebacken; alternativ stehen italienische Klassiker wie Lasagne oder Salate auf der Karte. Drinnen gibt es nur wenige Tische, die meisten Leute essen im Freien.
+220 A2 ✉Za Rokom 3 ☎020 32 34 30
◷tägl. 8–24 Uhr

Mea Culpa

Orhan €€€
Das schicke Fischrestaurant jenseits des Pile-Tors ist einer der Geheimtipps in Dubrovnik. Steigen Sie die Stufen zum Meer unterhalb der Festung Lovijenac hinunter und Sie gelangen zu einer stillen Bucht mit Fischerbooten, in der sich einst der Hafen der Stadt befand. Im Sommer kann man auf einer überdachten Terrasse direkt am Meer speisen. Spezialität des Hauses ist frischer Fisch, den Sie selbst auswählen können. Alternativ gibt es auch Steak, Schnitzel, Risotto und ein paar Nudelgerichte.
+220 bei A2 ✉Od Tabakarije 1
☎020 41 19 18 🌐www.restaurant-orhan.com
◷tägl. 11–24 Uhr

Sesame €€
Die Taverne in der Nähe des Pile-Tors bietet mit ihren beiden mediterran angehauchten Speisekarten – eine für mittags, eine für abends – einige Pastagerichte, aber auch Außergewöhnliches wie geräucherten Schinken mit Feigen oder Tintenfisch mit Käse. Für Vegetarier hält der Koch ebenfalls eine interessante Auswahl bereit, u. a. Zucchini-Carpaccio oder Nudeln mit Trüffeln.
+220 bei A2 ✉Ulica Dante Alighierija
☎020 41 29 10 ◷tägl. 8–23 Uhr

KORČULA

Adio Mare €€€
Das Adio Mare ist das touristischte, aber auch stimmungsvollste Restaurant in Korčula: Die rustikale Taverne mit Steinmauern und großen Holztischen und -bänken liegt unweit der Kathedrale. Auf der Speisekarte stehen Klassiker der dalmatinischen Küche wie »Brodet« (Fischsuppe mit Polenta) und »Pržolica« (geschmortes Kalbfleisch mit Zwiebeln, Tomaten und Dörrpflaumen); dazu gibt es Steaks und Kebabs, die hier über offenem Feuer gegrillt werden. Tipp: früh kommen oder rechtzeitig reservieren!
+217 D/E2 ✉Ulica Marka Pola 2, Korčula
☎020 71 12 53 ◷April–Okt. tägl. 12–23 Uhr

Maslina €
Das kleine, von einer Familie geführte Restaurant mit ausgezeichneter Hausmannskost liegt zwischen Olivenbäumen an der Straße von Korčula nach Lumbarda. Zu den Spezialitäten gehören Makkaroni und Pogača, eine Art Pizzabrot mit Tomaten, Zwiebeln, Paprika, Auberginen, Zucchini und Olivenpaste, das mit Käse überbacken wird. Im Sommer wird auf der Terrasse (ohne Meerblick) serviert.
+217 D/E2 ✉Lumbarajska Cesta
☎020 71 17 20 🌐http://konobamaslina.com
◷Sommer tägl. 11–22 Uhr

Morski Konjic €€
Die lange Terrasse des Restaurants beansprucht fast die gesamte östliche Promenade, die Tische stehen direkt an der Kaimauer mit Aussicht auf die Halbinsel Pelješac. Die Speisekarte bietet nahezu alles: von Fleisch bis hin zu Fischgerichten wie gegrilltem Fisch, Muscheln und Tintenfischsalat. Dazu werden die einheimischen Weine Grk und Pošip serviert.
+217 D/E2 ✉Šetalište Petra Kanavelića ☎020 71 18 78 ◷April–Okt. tägl. 8–24 Uhr

PELJEŠAC

Kapetanova Kuća €€
Die Besucher kommen von weither, um die lokalen Austern in Mali Ston zu genießen. Es gibt mehrere gute Restaurants am Meer, das »Kapitänshaus« ist jedoch das beste. Auf der Karte stehen rohe und gegrillte Austern, Austernsuppe und Rindfleisch in Austernsoße, außerdem Muscheln, Hummer und frischer Fisch. Die Restaurantbesitzer führen auch das kleine Hotel Ostrea (€€).
✈217 F1 ✉Mali Ston ☎020 75 45 55
🌐www.ostrea.hr ⏲tägl. 9–24 Uhr

Wohin zum ... Einkaufen?

DUBROVNIK

Die Geschäfte und Läden entlang der Stradun bieten größtenteils die typischen Souvernirs eines Urlaubsorts: T-Shirts, Postkarten, Bücher und CDs. Lokale Spezialitäten, allen voran Olivenöl, verkauft Oleoteka Ulje (Stradun 9).

Wenn man etwas anspruchsvollere Geschäfte sucht, muss man in die engen Gassen Richtung Süden schlendern: In und um die Od Puča, die Haupteinkaufsstraße der Altstadt, finden Sie kleine, unkonventionellere Läden, die beispielsweise handgefertigten Schmuck, Damen- und Herrenmode, Antiquitäten und moderne Kunstgegenstände anbieten. Mehrere Geschäfte am westlichen Ende der Od Puča bieten filigran gearbeiteten Gold- und Silberschmuck an; dieser ist eine Spezialität Dubrovniks. Seidenkrawatten findet man bei Croata in der Pred Dvorom 2 neben der Kathedrale. Die Apotheke im Kreuzgang des Franziskanerklosters Franjevački Samostan /S. 162) verkauft allerlei Kräuterheilmittel und -säfte, deren Rezepte angeblich bis 1317 zurückreichen.

Besonders lebhaft ist der morgendliche Markt auf der Gundulićeva Poljana am Ostende der Od Puča; hier verkaufen Bauern Käse, Obstschnäpse und andere lokale Erzeugnisse.

Gute und wohlschmeckende dalmatinische Weine findet man in der Vinoteka (Stradun) oder in der Dubrovačka Kuća (Ulica Svetog Dominika), einer Weinhandlung und Kunstgalerie, die nicht weit vom Ploče-Tor liegt.

Wohin zum ... Ausgehen?

CAVTAT

Berühmt ist die Region für ihre Trachten, die im Sommer jeden Sonntagvormittag in Čilipi vor der Kirche bei Folklorevorstellungen und alten Tänzen bewundert werden können.

DUBROVNIK

Während der Sommerfestspiele werden in Dubrovnik über 80 Veranstaltungen geboten, darunter Theater-, Opern-, und Ballettaufführungen in der historischen Altstadt sowie Konzerte mit alter Musik und überlieferten Tänzen in historischen Kostümen. Die Festspiele beginnen jedes Jahr am 10. Juli mit einem Feuerwerk und enden am 25. August. Informationen und Tickets beim Festspielbüro (Tel. 020 32 61 00; www.dubrovnik-festival.hr) oder in den Kiosken auf der Stradun oder am Pile-Tor.

Während der Sommermonate führt das Linđo Folklore-Ensemble am Lazareti, dem früheren Quarantänekrankenhaus jenseits des Ploče-Tors, montag- und freitagabends traditionelle Lieder und Tänze vor. Jazzliebhaber sollten ins Troubadour gehen, eine Bar auf der Bunićeva Poljana. Nachtschwärmer feiern im EastWest Beach-Club am Banje-Strand oder im Latino Club Fuego.

KORČULA

Im Sommer finden montag- und donnerstagabends neben dem Landtor Moreška-Vorführungen (S. 25f) statt; außerdem gibt es Sondervorstellungen, die größte am 29. Juli. Eintrittskarten erhält man bei den örtlichen Reisebüros.

Motovun thront spektakulär auf einem Hügel mitten in der Landschaft.

Spaziergänge und Touren

Lassen Sie sich verzaubern und erkunden Sie auf Autotouren oder beim Bummeln Stadt und Land.

Seite 174–189

Zagorje

Was?	Autotour
Wann?	Wenn Sie etwas Abwechslung vom Stadt- oder Strandleben suchen und in üppiges Grün eintauchen wollen.
Länge	148 km, zusätzlich 10 km für den Umweg nach Trakošćan
Dauer	3,5 Stunden
Start/Ziel	Marija Bistrica ✣206 C3

Dieser Ausflug führt durch das Zagorje (S. 71f), eine zwischen Zagreb und der slowenischen Grenze gelegene Region mit Kornfeldern, Weiden, Weinbergen, Dörfern, Kirchen und Märchenschlössern. Auch wenn man leicht mehrere Tage mit der Erkundung dieser Gegend verbringen könnte, ist es doch auch möglich, die wichtigsten Sehenswürdigkeiten im Rahmen eines Tagesausflugs von Zagreb aus zu erkunden. Sie müssen dann ungefähr zwei Stunden zusätzliche Fahrzeit einkalkulieren.

1–2

Die Fahrt beginnt im Wallfahrtsort Marija Bistrica (S. 72), von wo es nach Donja Stubica geht. Da die Straße nicht gut ausgeschildert ist, ist es einfacher, südlich der Kirche auf der Hauptstraße nach Zagreb zu fahren und an der Kreuzung am Ortsende nach rechts abzubiegen. Man bleibt auf dieser Straße, die sich durch das friedliche Stubica-Tal unterhalb der Nordhänge der Medvednica (S. 52f) windet; gut sichtbar ist der hohe Fernsehturm auf dem Gipfel. Der erste etwas größere Ort ist Gornja Stubica, bekannt als Ausgangsort des Bauernaufstands von 1573, an den im

Handgemachte Spitze zählt zu den traditionellen Produkten der Region.

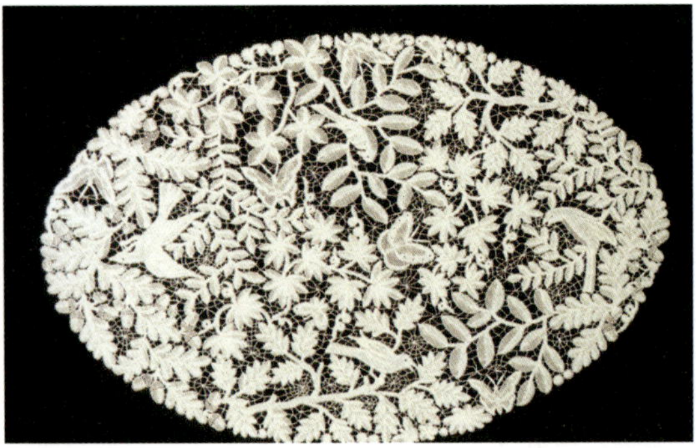

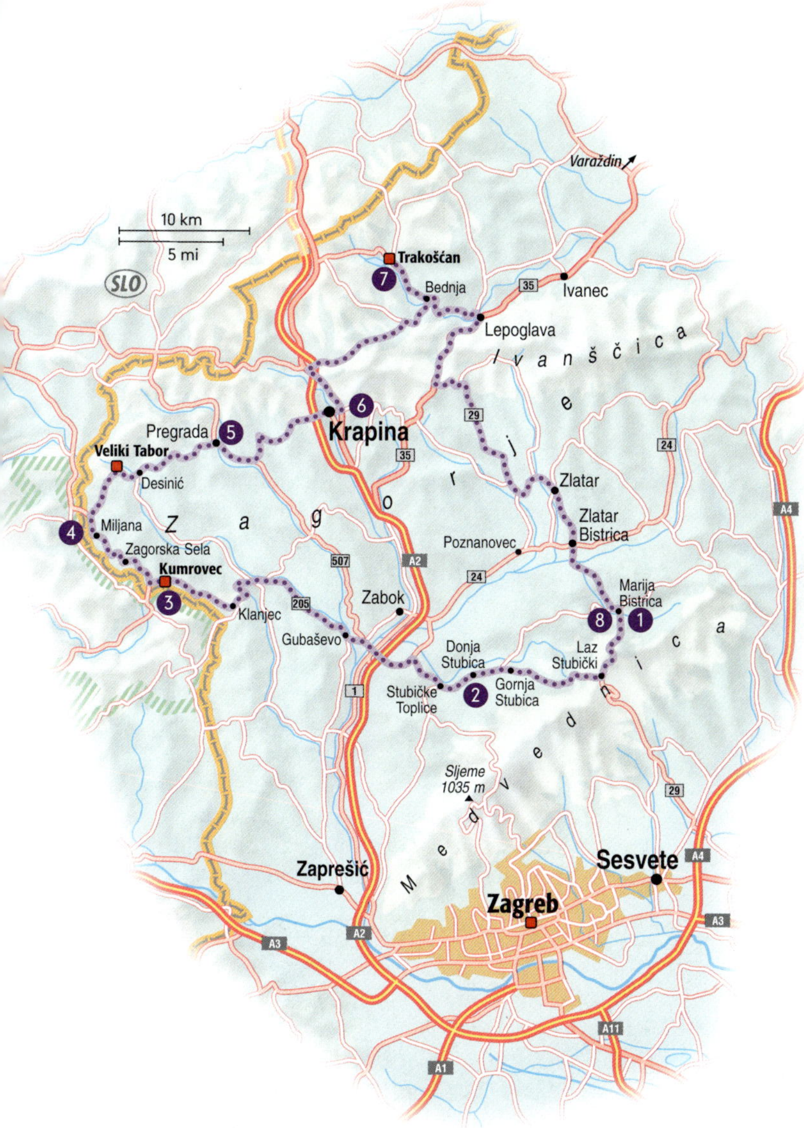

Muzej Seljačkih Buna (Museum des Bauernaufstands) erinnert wird. Kurz darauf erreicht man den hübschen Ort Donja Stubica. Von dessen Kirchplatz führt eine spektakuläre Straße zum Gipfel des Sljeme.

Das trutzige Schloss Trakošćan ist einen Besuch wert.

2–3

Weiter geht es durch das Thermalbad Stubičke Toplice, wo die Straße eine Rechtskurve macht. Folgen Sie der Beschilderung nach Zabok; nach 2 km biegt man am Kreisverkehr links Richtung Zabok ab. Die Straße kreuzt die Autobahn Zagreb–Krapina, führt vorbei an Zabok und verläuft 20 km weiter bis Kumrovec (S. 80); dabei steigt sie zuerst an und führt dann hinunter zum spektakulären Sutla-Tal direkt an der slowenischen Grenze. Kurz vor Kumrovec kommt man durch die Zelenjak-Schlucht, vom anderen Ufer des Flusses grüßen die grünen Berge Sloweniens. Rechter Hand befindet sich das Lijepa-Naša-Denkmal für den Dichter Antun Mihanović (1796–1861), den Verfasser der kroatischen Nationalhymne.

3–4

Direkt hinter Kumrovec gabelt sich die Straße; hier muss man sich rechts Richtung Miljana halten. Am Horizont, hoch oben über den dicht bewaldeten Bergen, sieht man eine Kirche. Wir befinden uns jetzt im Herzen des Zagorje: An der Straße reihen sich Gehöfte, Scheunen, Kapellen und Bauernhäuser aneinander, die »Seoski Turizam« (Agrotourismus; S. 19f) anbieten. Die Straße steigt hinauf zum Ort Zagorska Sela, der von der Kirche St. Katharina beherrscht wird, und führt weiter nach Miljana.

4–5

Hier muss man rechts Richtung Desinić abbiegen, um nicht zum nächsten Grenzposten zu gelangen. Kurze Zeit später erblickt man die Burg Veliki Tabor (S. 71), die hoch oben auf der linken Seite liegt. Nach einer möglichen Burgbesichtigung passiert man den Ort Desinić und biegt dann links Richtung Pregrada ab.

5–6

In Pregrada biegt man rechts auf die Hauptstraße ein und folgt den Schildern in Richtung Zagreb. Nach 5 km schwenkt die Straße am Hotel Dvorac Bežanec links ab. Sie klettern nun in vielen Kurven durch die Weinberge, bis es steil bergab nach Krapina geht (S. 72).

6–7

In Krapina biegt man links ab; auf der rechten Seite befindet sich das Evolutionsmuseum. Man bleibt auf dieser parallel zur Eisenbahn verlaufenden Straße und biegt rechts Richtung Varaždin ab (ausgeschildert); dabei unterquert man die Autobahn. In Bednja ist die riesige Kirche mit cremeweißer Fassade nicht zu übersehen. Eine Abzweigung links führt nach 5 km zum Schloss Trakošćan (S. 71f.).

7–8

Um die Rundfahrt zu vervollständigen, biegt man rechts nach Lepoglava ab. Hier liegt ein berüchtigtes Gefängnis, in dem sowohl Tito als auch Franjo Tuđman einsaßen. Das Gefängnis, das größte in Kroatien, befindet sich in einem ehemaligen Kloster, das von Paulinern gegründet wurde. Diese errichteten hier auch das erste Gymnasium und die erste Universität Kroatiens.

In Lepoglava biegt man rechts ab und folgt für die nächsten 5 km der Eisenbahn. An der Kreuzung zweigt eine Straße links ab und führt durch Zlatar und Zlatar Bistrica zurück nach Marija Bistrica.

KLEINE PAUSE

Unter Bäumen sitzt man bei Grešna Gorica (Taborgradska 3, Desinić, Tel. 049 34 30 01, tägl. 10–22 Uhr).

Die Bergdörfer Istriens

Was?	Autotour
Wann?	Im Herbst, wenn Trüffelzeit ist – doch es lohnt sich natürlich auch zu anderen Zeiten im Jahr.
Länge	68 km
Dauer	1,5 Stunden
Start/Ziel	Pazin ⊹210 B4

Die Siedlungen Istriens bieten ein völlig unerwartetes Erlebnis, obwohl sie nur eine kurze Fahrt von den belebten Küstenorten entfernt sind. Auch wenn man den Urlaub am Meer in Poreč, Pula oder Rovinj verbringt, lohnt es sich, für einen Tag einen fahrbaren Untersatz zu mieten und durch Weinberge, Olivenhaine und Eichenwälder ins Landesinnere zu kurven. Dieser kurze Ausflug führt zu zwei der schönsten Orte, kann aber auch problemlos weitere Dörfer (S. 105) einschließen und zu einem gemütlichen Halbtagesausflug durch das Hinterland der Küste ausgedehnt werden.

1–2

Wir beginnen in Pazin, das über die Schnellstraße von Rijeka nach Rovinj und Pula gut erreichbar ist. Auf den ersten Blick hat diese geschäftige Kleinstadt mit rund 10 000 Einwohnern nicht viel Attraktives zu bieten, eine kurze Stippvisite lohnt sich aber allemal. Höhepunkt ist die Burg, die 983 erstmalig als ein Geschenk Kaiser Ottos II. von Ungarn für den Bischof von Poreč erwähnt wird und über einer tiefen Schlucht thront. In der Burg befindet sich auch das Ethnografische Museum (Sommer tägl. 10–18 Uhr, Eintritt 25 Kn). Obwohl der Schriftsteller Jules Verne Pazin nie besucht hatte, ließ er sich von der Schlucht und dem darin im Untergrund verschwindenden Flüsschen inspirieren. Mathias Sandorf, der Held seines gleichnamigen Romanes, ist im Burggefängnis eingesperrt und entkommt diesem, indem er durch den unterirdischen Fluss ins Meer schwimmt.

Man verlässt Pazin auf der Hauptstraße Richtung Rijeka und Učka-Tunnel. Nach 2 km folgt der Abzweig zur

Autobahn nach Rijeka. Sie fahren jedoch weiter geradeaus durch die fruchtbare Landschaft. In der Ferne leuchten die Gipfel des Učka-Massivs. Nach 8 km erreicht man die Ortschaft Cerovjle, in deren Umgebung viele alte Dörfer und Kirchen die Hügelkuppen schmücken.

2–3

Direkt vor dem Bahnübergang auf der alten Straße nach Buzet biegen Sie links ab, dann an der nächsten Kreuzung nochmals links. Die Straße steigt jetzt nach Kovačići an, von wo aus man einen wunderbaren Blick über ganz Mittelistrien hat. Direkt vor dem Auge des Betrachters bzw. links davon erstreckt sich das Butoniga-Tal mit einem See in der Mitte, über die Ebene reicht die Fernsicht bis zum Hügeldorf Motovun. Rechts sehen Sie den Gebirgskamm der Čičarija, der Istrien von Slowenien und dem restlichen Kroatien trennt.

Kurz darauf erreicht man den Ort Draguć, nicht viel mehr als eine einzige Straße mit Häusern und einer hohen Kirche, der auf einem Bergvorsprung thront. In den 1970er- und 1980er-Jahren stieg Draguć zum »Hollywood Istriens« auf: Damals war es Drehort vieler Filme, heute aber ist der Ort weitgehend verlassen. Die romanische Kapelle St. Elizei (Sv. Elizej) aus dem 12. Jh. und die aus dem 14. Jh. stammende Kirche St. Rochus (Sv. Rok) sind beide für ihre Fresken berühmt; in der Letzteren hat Antonio da Padova

Entdecken Sie Istrien aus der Vogelperspektive und schweben Sie über die Fojba-Schlucht hinweg.

biblische Szenen in lebhaften Bildern dargestellt, so auch die »Anbetung der Heiligen Drei Könige« und die »Verkündigung«. Die Kirchen sind normalerweise nicht zugänglich, mit etwas Glück aber findet man den Küster, der gegen ein kleines Entgelt die Türen öffnet.

3–4

Die Straße führt weiter nach Buzet, dem größten der Hügeldörfer. Es liegt auf einem Steilhang 151 m über dem Fluss Mirna und ist teilweise immer noch von mittelalterlichen Mauern und Toren umgeben. Während der letzten Jahre hat sich Buzet zur »Stadt der Trüffel« entwickelt: Jedes Jahr im Herbst strömen Feinschmecker in den Ort, um die kostspielige Delikatesse zu probieren und zu kaufen.

4–5

Ein knapp 10 km langer Abstecher in Richtung Rijeka bringt Sie nun nach Roč, wo die Glagolitische Allee beginnt: Der 7 km lange Skulpturenpfad zwischen Roč und Hum erinnert mit 11 zeitgenössischen Werken an die glagolitische Schrift, die wohl im 9. Jh. entwickelt und zwischen dem 11. und 19. Jh. in den liturgischen Texten Kroatiens verwendet wurde.

Einer der Steine in der Glagolitischen Allee, der einen Buchstaben des kyrillischen Alphabets darstellt

5–6

Zurück in Buzet, biegt man links ab und folgt der Hauptstraße durch das Mirna-Tal Richtung Buje. Schon zu Zeiten der Römer war das hiesige Wasser für seine Heilkräfte bekannt. Die Straße zieht sich nun durch ein enges, von steilen Felsen flankiertes Tal mit Eichenwäldern. An der nächsten Kreuzung biegt man links ab und überquert eine Brücke. Die Straße führt nun nach Motovun (S. 105), dem berühmtesten und am spektakulärsten gelegenen Hügeldorf Istriens. Nach 2 km parkt man am Fuß des Berges oder fährt hinauf zu einer kostenpflichtigen Parkmöglichkeit unterhalb des Stadttors.

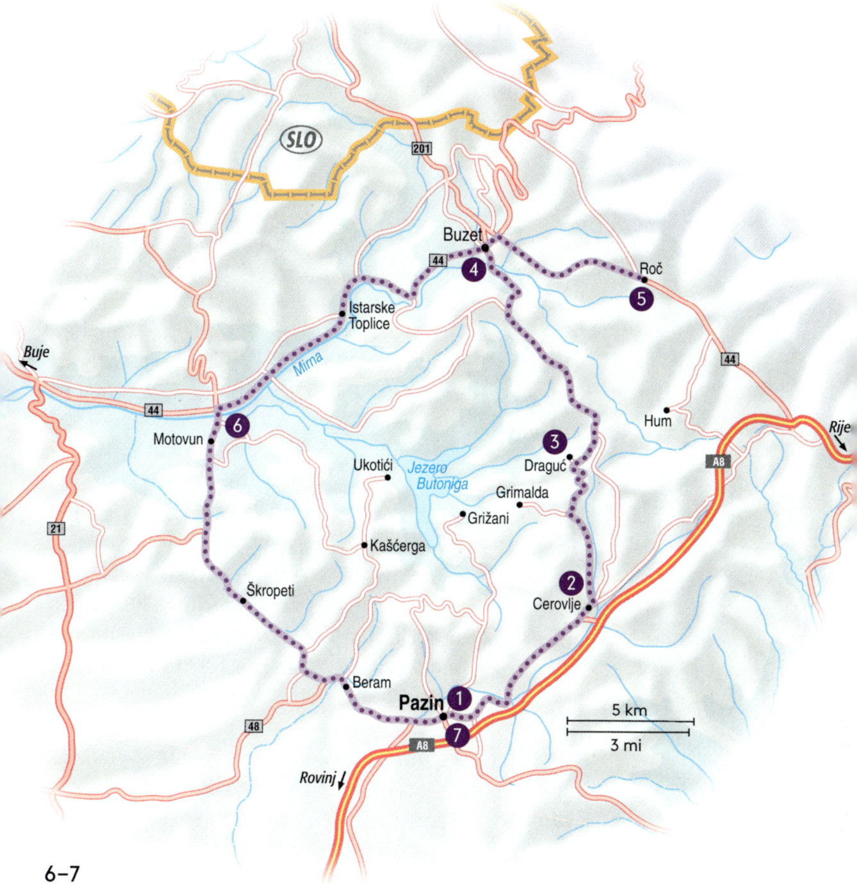

6–7

Für die Weiterfahrt bleibt man auf der alten Straße bis zur Abzweigung nach Pazin (links). Auf der Rückfahrt passiert man den kleinen Ort Beram, der für einen Freskenzyklus aus dem 15. Jh. in dem Kirchlein der Jungfrau Maria außerhalb des Ortes bekannt ist. Die Fresken zeigen einen etwas makabren Totentanz, den Skelette als Symbole für Gevatter Tod mit Menschen aus dem mittelalterlichen Istrien tanzen.

KLEINE PAUSE

Wer nicht gerade am zweiten Septemberwochenende zum Auftakt der regionalen Trüffeltage in Buzet ist, kann die edlen Knollen auch in der Konoba Vrh genießen (Vrh 2, Buzet, Tel. 052 66 71 23).

Die Altstadt von Dubrovnik

Was?	Spaziergang
Wann?	Wann immer Sie Gelegenheit haben, diese wundervolle Stadt zu erkunden!
Länge	3 km
Dauer	1 Stunde
Start/Ziel	Pile-Tor ⊹220 A2

Ein Bummel auf den Stadtmauern ist wahrlich ein erhebendes Erlebnis.

Der Höhepunkt in Dubrovnik ist sicherlich der Rundgang auf der Stadtmauer (S. 159). Nicht weniger schön ist aber der Weg innerhalb der Mauern, bei dem man versteckte Gässchen und Höfe im ältesten Teil der Stadt entdecken kann. Selbst wenn sich auf der Stradun die Besucher drängen, finden Sie nur wenige Straßen entfernt ein ruhiges Plätzchen. Der kurze Spaziergang zeigt Ihnen einige der engen Gassen, die rechts und links der Stradun verlaufen – rechnen Sie also mit einigen Steigungen. Die meisten Busse halten vor dem Pile-Tor, dem Ausgangspunkt des Spaziergangs. Wer mit dem Schiff aus Cavtat am alten Hafen anlandet, muss zunächst die ganze Stradun entlang zum Pile-Tor gehen.

1–2

Der Spaziergang beginnt am Onofrio-Brunnen am Pile-Tor. Das große, kuppelförmige Bauwerk mit seinen plastisch geformten Wasserspeiern ist ein beliebter Treffpunkt, an dem oft Straßenmusikanten die Passanten unterhalten. Der Brunnen wurde 1444 vom Neapolitaner Onofrio della Cava erbaut, um die Stadt mit Trinkwasser zu versorgen. Während des Erdbebens 1667 wurde er stark zerstört, ein weiteres Mal während der Belagerung 1991/1992. Inzwischen erstrahlt er aber wieder im alten Glanz. In der nahe gelegenen Erlöserkirche (Sveti Spas) finden im Sommer Konzerte statt.

Weiter geht es auf der Stradun, deren Kalksteinpflaster von den vielen Füßen, die in all den Jahrhunderten über sie gegangen sind, blank poliert worden ist. Auf der rechten Seite folgt schon bald ein Torbogen, durch den man in die Ulica Garište gelangt. An der nächsten Kreuzung biegt man links in die Ulica Od Puča ab, die Haupteinkaufsstraße der Stadt. Hier befinden sich mehrere gute Juweliere, die die für Dubrovnik so charakteristischen filigranen Gold- und Silberarbeiten anbieten; Kunstgalerien, Kurzwarenhändler und Weingeschäfte komplettieren das Angebot.

2–3

An der Ulica Široka biegt man rechts ab, vorbei am ehemaligen Haus des Dramatikers Martin Držić (1508–1567) auf der linken Seite. Držić ist bekannt für seine derben Komödien, die in den modischen Renaissancesalons von Dubrovnik, Venedig und Zagreb aufgeführt wurden. Es geht weiter

Dubrovniks Altstadt ist immer einen Spaziergang wert..

geradeaus und die Stufen am Steakhaus Domino hoch, dann rechts in die Ulica Od Rupa. Etwas weiter auf der linken Seite liegt das Muzej Rupe (April–Okt. Mi–Mo 9–22 Uhr, Nov.–März Mi–Mo 9–16 Uhr, Sammelticket 120 Kn), ein ethnografisches Museum, das sich im früheren Getreidespeicher der Stadt befindet; man sieht noch die in den Berg gegrabenen Lagerstollen. Von der Terrasse des Museums hat man einen ausgezeichneten Blick über Dubrovnik und dem Berg Srđ im Nordosten, dem die Stadt ihre strategisch günstige Lage und das angenehme Klima verdankt.

3–4

Biegen Sie am Museum nach links und gehen Sie die engen Stufen der Ulica Od Šorte hinauf. Bemerkenswert sind die vorstehenden, mit Löchern versehenen Steinstreben an den Häusern, durch die Wäscheleinen gezogen werden konnten. Auf ihnen wurde im Mittelalter die Wäsche oder Wolle getrocknet – Dubrovnik war berühmt für seine feinen Stoffe. Am oberen Ende der Straße biegt man nach links ab und läuft dann am dem früheren Benediktinerkloster St. Maria entlang. Nachdem es von napoleonischen Truppen während der französischen Besatzung (1805–1815) geplündert und aufgelöst wurde, nutzte man das Kloster zunächst als Kaserne und später als Militärhospital; heute ist es ein Wohnhaus. Im Eingang zum Haupthof befindet sich ein Relief der »Verkündigung« unter den Wappen einiger adliger Familien und der Stadt Dubrovnik.

Die Gasse führt weiter durch einen der ältesten und höchstgelegenen Bezirke der Stadt zu einigen Schrebergärten unterhalb der Stadtmauer. Der Weg führt jetzt neben den Mauern steil hinab; eine Lücke rechts in der Mauer (auf den Hinweis »Cold Drinks« achten) führt zu einer Bar in fesselnder Lage. Hier kann man im Sommer auf den Klippen unter einer Palme stundenlang sitzen – mit Blick auf das Meer und die Insel Lokrum.

4–5

Bleiben Sie auf dem Weg neben der Stadtmauer, die unterhalb der Festung Sveta Margarita eine Linkskurve macht. Auf der linken Seite sieht man die Jesuitenkirche (Sv.

In Dubrovnik findet sich immer ein hübsches Plätzchen für eine Pause mit Meerblick.

Ignacija), die den Marktplatz Poljana Ruđera Boškovića beherrscht. Die größte Kirche Dubrovniks wurde 1725 vollendet und orientiert sich vor allem im Innern an der »Mutterkirche« der jesuitischen Ordensbaukunst, Il Gesù in Rom: Der barocke Innenraum ist überladen mit Marmoraltären und Mosaiken. Überquert man den Platz, erreicht man die prächtige Jesuitentreppe, die 1738 nach dem Vorbild der Spanischen Treppe in Rom gebaut wurde und einen eindrucksvollen Zugang zur Kirche bildet.

Die Stufen enden an der Gundulićeva Poljana, auf der jeden Morgen ein Bauernmarkt stattfindet. Verkauft werden frisches Obst, Gemüse und Kräuter, Lavendelöl sowie getrocknete Peperoni und Feigen. In der Mitte des Platzes steht ein Denkmal für Ivan Gundulić (1589–1638), Dubrovniks bekanntester Dichter und einer der wichtigsten Autoren kroatischer Literatur. Der Sockel ist mit Szenen aus seinem bekanntesten Gedicht »Osman« geschmückt, das von dem Sieg der polnischen Armee über die osmanischen Türken handelt.

5–6

Neben dem Denkmal halten Sie sich rechts und gehen zur Pred Dvorom; vor Ihnen liegt der Rektorenpalast (Knežev Dvor), rechts die Kathedrale. Biegen Sie nach links ab, kommen Sie zur Luža, dem großen Platz, der zugleich das Ende der Stradun bildet. Der Uhrturm wurde im 15. Jh. errichtet, später aber stark verändert. Zu Beginn des 20. Jhs. erhielt er schließlich eine Uhr mit Zifferblatt. Wenn man nach oben schaut, erkennt man mit etwas Mühe Maro und Baro, die Kopien der Originalbronzefiguren, die mit ihrem Hammer die Stunde schlagen. Vor dem Uhrturm befindet sich ein kleiner Brunnen, der von Onofrio della Cava (S. 184) gebaut wurde. In der Mitte des Platzes steht ein weiteres Wahrzeichen Dubrovniks: die Statue eines Ritters in Rüstung am Fuße der Rolandsäule. Diese freundlich blickende Figur ist eine Adaption aus dem französischen Heldenepos, dem »Rolandslied«. Im Original wurde Roland während einer Schlacht in den Pyrenäen getötet, hier sagt man jedoch, dass er von Sarazenen aus dem Hinterhalt überfallen wurde,

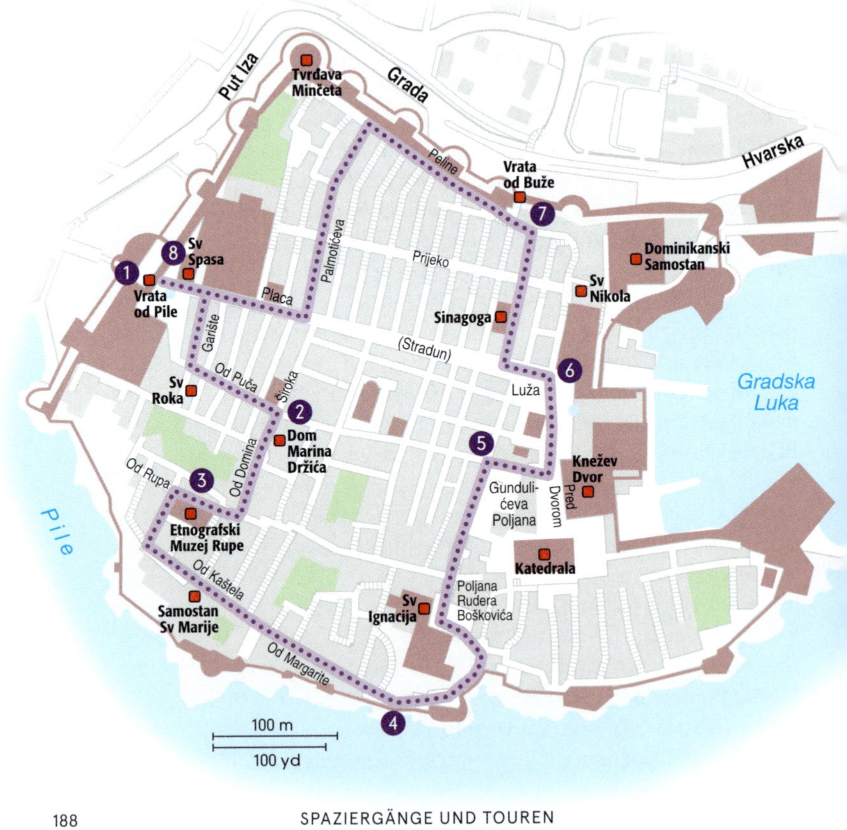

während er Dubrovnik in Zeiten der Kreuzzüge verteidigte. Zur Zeit der Republik Ragusa wurden auf dem Platz die neuen Gesetze verkündet.

6–7

Biegen Sie nun nach links in die Stradun ein und dann in die Ulica Žudioska, die zweite Straße rechts. Diese war im 16. Jh. die Hauptstraße des jüdischen Ghettos, dessen Tore jeden Abend verschlossen wurden. Etwas weiter links befindet sich die Synagoge, das Zentrum der heutigen kleinen jüdischen Gemeinde und ein interessantes Museum (Sommer tägl. Mo–Fr 10–19 Uhr; Winter Mo–Fr 10–15 Uhr, Eintritt 50 Kn).

Nach den ersten Stufen überquert man die Prijeko, die Hauptstraße der Oberstadt, die parallel zur Stradun verläuft. Rechts sieht man am Ende der Straße die Kirche St. Nikolaus (Sveti Nikola), dahinter liegt das Kloster. Folgen Sie den Stufen der Ulica Žudioska aufwärts zur Peline.

7–8

Nun sind Sie im höchsten Teil der Stadt. Biegen Sie nach links in die Peline und laufen Sie vorbei am Buže-Tor (Vrata od Buže) einem der fünf Stadttore. Bleiben Sie auf der Peline, die dem Befestigungswall folgt; an deren Ende erblicken Sie den zweistöckigen Minčeta-Turm (Tvrđava Minčeta), der in die Stadtmauer integriert ist. Die engen, steilen Gassen bieten wunderbare Ausblicke über die Altstadt; durch ein Meer von Wäscheleinen, Balkonen, Treppen und Topfpflanzen erblicken Sie immer wieder die Stradun. Für den Rückweg zum Ausgangspunkt biegen Sie links ab in die Palmotićeva oder in eine der anderen Straßen.

KLEINE PAUSE

Es gibt unzählige Bars und Cafés in der Altstadt. An einem sonnigen Tag ist die Bar **Buža** (S. 161) der beste Platz. Die Bar erreicht man durch eine Öffnung in der Stadtmauer.
Ein guter Ort, um Leute zu beobachten, ist die Terrasse des **Gradskavana**, eines altmodischen Cafés zwischen dem Uhrturm und dem Rektorenpalast auf dem Pred Dvorom 3.
Die Restaurants auf der Prijeko sind auf Touristen eingestellt und bieten unspektakuläres, teures Essen.

Land in Sicht! Mit dem Boot oder einer der zahlreichen Fähren an der Küste entlangzuschippern ist ein wundervolles Urlaubsvergnügen.

Praktische Informationen

Was vor der Reise wichtig ist, wie Sie vor Ort gut zurechtkommen und viele wichtige Infos mehr erfahren Sie hier.

Seite 190–228

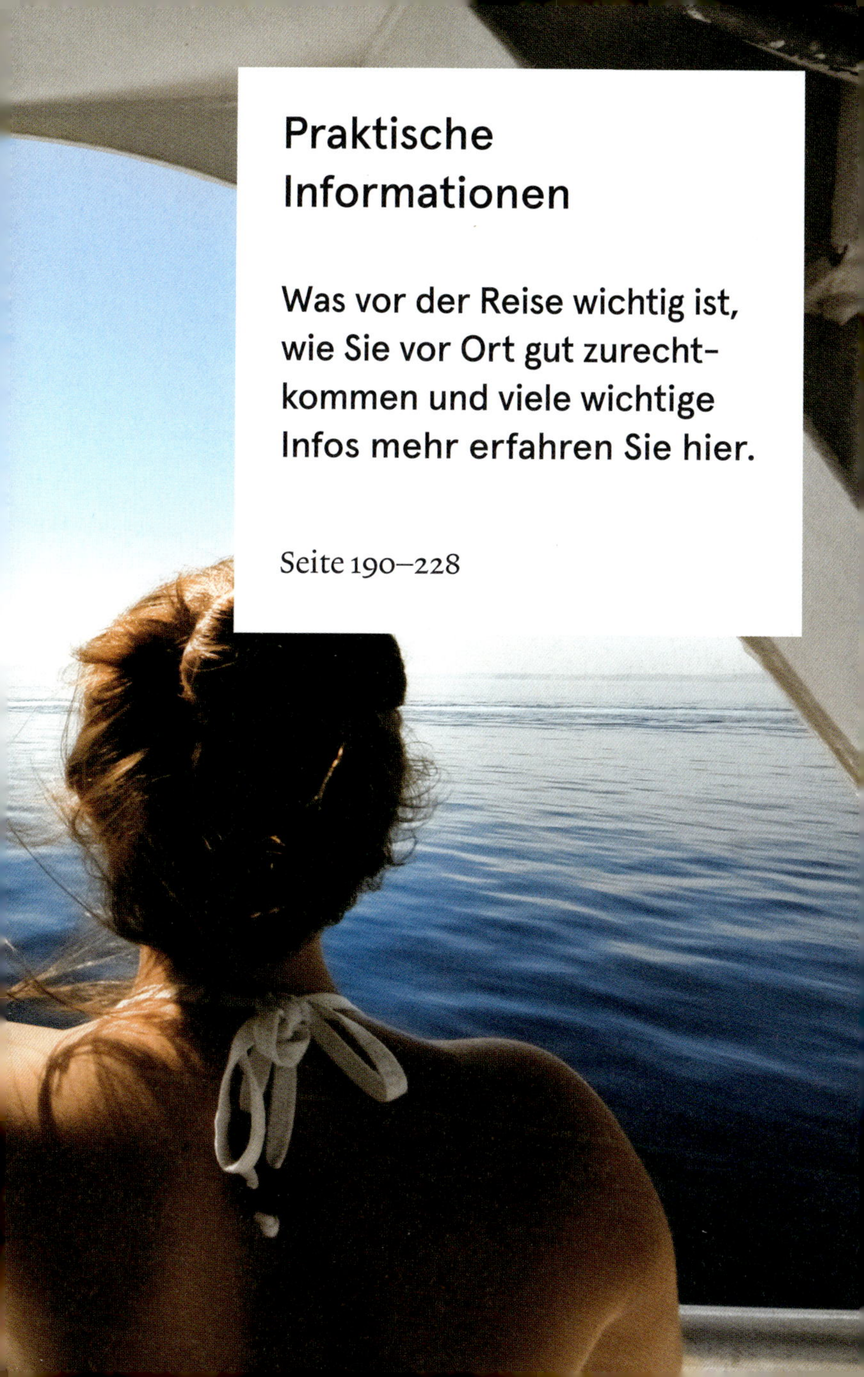

VOR DER REISE

Auskunft
Kroatische Zentrale für Tourismus:
Deutschland: ✉ Stephanstraße 13, 60313 Frankfurt a. M. ☎ 069 2 38 53 50 🌐 https://croatia.hr
Österreich: ✉ Liechtensteinerstraße 22a, 1010 Wien ☎ 01 585 38 84
🌐 https://croatia.hr

Botschaften
Deutsche Botschaft: ✉ Ul. grada Vukovara 64, 10000 Zagreb ☎ 01 6 30 01 00 🌐 www.zagreb.diplo.de
Österreichische Botschaft: ✉ Radnička cesta 80, 10000 Zagreb ☎ 01 4 88 10 50
🌐 www.aussenministerium.at/zagreb
Schweizer Botschaft: ✉ Ul. Augusta Cesarca 10, 10000 Zagreb ☎ 01 4 87 88 00 🌐 www.eda.admin.ch/zagreb

Elektrizität
Schweizer benötigen für ihre dreipoligen Stecker einen Adapter.

Ermäßigungen
Die staatlichen und einige andere Museen gewähren Studenten gegen Vorlage eines gültigen Studentenausweises sowie Senioren (über 60 J.) eine Ermäßigung. Kinder bis 12 J. haben in vielen Museen freien Eintritt. Auch auf Fähr- oder Buspassagen fahren Kinder und Senioren günstiger.
Ob es lohnend ist, sich in Städten wie Zagreb, Split oder Dubrovnik eine Ermäßigungskarte (z. B. **Zagreb-Card**) zu besorgen, hängt von der Aufenthaltsdauer und den geplanten Aktivitäten ab. Mit der Karte haben sie freie Fahrt in öffentlichen Verkehrsmitteln und verbilligten Eintritt in Museen. Auch zahlreiche Geschäfte und Restaurants bieten Card-Inhabern Rabatte beim Einkauf oder Essen an (http://zagrebcard.com, www.dubrovnikcard.com, www.splitcitycard.com).

Feiertage

1. Jan.	Neujahr
6. Januar	Hl. Drei Könige
März/April	Ostern
1. Mai	Tag der Arbeit
Mai/Juni	Fronleichnam
22. Juni	Tag des antifaschistischen Kampfes
25. Juni	Nationalfeiertag
5. August	Tag des Sieges
15. August	Maria Himmelfahrt
8. Okt.	Unabhängigkeitstag
1. Nov.	Allerheiligen
25./26. Dez.	Weihnachten

Geld
Währung: Kroatische Währung ist die Kuna (Abkürzung HRK oder Kn) zu 100 Lipa.
Wechselkurs: Der Wechselkurs lag zuletzt bei 1 € = ca. 7,4 Kn; 1 CHF = 6,5 Kn; aktuelle Kurse kann man u.a. über www.oanda.com abrufen.
Geldwechsel: Die Kurse sind in Kroatien etwas günstiger, deshalb ist es besser, vor Ort zu tauschen. Um die »Mjenjačnica« genannten Wechselstuben mache man aber einen Bogen – die meisten verlangen eine Umtauschgebühr, was den Kursgewinn gleich wieder zunichtemacht. Am besten tauscht man im Hotel oder hebt Kuna am Geldautomaten ab (auch dort Gebühren beachten!) Vielerorts lässt sich übrigens auch mit Euro bezahlen, allerdings bekommt man das Wechselgeld in Kuna zurück. Zudem hat man so keine Kontrolle über den Wechselkurs.
Kreditkarten: Die meisten internationalen Kreditkarten (MasterCard, Visa, American Express) werden von Hotels, Restaurants und vielen Geschäften akzeptiert. Unter der einheitlichen Sperrnotruf-Nummer 0049 116 116 kann man in **Deutschland** Bank- und Kreditkarten, Online-Banking-Zugänge, Handykarten und die elektronische Identitätsfunktion des Personalausweises bei Verlust sperren lassen. Für **Österreich** gilt die Telefonnummer: 0043 1 204 88 00. Die **Schweiz** hat keine einheitliche Notfallnummer; die wichtigsten sind: 0041 44 6 59 69 00 (Swisscard); 0041 8 48 88 86 01 (UBS Card Center); 0041 58 9 58 83 83 (VISECA); 0041 44 8 28 32 81 (PostFinance).

Gesundheit
Krankenversicherung: Mit der Europäischen **Krankenversicherungskarte** (auf der

Rückseite der elektronischen Gesundheitskarte) wird theoretisch Krankenversicherungsschutz garantiert; praktisch akzeptieren kroatische Ärzte sie aber oft nicht oder nur bedingt. Im Krankheitsfall muss der Patient dann die Rechnung bezahlen und bekommt sie von seiner Kasse erstattet. In der Regel empfiehlt sich auch der Abschluss einer speziellen **Reisekrankenversicherung**, die z. B. die Kosten für einen Krankenrücktransport übernimmt.
Medikamente: Verschreibungspflichtige sowie rezeptfreie Medikamente sind in Apotheken (»ljekarna«) erhältlich. Außerhalb der Öffnungszeiten findet man an den Türen die Adresse der nächsten Notapotheke. Medikamente, die man regelmäßig einnehmen muss, sollte man mit sich führen. Es empfiehlt sich auch, Mittel gegen Insektenstiche, Durchfall und Reisekrankheit mitzunehmen sowie ein Sonnenschutzmittel mit hohem Faktor zu wählen.
Trinkwasser: Leitungswasser ist trinkbar; Mineralwasser ist überall erhältlich.

In Kontakt bleiben

Post: Briefmarken gibt es in Postämtern und am Kiosk. Die Briefkästen sind gelb und tragen die Buchstaben HP. Briefe innerhalb der EU benötigen normalerweise 5 bis 10 Tage. Eine Postkarte ins europäische Ausland kostet in Kroatien 4,60 Kn, ein Brief schlägt mit 7,60 Kn zu Buche.
Öffentliche Fernsprecher: Öffentliche Telefone, die in der Regel nur mit Telefonkarten (telefonska kartica) funktionieren, sind inzwischen selten. Karten kann man in Postämtern, am Kiosk und in Geschäften mit dem Logo HT (Hrvatski Telekom) kaufen.
WLAN und Internet: WLAN ist in vielen Cafés, Bars, Einkaufszentren, an einigen Stränden und in fast allen Hotels kostenlos. Unter https://wifispc.com/croatia findet man gebührenfreie öffentliche WLAN-Spots.
Mobilfunkanbieter: Das Mobilfunknetz ist fast überall gut ausgebaut; die Hauptanbieter sind T-Com und VIP. Sofern Ihr Handy automatisches Roaming zulässt, wählt es sich in das entsprechende Partnernetz ein. Seit 2017 kann man mit dem Handy innerhalb des EU-Auslandes ohne zusätzliche Roaming-Gebühren telefonieren, surfen und SMS versenden. Details erfahren Sie bei Ihrem Mobilfunkanbieter (s. auch www.teltarif.de). Mobilnummern beginnen mit der Ziffernfolge 09.

Reisedokumente

Kroatien ist dem Schengener Abkommen (noch) nicht beigetreten. Deswegen gelten seine Grenzen als EU-Außengrenzen, an denen zwingend gültige Ausweispapiere, also Pass oder Personalausweis, vorgelegt werden müssen. Da bei Fahrten nach Süddalmatien im Neum-Korridor Bosnien und Herzegowina durchquert wird, müssen Sie dort auf jeden Fall einen gültigen Reisepass dabeihaben. Reisende aus der Schweiz benötigen einen gültigen Personalausweis (bzw. Pass für den Neum-Korridor). Wer mit dem Auto nach Kroatien einreist, muss den nationalen Führerschein und die Fahrzeugpapiere dabeihaben, und auch die Grüne Versicherungskarte darf dann nicht fehlen.

Reisezeit

Kroatiens Landesinnere besitzt ein kontinentales Klima. Für den Besuch Zagrebs und Zentralkroatiens empfehlen sich Spätfrühjahr bis Herbst mit milden Temperaturen; im Hochsommer kann es aber auch dort ziemlich heiß werden. Frühling (März–Juni) und Herbst (September/Oktober) sind die beste Zeit für einen Aufenthalt an der Adriaküste. Im Sommer sind die Badeorte und Strände ziemlich überlaufen und die Preise für Unterkunft und Essen deutlich höher. Wer Wandern, Rad- oder Kanufahren möchte, findet in den milderen Jahreszeiten bessere klimatische Bedingungen. Kulinarische Genüsse versprechen in Istrien ganz besonders das Frühjahr (wilder Spargel, Sardinen) und der Herbst (Trüffel).

Notrufe

Allgemeiner Notruf ☎ 112
Feuerwehr ☎ 193
Polizei ☎ 192
Krankenwagen ☎ 194

Sicherheit

Gewalt gegen Touristen kommt in Kroatien quasi nicht vor. Frauen sollten zwar nicht unbedingt alleine nächtliche Spaziergänge an einsamen Stränden unternehmen, aber auch da ist eher mit verbaler Belästigung als mit Gewalt zu rechnen. Taschendiebstählen und Trickbetrügereien kann man mit umsichtigem Verhalten ausweichen. Auf Märkten oder im Gedränge bei größeren Veranstaltungen sollte man besonders gut auf seine Wertsachen achten und natürlich nie Wertgegenstände im abgestellten Fahrzeug lassen.

Websites

https://croatia.hr: Die offizielle Tourismuswebsite enthält alles Wissenswerte über das Land, bietet viele reisepraktische Informationen und die Möglichkeit, Themen wie „Strände", „landschaftliche Highlights" oder „antike Stätten" über eine interaktive Landkarte aufzurufen.
www.kroati.de: Das Buchungsportal für Hotels, Apartments und Ferienzimmer unterscheidet sich von anderen durch die umfangreichen landeskundlichen Informationen zu den vorgestellten Orten.
www.idriva.de: Buchungsportal mit einem umfassenden Angebot an Hotels, Ferienhäusern, Campingplätzen etc., außerdem Adria-Kreuzfahrten.
www.istra.hr: Die Webseite des Tourismusverbands Istrien stellt die nordkroatische Halbinsel mit Unterkünften, Restaurants, Events und Aktivitäten sowie mit weiterführenden Links vor.
www.frankaboutcroatia.com: Der unterhaltsame englischsprachige Reiseblog verbindet interessante Infos und Tipps mit Buchungsmöglichkeiten von Unterkünften.
www.inyourpocket.com: Sowohl online als auch im Print (kostenlos bei den Tourist Infos erhältlich) Tipps zu kroatischen Städten (z. B. Zagreb, Zadar, Dubrovnik, Split), interessant vor allem wegen der aktuellen Infos zu Essen, Ausgehen und Shopping.

Zeit

In Kroatien gilt die Mitteleuropäische Zeit. Vom letzten Sonntag im März bis zum letzten Sonntag im Oktober gilt die Mitteleuropäische Sommerzeit

Zollbestimmungen

Innerhalb der Europäischen Union (EU) ist der Warenverkehr für private Zwecke weitgehend zollfrei; allerdings gelten obere Richtmengen (z. B. für Reisende über 17 J. 800 Zigaretten, 10 l Spirituosen, 90 l Wein). Zollfrei sind auch Mitbringsel bis zu einem Wert von insgesamt 430 € (bei einer Flugreise) bzw. 300 € (Reise mit Pkw, Bus oder Bahn). Zollfrei bei der Wiedereinreise in die Schweiz sind für Personen ab 17 J. z. B. 250 Zigaretten, 5 l Wein, 1 l Spirituosen sowie weitere Reisemitbringsel im Wert von bis zu 300 CHF (aktuelle Infos unter www. zoll.de und www.ezv.admin.ch).

ANREISE

Viele Wege führen nach Kroatien – zu Luft, zu Land, zu Wasser. Überlegen Sie, welche Art der Anreise am besten zu Ihnen und Ihrer persönlichen Reiseplanung passt.

Mit dem Flugzeug

Internationale Flughäfen gibt es in Zagreb, Split, Dubrovnik, Pula, Rijeka und Zadar. Croatia Airlines (www.croatiaairlines.hr) bietet regelmäßige Flüge von vielen europäischen Großstädten nach Zagreb, u. a. auch von Frankfurt a. M., Zürich und Wien. Auch Austrian Airlines und Lufthansa fliegen nach Kroatien. Dazu kommen Billigflüge von deutschen, österreichischen und Schweizer Flughäfen, die im Sommerhalbjahr beliebte Urlaubsziele wie Brač, Dubrovnik oder Zadar ansteuern. Wer Istrien bereisen möchte, kann auch die Airports von Ljubljana (Slowenien) oder Triest (Italien) anfliegen.

Mit dem Schiff

Jadrolinija (www.jadrolinija.hr) bietet Fährverbindungen von Italien nach Kroatien mit Passagier- und Autofähren an. Die Hauptlinien sind Ancona–Split, Ancona–Zadar und Bari–Dubrovnik Auch die italienische SNAV verbindet Ancona mit Split, ebenso Blueline Ferries, die zudem auch Hvar anlaufen. Venezia Lines (www.

venezialines.com) und Triestelines (www.triestelines.it) bieten im Sommer auch Schnellverbindungen von Venedig bzw. Triest zur Küste Istriens an.

Mit Bus und Bahn
Direkte Bus- und Bahnverbindungen nach Zagreb gibt es von mehreren größeren europäischen Städten. Auskunft erteilen www.bahn.de, www.oebb.at, www.sbb.ch und www.flixbus.de.

Mit dem Auto
Die **schnellste, aber auch stauanfälligste Route** von Deutschland führt über Salzburg, den Tauerntunnel, Villach, den Karawankentunnel und Ljubljana nach Zagreb bzw. über Novo Mesto und Karlovac an die Küste nach Zadar und weiter nach Süden. Alternativ geht es von Villach über Klagenfurt, Loiblpass und Ljubljana bzw. über Udine und Triest nach Rijeka. In allen Transitländern und in Kroatien besteht auf Autobahnen eine **Vignetten- bzw. Mautpflicht**. In Slowenien müssen Sie auch tagsüber stets das Abblendlicht eingeschaltet haben. Vorgeschrieben sind Führerschein, die Grüne Versicherungskarte und die Fahrzeugpapiere. Für Mietwagen ist ein für Kroatien gültiger Versicherungsnachweis erforderlich.

UNTERWEGS IN KROATIEN

Mit dem eigenen (oder gemieteten) Auto erreichen Sie auch abgelegene Ecken individuell und zeitlich flexibel, doch auch das öffentliche Verkehrsnetz bringt Sie vielerorts zum Ziel. Wer die Inseln besuchen will, begibt sich (ob mit oder ohne Auto) einfach auf eine der vielen Fähren.

Mit dem eigenen Fahrzeug
Wichtige Verkehrsregeln: Alle Insassen müssen **angeschnallt** sein. **Warnwesten** (für alle Insassen!) müssen unbedingt mitgeführt werden. Die Benutzung eines **Handys** beim Fahren ist natürlich verboten. Die **Scheinwerfer** müssen im Winter immer eingeschaltet sein, zudem muss ein **Ersatz-Lampenset** mitgeführt werden (Xenon- und LED-Leuchten ausgenommen). Die **Alkoholgrenze** liegt bei 0,5 ‰, bei Fahrern unter 25 Jahren bei 0,0 ‰. Als **zulässige Höchstgeschwindigkeit** gilt in Ortschaften 50 km/h, auf Landstraßen 80 km/h, Schnellstraßen 110 km/h, mautpflichtige Autobahnen 130 km/h. Gespanne dürfen nicht schneller als 80 km/h fahren. Kommt es zu einem **Unfall**, rufen Sie die Polizei: Tel. 192, der **Pannendienst** des Hrvatski Autoklub, Partnerclub des ADAC, ist unter Tel. 987 erreichbar.

Mit öffentlichen Verkehrsmitteln
Per Bus, Bahn und Fähre:
Bus: Busse sind in vielen Landesteilen das wichtigste öffentliche Verkehrsmittel. Linien auf den Adriainseln gehören ebenso zum **Streckennetz** wie Überlandrouten zwischen den großen Städten. Informationen über **Fahrpläne, Platzreservierungen** und **Fahrkarten** erhalten Sie an Busbahnhöfen oder unter https://croatiabus.getbybus.com.
Zug: Fast alle größeren Städte – Dubrovnik ausgenommen – sind auch durch das Streckennetz der Eisenbahn miteinander verbunden. Das **Schienennetz** ist im **Norden und Osten** des Landes relativ dicht und eignet sich damit gut für Rundreisen im Binnenland. An der Küste gibt es dagegen nur wenige Zugverbindungen. **Fahrplanauskünfte** erhalten Sie am Hauptbahnhof von Zagreb (Tel. 01 378 25 83) und bei der kroatischen Bahngesellschaft (www.hzpp.hr).
Fähre: Wichtigster Anbieter von **Fährpassagen** zwischen Festland und Inseln ist die staatliche **Jadrolinija** (www.jadrolinija.hr). Sie betreibt Personen- und Autofähren sowie schnelle Katamarane. Kleinere lokale Gesellschaften operieren auf einigen wenigen Strecken, so G&V Line zwischen **Dubrovnik und Mljet** (www.gv-line.hr) oder **FerryRab** zwischen Festland und der Insel **Rab** (www.ferryrab.com). Die Jadrolinija unterhält in den meisten größeren Häfen Büros, in denen Sie sich über die **Routen**, **Tarife** und **Fahrpläne** informieren und **Fahrkarten** kaufen können. Leider gibt es bei den meisten Strecken keine Möglichkeit, die Fährpassage mit dem Auto zu reservieren; da heißt es, zeitig am Hafen zu

erscheinen und sich in die Schlange der wartenden Fahrzeuge einzureihen.

Jadrolinija-Büros:
Dubrovnik: ☎ 020 41 80 00
Split: ☎ 021 33 83 33
Rijeka: ☎ 051 21 14 44

Mehrere Jahre verbanden **Wasserflugzeuge** einige Städte wie Split oder Zadar mit ausgewählten Inseln. Die Gesellschaft European Coastal Airlines musste 2016 Insolvenz anmelden; seitdem sind von staatlicher Seite Bestrebungen im Gange, diesen Service wiederaufzunehmen. Informationen dazu findet man unter www.ec-air.eu.

Öffentliche Verkehrsmittel in Zagreb
Zagreb lässt sich mit Bussen und Trambahnen bestens erkunden. Die Verkehrsbetriebe ZET unterhalten ein **gutes Netz** öffentlicher Verkehrsmittel; **Übersichtspläne** finden sich an allen Straßenbahnhaltestellen und sind bei den Tourist-Infos erhältlich. **Fahrkarten** zum Preis von 10 Kn sind an den **ZET-Kiosken** an den Endhaltestellen, in Tram und Bus und an den **Zeitungskiosken** am Trg Bana Jelačića erhältlich. Für Kurzstrecken ist ein Ticket für 4 Kn erhältlich. Nachts zwischen 0 und 4 Uhr kostet ein Ticket 15 Kn. Die Fahrkarten müssen an den Automaten **entwertet** werden.

Bei einem mehrtägigen Aufenthalt kann sich der Kauf einer **Zagreb Card** (http://zagrebcard.com) lohnen. Damit hat man 24 (98 Kn) oder 72 Stunden (135 Kn) lang freie Fahrt in allen öffentlichen Verkehrsmitteln einschließlich der Zahnradbahn in die Oberstadt Gradec und freien Eintritt in sechs wichtige Museen bzw. Attraktionen; zudem gewähren weitere Museen, Hotels, Restaurants und Geschäfte Ermäßigungen.

Öffentliche Verkehrsmittel in Dubrovnik
Dubrovniks Linienbusverkehr betreibt **Libertas** (http://libertasdubrovnik.com). Die für Besucher der Stadt **wichtigsten Linien** verkehren zwischen der Halbinsel Lapad mit ihren Hotels oder dem Hafen Gruž und der historischen Altstadt. **Fahrkarten** zum Preis von 12 Kn sind an **Zeitungskiosken** und an **Libertas-Verkaufsstellen** vor dem Pile-Tor erhältlich. Im Bus selbst sind sie etwas teurer (15 Kn); die Fahrer geben kein Wechselgeld heraus. Die Tickets müssen im Bus entwertet werden.

Taxi
Taxis verkehren in allen **größeren Städten** und **Ferienorten**. Meist zahlt man einen Grundtarif von ca. 30 Kn sowie zusätzlich einen Kilometerpreis. Nachts und sonntags sind die Fahrpreise höher. In Zagreb fährt **Eko taxi** mit einer Flotte von Hybridfahrzeugen, die man telefonisch unter. 060 77 77 oder per App bestellen kann (www.ekotaxi.hr).

ÜBERNACHTEN

Kroatien bietet vielfältige Übernachtungsmöglichkeiten, vom Campingplatz über Apartments und Privatzimmer bis hin zu feinen Hotels.

Preise für ein Doppelzimmer pro Nacht:
€ unter 400 Kn
€€ 400–800 Kn
€€€ über 800 Kn

Hotels
Die Zeiten der uniformen Ferienunterkünfte sozialistischer Bauart sind in Kroatien längst vorbei. Die meisten Hotels wurden aufwendig saniert, dem Zeitgeschmack entsprechend umgestaltet und mit Wellnesscentern oder Aquaparks aufgehübscht. Die Verbesserung des Angebots hat den Nachteil, dass die Preise deutlich gestiegen sind, denn viele dieser neuen Anlagen haben Vier-, teils sogar Fünf-Sterne-Niveau. In der Hochsaison kann ein Doppelzimmer durchaus über 200 €/Nacht kosten. Nicht jeder ist bereit, diesen Betrag hinzublättern.

Boutique-Hotels
Kleine, nicht von großen Touristikunternehmen wie Valamar oder Sunčanihvar geführte Hotels sind im Kommen, aber groß ist deren Zahl immer noch nicht. Häufig handelt es sich um Boutique-Hotels, also sehr indivi-

duell ausgestattete und geführte, hochpreisige Häuser in besonders schöner Lage oder in historischen Mauern. In Istrien und an der Kvarner Bucht ist das Angebot besonders interessant. Die bei der Kroatischen Tourismuszentrale erhältliche Broschüre »Kleine und familiengeführte Hotels« informiert darüber; online steht das Angebot auf www.istra.hr. Hilfe bei Auswahl und Buchung bietet auch das deutschsprachige Portal www.istrien-pur.com.

Hostels und B & B-Betriebe
Ein rasantes Wachstum haben Hostels und B & B-Betriebe in den größeren Städten wie Zagreb, Split und Dubrovnik hingelegt. Auch hier werden Service und Komfort immer größer geschrieben, und so gibt es kaum ein Hostel, das nicht auch Doppelzimmer mit Bad anbietet, freies WLAN ist überall inklusive.

Privatunterkünfte: Apartments und Ferienzimmer
Eine preiswertere Alternative zu Hotels stellen auch Apartments und Ferienzimmer dar, die in alter Tradition – das gab's ja auch schon im sozialistischen Jugoslawien – von Privatleuten vermietet werden. In den touristischen Regionen ist das Angebot riesengroß; einschlägige Buchungsportale oder lokale Touristenbüros vermitteln diese Unterkünfte. Auch hier sind mit dem Komfort die Preise gestiegen. In der Hochsaison ist es in begehrten Destinationen nicht leicht, ein Doppelzimmer unter 80 € zu ergattern.

Viele Städtebummler übernachten auch gerne in Unterkünften, die über Plattformen wie airbnb vermittelt werden. Die Autoren möchten hier nur Folgendes zu bedenken geben: Die Mehrheit dieser Vermietungen passiert schwarz, es wird also keine Steuer abgeführt. Und durch das lukrative Geschäft mit Touristen wird die einheimische Bevölkerung verdrängt, besonders in Destinationen wie Dubrovnik oder Split.

Campingplätze
Viele Campingplätze haben sich in attraktive resortartige Anlagen verwandelt; den kleinen, intimen Platz am Meer, an dem man sein Zwei-Mann-Zelt aufstellt, findet man heute viel seltener. Vorteil dieser Entwicklung ist die Rundumversorgung mit Kinderbetreuung, Sportangebot, Yoga, Party etc. Nachteile sind der Rummel und die deutlich höheren Preise.

Websites
Hilfe bei der Wahl der passenden Unterkunft bieten Plattformen wie Tripadvisor, Booking oder Hostelworld. Buchungen für die Hochsaison (Juli/August) sollten unbedingt zeitig vorgenommen werden. Und die Preise unternehmen in dieser Zeit einen atemberaubenden Höhenflug!

ESSEN UND TRINKEN

Die kroatische Küche verbindet die Kochkunst der Mittelmeerregion, des Balkans und Mitteleuropas zu einer faszinierenden Mischung. In den Gerichten der verschiedenen Regionen spiegeln sich deren geografische Lage, die regional erzeugten Produkte und die Geschichte des Landes wider: Während an der Küste leichte, frische Speisen wie Fisch und Meeresfrüchte serviert werden, die oft auch an die Küche des Nachbarn Italien erinnern, mag man es im Binnenland und in den Bergen würziger und deftiger.

Die Preise gelten für ein Drei-Gänge-Menü ohne Getränke:

€	unter 150 Kn
€€	150–300 Kn
€€€	über 300 Kn

Melting Pot Zagreb
In der Hauptstadt Zagreb begegnen sich alle diese Einflüsse und kulinarischen Kulturen. Sie können dort hervorragend mediterran speisen, Spezialitäten aus Slawonien probieren oder die feine istrische Küche verkosten. Auch größere Städte wie Split oder Rijeka besitzen eine breit gefächerte und anspruchsvolle Gastronomieszene. Besonders viele von Michelin und Gault Millau ausgezeichnete Restaurants sind in Istrien und an der Kvarner Bucht versam-

melt; das Monte in Rovinj (Montalbano 75, www.monte.hr) schmückt sich seit 2017 als erster kroatischer Esstempel stolz mit drei Michelin-Sternen.

Frisch und regional
Abseits der kulinarischen Hotspots erwartet Sie eine bodenständige Küche, deren wichtigstes Credo lautet: So regional und frisch wie möglich. Zugegeben: Selbst an der Adria kann es passieren, dass die Goldbrasse auf Ihrem Teller zuletzt nicht im Meer schwamm, sondern in der Tiefkühltruhe lag. Aber jedes Lokal, das etwas auf sich hält, setzt nicht irgendwelche Standard-Fischgerichte, sondern den Fang des Tages auf die Speisekarte. Für Gemüse und Salat gilt das Frischegebot ohnehin; es sollte aus dem eigenen Garten oder dem eines zuverlässigen Lieferanten des Vertrauens stammen. Und das schmeckt man. Ganz gleich also, ob Fisch oder Fleisch traditionell oder nach einer der vielen Fusionmethoden zubereitet werden – Frische und Regionalität sind stets im Fokus.

Das zergeht auf der Zunge
Auf den Speisekarten guter Restaurants werden Ihnen regionale Spezialitäten begegnen, die Sie unbedingt einmal probieren sollten: Fleischgerichte vom **Boškarin-Rind** liegen voll im Trend. Die beinahe ausgestorbene, istrische Rinderrasse wird wegen ihres aromatischen Fleisches verstärkt gezüchtet. Eine besondere Scampi-Art holen Fischer mit Reusen ganz vorsichtig aus den Gewässern der Kvarner Bucht: Das Fleisch der **Kvarner Scampi** ist so zart, dass man es am besten roh, mariniert mit heimischem Olivenöl und Zitrone, verzehrt. Aus Istrien stammen auch **Schwarze** und **Weiße Trüffel** (»Tartufi«), die vielen kroatischen Gerichten den letzten Schliff geben. Die Weiden auf den Inseln Cres und Pag verleihen dem Fleisch der **Lämmer** einen ganz besonderen Goût. In der **Peka**, einer schweren Eisenpfanne mit Deckel, die direkt in die Herdglut gestellt wird, zubereitet, nimmt es dann auch noch die Aromen der beigefügten Gemüse und Gewürze an – ein nahezu unwiderstehlicher Genuss!

Fischers Fritze fischt
Beliebte und an der gesamten Küste vorkommende Speisefische und Meeresfrüchte sind Goldbrasse, Wolfsbarsch, Sardinen, Hummer, Oktopus, Garnelen und verschiedene Muschelarten. Im istrischen Limfjord und in den Gewässern vor Ston (Pelješac) werden Austern gezüchtet. Das kroatische Binnenland, vor allem Slawonien, pflegt vielfältigste Zubereitung von Geflügel; gelegentlich steht sogar Kapaun (»Kopun«) auf der Karte. Beliebt sind auch Kutteln (»Tripice«), vor allem als günstiges Mittagsmahl. Aus Flüssen und Seen wandern Forelle, Aal, Karpfen und gelegentlich auch Froschschenkel auf den Teller.

Heiß auf Grillfleisch
Vermissen Sie etwas? Dann seien Sie beruhigt: Nein, sie sind mit der Unabhängigkeit Kroatiens nicht ausgestorben, die preiswerten Fleischgerichte vom Grill, Čevapčići (Hackfleischwürstchen), Ražnići (Schweinefleischspießchen) und deren Konsorten. Sie stehen nur manchmal nicht mehr ganz oben auf der Speisekarte, und Köche mit hohen kulinarischen Ansprüchen machen einen großen Bogen um diese ebenso simple wie preiswerte und schmackhafte Hausmannskost. Aber in jedem »normalen« Restaurant sind sie zu haben.

Qualität hat ihren Preis
Mit den Ansprüchen von Köchen und Gästen sind auch die Preise für die Gerichte gestiegen. Wer in Kroatien gut essen möchte, muss auch hier mit einem nahezu mitteleuropäischem Preisniveau rechnen. Vor allem Fisch schlägt deutlich zu Buche. Er wird normalerweise zum Kilopreis angeboten, unterschieden wird jedoch zwischen Edel- und Normalfisch. Bei Edelfisch sollten Sie mit 320 bis 400 Kn/Kilo rechnen, bei den eher als Beifang gerechneten Sorten wie Sardellen sind es 220 bis 250 Kuna. Günstig essen kann man in Lokalen, die ein Mittagsmenü offerieren, meist Suppe oder Salat und ein Hauptgericht mit einem Glas Wein. Eine solche Marenda macht oft schon für 50 bis 100 Kuna satt.

Konoba oder Restaurant
So wie sich die traditionelle Küche verändert, verwischen auch die herkömmlichen Unterschiede zwischen den einzelnen Arten von Lokalen. Konobas, die mittlerweile wie Pilze aus dem Boden schießen, waren ursprünglich Weinkeller, in denen Aufschnittplatten mit Schinken (»Pršut«) und Käse (»Sir«) zum Wein gereicht wurden. Noch heute geben sich Konobas gerne einen rustikalen Anstrich, aber das Speisenangebot kann sich durchaus mit dem eines Restaurants messen. Restaurants in Ferienregionen sind im Sommerhalbjahr übrigens meist täglich von morgens bis abends durchgängig geöffnet; nur wenige erlauben sich einen Ruhetag oder eine Mittagspause. Viele schließen dafür im Winter dann ganz.

Eat like a local
Wollen Sie den Tag einmal ganz kroatisch begehen? Dann fällt erstmal das Frühstück weg; stattdessen gibt's an der Bar einen Espresso im Stehen und ein süßes Hörnchen in die Hand. Gegen 11 Uhr kann dann schon der Magen knurren, aber dafür hat Gott ja die Marenda erfunden, ein nahrhaftes Mittagsmahl mit einem Gläschen Wein. Die Zeit bis zum Abendessen überbrücken am Nachmittag ein guter Kaffee mit süßem Beiwerk und, vielleicht so ab 18.30 Uhr, eine Waffel Eis beim »Korzo«, dem Bummel-Ritual entlang der Uferpromenaden. Danach ist dann aber endlich Zeit für das Dinner.

Živjeli - Prost!
Die Anbauregionen an der Küste, auf den Inseln und auf dem Festland bringen dank ganz unterschiedlicher Böden und Klimabedingungen eine große Vielfalt feiner Tropfen hervor. Zu den besten **Rotweinsorten** gehören Dingač, Postup und Plavac Mali von der Halbinsel Pelješac sowie der istrische Teran. Als gute **Weißweine** gelten der Malvazija aus Istrien, Grk und Pošip von der Insel Korčula, der slawonische Graševina sowie der auf der Insel Vis beheimatete Vugava. Im Restaurant wählen Sie zwischen dem (fast immer erstaunlich preiswerten) Hauswein und Flaschenweinen, deren Preise meist ebenfalls erstaunlich niedrig sind. Lassen Sie sich ruhig beraten; in vielen Restaurants ist sogar ein kundiger Sommelier zur Stelle. Auch das Bierbrauen hat in Kroatien Tradition, und mit der aktuellen Craft-Bier-Mode kommen täglich neue **Biere** auf den Markt. Traditionsmarken sind Karlovačko und Ožujsko.

EINKAUFEN

Regionale Produkte stehen auch bei den Souvenirs ganz vorne. Darüber hinaus gibt es nur wenige Besonderheiten kroatischen Kunsthandwerks, die Sie Ihren Lieben zuhause (oder natürlich sich selbst) mitbringen könnten, denn das meiste, was angeboten wird, haben fleißige Hände in Asien gefertigt.

Auf den Markt
Ein Marktbesuch muss einfach sein, auch wenn Sie weder den frischen Fisch noch den knackigen Salat mitnehmen können. Vor allem die Jugendstilmarkthallen in Pula, Rijeka und der Markt in Zagreb und dort jeweils die Fischabteilungen verdienen unbedingt einen Besuch. In größeren Orten wird täglich (außer Sonntag) Markt gehalten, in kleineren gibt es einen Wochenmarkt. Die Händler kommen meist sehr früh (ab 7 Uhr) und bauen ihre Stände dann ab mittags wieder ab.

An der Riva
Habe Sie jemals an den »Souvenirständen«, die besonders gerne entlang der Uferpromenaden oder auf dem Hauptplatz aufgebaut werden, ein wirklich schönes oder qualitätvolles Mitbringsel gefunden? Wahrscheinlich nicht, denn vieles ist Tand aus Billigproduktion. Dennoch kann es sich lohnen, einen Blick auf das Angebot zu werfen. Denn häufig nutzen auch junge Designer die Möglichkeit, auf ihre Kreationen – Schmuck, T-Shirts, Accessoires – aufmerksam zu machen, und da könnte dann durchaus auch ein neues Lieblingsstück dabei sein.

Kunst & Handwerk
Viele alte Handwerkstechniken sind verloren gegangen, aber einige werden nach wie vor

hartnäckig bewahrt. So wie **Spitzen von der Insel Pag**, die zu kunstvollen Deckchen, Spitzenkrägen oder gar großen Tischdecken gearbeitet werden und in mehreren Souvenirgeschäften in Pag-Stadt erhältlich sind. Farbenfrohe **Stickereien**, in denen Rot den Ton angibt, sind typisch für Dubrovnik und das Konavle-Tal. Hübsche Arbeiten verkauft der Souvenirladen Kokula (Borđićeva 6). Aus Rijeka und Dubrovnik kommen filigrane **Goldschmiedearbeiten**, so in Form der berühmten Figur »Morčić«, einem dunkelhäutigen Turbanträger, den man in Rijeka in den Auslagen vieler Juweliere findet. In Dubrovnik fertigen Goldschmiede kugelförmige Ohrringe und Anhänger, die »Perusini«, an (z. B. bei Durovnik Treasures, Celestina Medovića 2). **Naive Hinterglasmalerei** ist Schwerpunkt der Arbeiten, die im Künstlerdorf Hlebine (s. S. 80) verkauft werden.

Natur pur

Der charakteristische **Lavendelduft** der Insel Hvar, konserviert in hübschen Duftsäckchen oder -Kissen, eignet sich ebenso gut als Urlaubserinnerung wie **Meersalz**, wie man es beispielsweise in den Salinen von Pag sowie in den Souvenirläden in Pag-Stadt kaufen kann. Die weltbesten **Olivenöle** kommen neuerdings auch aus Istrien, so weiß die Olivenölbibel Flos Olei. Zu einigen dieser kostbaren Tropfen führt die Rundfahrt auf S. 90. Gute Öle können Sie aber auch in den Oleotheken der Kette Uje, z. B. in Split, verkosten und kaufen (Marulićeva 1). Auch für seine **Trüffel** ist Istrien berühmt. In den Läden des Chef-Trüffeljägers Giancarlo Zigante bekommen Sie auf verschiedenste Arten konservierte und auch frische Exemplare der kostbaren Knolle (z. B. in Grožnjan, Umberto Gorjana 5).

Zum Ladenschluss

Im Allgemeinen haben die Geschäfte von Montag bis Samstag von 9 oder 10 bis 19 oder 20 Uhr geöffnet, kleinere Läden legen mittags zwischen 12.30 und 14.30 Uhr eine Pause ein. Sonntags sperren nur einige Souvenirshops, Einkaufszentren und Supermärkte die Türen auf.

AUSGEHEN

Lust auf nächtelanges Tanzen? Oder steht Ihnen der Sinn vielleicht eher nach Klassischem? Vor allem im Sommer ist so gut wie überall etwas los, manchmal, etwa am Partystrand Zrće auf Pag, auch zu viel des Guten.

Klassik in historischer Kulisse

In den größeren Städten wie Rijeka, Split und Zagreb erwartet Sie eine dynamische Kultur- und Musikszene mit sowohl klassischem als auch modernem Programm. Besonders in dem aus der k. u. k.-Zeit stammenden Theater in Zagreb (s. S. 57) macht nicht nur die Musik, sondern auch das Ambiente Spaß. Theaterstücke wird man sich mangels Sprachkenntnis wohl nicht ansehen, aber Oper und Ballett sind universell verständlich. In den Ferienorten an der Küste beschränkt sich das Kulturangebot meist auf **Festivals**, bei denen auch internationale Interpreten auftreten. So gut wie alle Events finden im Sommerhalbjahr statt, so beispielsweise das **Sommerfestival in Dubrovnik** mit klassischen Konzerten in der Altstadt (www.dubrovnik-festival.hr), das **Osor Festival** mit zeitgenössischen kroatischen Kompositionen an historischen Spielstätten (www.osor-festival.eu) oder auch die Kammermusikabende in der Kirche Sveti Donat in Zadar (www.donat-festival.com).

Elektro, Rock und Pop

Kroatien bietet mehreren internationalen Pop-Festivals eine Sommerbühne. Das Elektro-Festival **Dimensions** startet Ende August in Pula mit einem Eröffnungskonzert in der Arena und geht an verschiedenen Spielstätten, darunter das ehemalige Habsburger Fort Punta Christo, weiter (www.dimensionsfestival.com). Dubsteb und Reggae folgen beim **Outlook**, ebenfalls in Pula, Anfang September auf den Fuß (www.outlookfestival.com). Die Šibenik vorgelagerte **Insel Obonjan** ist im Sommer zehn Wochen lang Schauplatz eines Jugend-Dauer-Happenings mit den verschiedensten Musikstilen (www.island-obonjan.com).

Bars, Clubs und Diskotheken
Die meisten Bars öffnen gegen 20 Uhr, richtige Diskotheken um 23 Uhr, doch viele sind auch tagsüber geöffnet, dann als Cafés. Abgesehen von den größeren Städten, wo es rund ums Jahr ein quirliges Nachtleben gibt, sind die meisten Clubs in den Ferienorten nur im Sommer in Betrieb.

Programme und Eintrittskarten
Was in Zagreb, Rijeka oder Split los ist, erfahren Sie aus Veranstaltungsprogrammen, die bei den Touristinfos ausliegen, oder im Internet im Web-Auftritt der jeweiligen Stadt. Tickets sind meist ebenfalls bei der Tourist-Info, online oder an der Kasse des Veranstaltungsortes erhältlich.

VERANSTALTUNGSKALENDER

Vor allem im Sommerhalbjahr überschlagen sich die Ferienorte mit kulturellen, sportlichen oder Unterhaltungsangeboten. Zu welcher Zeit was auf dem Programm steht, erfahren Sie hier und auch im Internet.

Januar / Februar
Karneval: Vor allem die Umzüge in Samobor, auf der Insel Lastovo und in Rijeka sind sehenswert. Bei letzteren treten die gefürchteten „Glockenmänner", die »Zvončari« auf.

März / April
Spargeltage: In Istrien sprießt der wilde Spargel, eine echte Delikatesse (er ist aber nicht zu verwechseln mit dem bei uns bekannten grünen Spargel!). In Restaurants, auf Märkten und bei verschiedenen Veranstaltungen wird das gesunde Gemüse gefeiert.
Aklapela: In Dubrovnik treten Anfang April Kroatiens beste Klapa-Gesangsgruppen gegeneinander an (www.aklapela.hr).
Croatia Boat Show: Mitte April sind in Split die tollsten Boote zu besichtigen (http://croatiaboatshow.com).
Dubrovnik Halbmarathon: Ende April ist was los in Dubrovnik und auf der Stadtmauer: 21,1 km sind zu absolvieren (www.du-motion.com).

Mai / Juni
Cest is d' best: Ende Mai/Anfang Juni erobert die internationale Straßentheaterszene Zagrebs Altstadt mit Performances, Akrobatik und Theater (www.cestisdbest.com).
INmusic: Newcomer, Stars und lokale Größen aus Indie und Rock versammeln sich Mitte Juni am Jarun-See bei Zagreb (http://inmusicfestival.com).

Juli / August
Rapska Fjera: Eines der größten Mittelalterfeste Kroatiens wird Ende Juli vor der pittoresken Kulisse der Altstadt von Rab ausgetragen.
Salz-Festival: Ende August ist die Salzernte in Ston eingefahren – Grund genug, das mit Wein und Gesang zu feiern.
Dubrovnik Sommerfestival: Im Juli und August mit hochkarätig besetzten klassischen Konzerten, Theater, Kino, Folklore und, und, und .... (www.dubrovnik-festival.hr).
Moreška: Schwert- und Säbeltänze erinnern an die Bedrohung Korčulas durch Osmanen und Piraten. Sehr dekorativ vor der Kulisse der Stadtmauer.

September / Oktober
Varaždiner Barockabende: Ende September/Anfang Oktober erklingen in Varaždin die schönsten barocken Kompositionen an ungewöhnlichen Veranstaltungsorten (www.vbv.hr).
Marunada: In Lovran und Umgebung werden Ende Oktober die Esskastanien reif – der perfekte Anlass, um sie auf ganz verschiedene Arten zuzubereiten und dazu ein fröhliches Fest zu feiern (www.marunada-lovran.com).

November / Dezember
Weihnachtsmärkte finden in vielen kroatischen Städten statt – am malerischsten vielleicht in Zagreb. Aber auch der Dubrovniker Weihnachtsmarkt mit seinen vielen Kunsthandwerkern ist reizvoll.
Silvester/Neujahr werden überall ausgelassen gefeiert. Besonders romantisch in Dubrovnik mit seinem Riesenfeuerwerk.

SPRACHE

Kroatisch (»hrvatski«) ist die Amtssprache in Kroatien. Bis 1991 wurde dafür die Bezeichnung Serbokroatisch verwendet, inzwischen ist Kroatisch als eigene Sprache anerkannt. Im Gegensatz zum Serbischen, das die kyrillische Schrift benutzt, verwendet das Kroatische das lateinische Alphabet, viele Worte sind aber in beiden Sprachen identisch. Zusätzliche Buchstaben des kroatischen Alphabets sind č (gesprochen wie »tsch«), ć (fast genauso), š (gesprochen wie »sch«), ž (gesprochen wie »sch« in »Genie«) und đ (gesprochen wie »dsch«). Der Buchstabe c spricht sich wie »z«, h wie »ch«.

Immer zu gebrauchen

Hallo	**bog**
Guten Tag	**dobar dan**
Guten Morgen	**dobro jutro**
Guten Abend	**dobar večer**
Auf Wiedersehen	**doviđenja**
Wie geht es Ihnen?	**kako ste**
Bitte	**molim**
Danke	**hvala**
Verzeihung	**oprostite**
Ja	**da**
Nein	**ne**
Bitteschön	**izvolite**
Prost!	**živjeli!**
Groß	**veliko**
Klein	**malo**
Billig	**jeftin**
Teuer	**skupo**
Kroatien	**hrvatska**
Deutschland	**Njemačka**
Ich verstehe nicht	**ne razumijem**
Sprechen Sie Englisch?	**govorite li engleski?**
Sprechen Sie Deutsch?	**govorite li njemački?**
Geöffnet	**otvoreno**
Geschlossen	**zatvoreno**
Entschuldigung	**izvinite**
Touristeninformation	**turistički ured**
Botschaft	**veleposlanstvo**
Konsulat	**konzulami ured**
Kathedrale	**katedrala**
Kirche	**crkva**
Garten	**vrt**
Bücherei	**knijižnica**
Arzt	**liječnik/doktor**
Zahnarzt	**zubar**
Polizei	**policija**
Krankenhaus	**bolnica**
Eingang	**ulaz**
Ausgang	**izlaz**

Übernachten

Hotel	**hotel**
Zimmer	**soba**
Einzelzimmer	**jednokrevetna soba**
Doppelzimmer	**dvokrevetna soba**
Apartment	**apartman**
Badezimmer	**kupaona**
Dusche	**tuš**
Toilette	**zahod**
Balkon	**balkon**
Telefon	**telefon**
Fernseher	**televizor**
Frühstück	**doručak**
Halbpension	**polupansion**
Schlüssel	**ključ**
Reservierung	**rezervacija**
Campingplatz	**autokamp**

Im Restaurant

Restaurant	**restauracija**
Gasthaus	**konoba**
Café	**kavana**
Konditorei	**slastičarnica**
Frühstück	**doručak**
Mittagessen	**ručak**
Abendessen	**večeru**
Speisekarte	**jelovnik**
Weinkarte	**vinska karta**
Rechnung	**račun**

Reise

Bus	**autobus**
Straßenbahn	**tramvaj**
Eisenbahn	**vlak**
Busbahnhof	**autobusni kolodvor**
Bahnhof	**zeljeznički kolodvor**
Flughafen	**zračna luka**
Hafen	**luka**
Fähre	**trajekt**
Fahrkarte	**karta**
Fahrplan	**vozni red**
Ankunft	**dolazak**

Abfahrt	**odlazak**
Taxi	**taksi**
Benzin	**benzin**

Einkaufen

Bäckerei	pekara
Buchhandlung	knijžara
Fleischerei	mesnica
Konditorei	slastičarna
Apotheke	ljekarna
Markt	tržnica
Reisebüro	putnička agencija

Geld

Bank	**banka**
Geldwechsel	**razmjena**
Wechselkurs	**tečaj**
Schalter	**blagajnik**
Geld	**novac**
Bargeld	**gotovina**
Banknote	**novčanice**
Münze	**kovani novac**
Kreditkarte	**kreditna karta**
Reisescheck	**travel čekove**
Postamt	**pošta**
Briefmarke	**poštanske marka**
Postkarte	**razglednica**
Telefonkarte	**telekarta**

Zeit

Stunde	**sat**
Minute	**minuta**
Woche	**tjedan**
Tag	**dan**
Heute	**danas**
Morgen	**sutra**
Gestern	**jučer**

Zahlen

0	**nula**
1	**jedan**
2	**dva**
3	**tri**
4	**četiri**
5	**pet**
6	**šest**
7	**sedam**
8	**osam**
9	**devet**
10	**deset**
11	**jedanaest**
12	**dvanaest**
13	**trinaest**
14	**četrnaest**
15	**petnaest**
16	**šestnaest**
17	**sedamnaest**
18	**osamnaest**
19	**devetnaest**
20	**dvadeset**
21	**dvadeset jedan**
30	**trideset**
40	**četrdeset**
50	**pedeset**
60	**šezdeset**
70	**sedamdeset**
80	**osamdeset**
90	**devedeset**
100	**sto**
101	**sto i jedan**
200	**dvjesto**
300	**tristo**
400	**četristo**
500	**petsto**
600	**šeststo**
700	**sedamsto**
800	**osamsto**
900	**devetsto**
1000	**tisuću**

Speisekarte A–Z

barbun	Rotbarbe
bijelo vino	Weißwein
blitva	Mangold
breskva	Pfirsich
brudet	Fischeintopf
čaj	Tee
čaj sa limunom	Tee mit Zitrone
čevapčići	scharfe Hackbällchen
crni rižot	schwarzer Risotto
crno vino	Rotwein
češnjak	Knoblauch
cipal	Meeräsche
dagnje	Miesmuscheln
divlja svinija	Wildschwein
džem	Marmelade
fiš paprikaš	scharfer Fischeintopf
gazirana mineralna voda	Mineralwasser mit Kohlensäure
govedina	Rindfleisch
grah	Bohnen
grčka	Käse

grgeč	Flussbarsch
gulaš	Gulasch
jabuka	Apfel
jaje (jaja)	Ei (Eier)
janjetina	Lamm
jastog	Hummer
juha	Suppe
kajmak	saure Sahne
kava	Kaffee
krastavac	Gurke
kruh	Brot
krumpir	Kartoffeln
kruške	Birnen
kulen	scharfe Salami
kupus	Kohl
lignje	Tintenfisch
limun	Zitrone
losos	Lachsforelle
lozovača	Weinbrand
luben	Barsch
luk	Zwiebel
marelica	Aprikose
maslinovo ulje	Olivenöl
meso	Fleisch
miješana salata	gemischter Salat
musaka	Auberginenauflauf
naranča	Apfelsine
negazarina mineralna voda	stilles Mineralwasser
njoki	Gnocchi
ocat	Essig
oštrige	Austern
ovčetina	Hammelfleisch
palačinke	Pfannkuchen
papar	Pfeffer
paprike	grüner Paprika
paški sir	Schafskäse
pašticada	Rindfleisch mit Klößen
pastrva	Forelle
piletina	Huhn
pomfrit	Pommes frites
pršut	getrockneter Schinken
ragu	Eintopf
rajčica	Tomate
rak	Krebs
rakija	Schnaps
ramsteak	Rumpsteak
riba	Fisch
riža	Reis
roze vino	Roséwein
sardina	Sardinen
sarma	gefüllte Kohl- oder Weinblätter
sir	Käse
škampi	Languste
sladoled	Eis
slan	Salz
špinat	Spinat
šunka	Schinken
svinjetina	Schweinefleisch
tartufi	Trüffel
teletina	Kalbfleisch
travarica	Kräuterschnaps
tuna	Tunfisch
ulje	Öl
voće	Obst
voda	Wasser
zelena	Blattsalat
zelena salata	grüner Salat
zubatac	Brasse

Reiseatlas

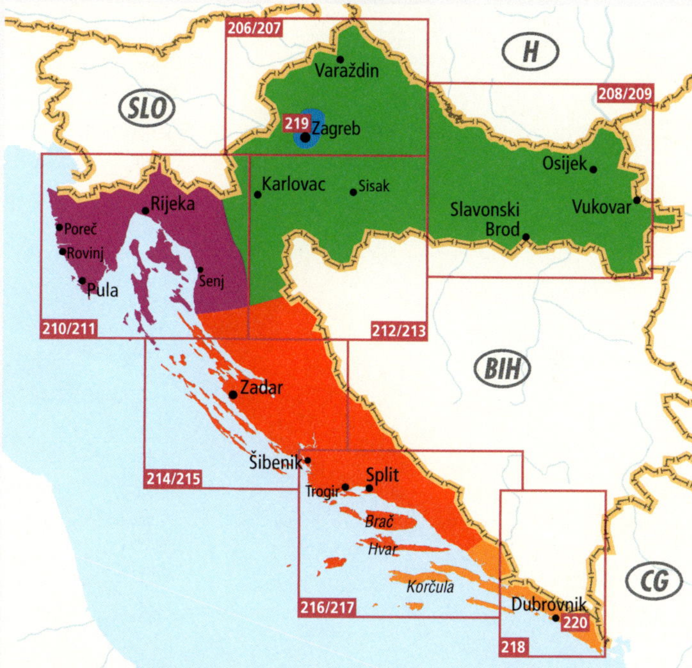

Legende

- A3 16 Autobahn mit Anschlussstelle
- Schnellstraße mit Anschlussstelle
- 26 Fernstraße mit Nummer
- Hauptstraße
- Nebenstraße
- Straße in Bau; Straße in Planung
- Straße für Kfz gesperrt
- Tunnel
- Eisenbahn
- Fähre, Schiffsverbindung
- Staatsgrenze
- Nationalpark; Naturpark
- Sperrgebiet

- Internationaler Flughafen
- Nationaler Flughafen
- Hafen, Ankerplatz
- Grenzübergang
- E 70 Europastraßennummer
- Sehenswürdigkeit
- Archäologische Stätte
- Kloster
- Kirche
- Burg
- Burgruine

- Denkmal
- Sendeturm
- Leuchtturm
- Windmühle
- Badestrand
- Wasserfall
- Höhle
- Berggipfel
- Pass
- Campingplatz
- Heilbad
- Aussichtspunkt

- 2 ★★ TOP 10
- 11 Nicht verpassen!
- 12 Nach Lust und Laune!

1 : 710 000

0 15 30 km

0 7,5 15 mi

MARIBOR
(MARBURG a.d.Drau)
SLO
Slovenska Bistrica
Sl. Bistr.-sever
Sl. Bistr.-jug
Slivnica
Radizel
Hotinja
Fram
Pivola
Sveti-Areh
Rogla
1517 m
Črni vrh
1530 m
Resnik
Zg. Duplek
Sp. Duplek
Miklavž na Dr. p.
Trnovska vas
Pesnica
Drava
Zlatoličje
Kungota pri Ptuju
Ptuj (Pettau)
Pacinje
Dornava
Gabrnik
Polenci
Zagorci
Radoslavci
Ljutomer
Koračice
Savci
Miklavž
V. Nedelja
Libanja
Ormož
Zavrč
Spuhlja
Muretinci
Kidričevo
Pragersko
Ptujska gora
Sela
Majšperk
Dravci
Dolane
Ciorculane
Gornja Vratno
Arboretum
Zg. Leskovec
Zlogonje
Ravna gora
Dravinja
Zaki
Oplotnica
Kozjak
Vitanje
Zreče
Frankolovo
Slovenske Konjice
Sl. Konjice
Poljčane
Pečke
Žiče
Zbelovo
Vojnik
Dramlje
Lopata
Celje
CELJE
Ponikva
Boč
980 m
Rogaška Slatina
Stojno selo
Stoperce
Kozminci
Sv. Jurij
Trakošćan
Donji Macelj
Cvetlin
Žarovnica
Marnčevec
Jurketinec
Koškovec
Jerovec
Bednja
Grobelno
Šmarje pri Jelšah
Šentjur pri Celju
Jakob pri Šentjurju
Gorica pri Slivnici
Loka pri Žusmu
Kristan vrh
Prišlin
Rogatec
Hum na Sutli
Durmanec
Gornje
Strahinšćica
847 m
Lepoglava
Ivanec
Laško
Dobje pri Planini
Podčetrtek
Imeno
Desinić
Veliki tabor
Pregrada
Bežanec
Valentinovo
Trški Vrh
Radoboj
Krapina
Ivanščica
Lobor
Mihovljan
Belec
Trgovišće
Breznica
Gračnica
Jurklošter
Šentvid pri Pl.
Pilštanj
Spominski park
Miljana
Velika Horvatska
Krapinske Toplice
Peršavec
Sveti Križ Začretje
Mače
Zlatar
Zlatar Bistrica
Kumrovec
Tuheljske Toplice
Zagorje
Bohor
Podsreda
Bistrica ob Sotli
Zabok
Bedekovčina
Jertovec
Marija Bistrica
Sevnica
Veliko Trgovišće
Hum Bistrički
Podgorje Bistričko
Brestanica
Pišece
Zabok
Donja Stubica
Krč 418 m
Studenec
Krško
Movrač
Luka
Stubičke Toplice
Gornja Stubica
Sveti Ivan Zelina
Drušče
Golek
Župelevec
Dubravica
Kupljenovo
Jakovlje
Gornja Bistra
Medvednica
Kašina
Bučka
Raka
Drnovo
Brežice
Dobova
Pojatno
Novaki
Sljeme 1035 m
Sv. Helena
Belovar
Moravče
Smednik
Zameško
Krško
Kržka vas
Čatež
Čatež ob Savi
Krka
Brdovec
Zaprešić
Markuševec
Dobruška vas
Kostanjevica na Krki
Šentjernej
Mokrice
Bobovica
Medvedgrad
Laktec
Popovec
Cerje
Orehovica
Stojdraga
Bregana
Sava
ZAGREB
Sesvete
Kraljevečki Novaki
Dugo Selo
Samobor
Sv. Nedelja
Jankomir
Ivanja Reka
Ostrna
Gorjanci
Budinjak
Park prirode Žumberak-Samborsko gorje
Petričko selo
Rude
Čista Mlaka
Sošice
Molvice
Gornji Stupnik
Botinec
Buzin
Jakuševec
Ščitarjevo
Andautonia
Žumberačko gorje
Draga
Klake
Lučko
Veliki Mlaka
Črnkovec
Velika Gorica-sjever
Velika Gorica
Velika Gorica-jug
Vukovina
Tupčina
Radovica
Kostanjevac
Horvati
Klinča Sela
Obrež
Kurilovec
Turopolje
Bušinja vas
Vivodina
Jastrebarsko
Kupinečki Kraljevec
Donja
Dragonožec
Rakitovec
Božakovo
Krašić
Petrovina
Cvetković
Kupinec
Vukomeričke gorice
M. Buna
Veleševec
Metlika
Jurovski Brod
Novaki Petr.
Bratina
Velika Jamnička
Dubranec
Kozjača
Buševec
Vukojevac
Crna Mlaka
Guci
Ozalj
V. Erjavec
Vukoder
Pisarovina
Lučelnica
Gustelnica
Kravarsko
Lekenik
Griblje
Mrzljaki Draganički
Benčetići
Zadoborje
Donja Pokupje
Donja Kupčina
Jamn. Kiselica
Lukinić Brdo
Cerje Letovanićko
Dužica
Donja Stative
Gornja Stative
Blatnica
Kupa
Marindol
Netretić
Novigrad
Karlovac
Šišljavić
Lasinja
Hotnja
221 m
Letanović
St. Farkašić
Žažina
Preloka
Donja Prilišće
Rečica
Banski Kovačevac
Pokupsko
Trepča
Slatina
Vratečko
N. Farkašić
Brest
Vukova Gorica
Jarče Polje
Duga Resa
Kamensko
Skakavac
Sjeničak Lasinjski
Cerovac Vukmanički
Gor. Taborište
Šišinec
Bosanci
Donja
Dobra
A
B
C
1
2
3
4
5
A 1
A 2
A 3
A 4
A 11
E 57
E 59
E 65
E 70
E 71
11-13
14-20
21
22
23
24
28
29

Ljutomer
Mursko Središće
Štrigova
Prekopa
Štrukovec
Vratišinec
Podturen
Preseka
Novo Selo Rok
Šenkovec
Čakovec
Nedelišće
Sračinec
Totovec
Orehovica
Varaždin
Varaždinsko jezero
Nedeljanec
Donji Kucan
Beretinec
Vrbanovec
Križanec
Varaždinske Toplice
Beletinec
Novi Marof
Porutina 491 m
Kalničko gorje
Breznički Hum
Kalnik
Apatovac
Sudovec
Petar Orehovec
Jarek
Bedenica
Komin
Zaistovec
Veliki Raven
Hrastje
Salnik
Šelovac
Rakovec
Kamenica
Križevci
Cubinec
Kloštar
Trema
Glogovnica
Gradec
Vrbovec
Sv. Helena
Greda
Prilesje
Božjakovina
Poljana
Dugo Selo
Lupoglav
Ostrna
Lonja
Predavec
Kloštar Ivanić
Ivanić Grad
Obrovo
Posavski Bregi
Topolje
Križ
Novoselec
Mala-Hrastilnica
Park prirode Lonjsko polje
Lekenik
Desna Martinska Ves
Žirčica
Palanjek
Dužica
Odra
Žažina
Sisak
Petrinja
Topolovac
Šašna Greda
Gušće
Osekovo
Popovača
Gornja Jelenska
Ruškovica
Moslavačka gora
Čazma
Sovari
Graberje Ivaničko
Pobjenik
Mostari
Dubrava
Sišćani
Ribnjak Siščani
Vagovina
Martinak
Štefanje
Babinak
Samarica
Šimljanik
Podgarić
Kutinica
Mikleuška
Kapelica
Brinjani
G. Garešnica
Kutina
Banova Jaruga
Janja Lipa
Kukunjevac
Antunovac
Toranj
Malo Vukovje
Uljanik
Trojeglava
Miljanovac
Garešnica
Kajgana
Dežanovac
Ivanovo Polje
Toplica
Končanica
Klokočevac
Ilovski
Palešnik
Hercegovac
Veliki Zdenci
Popovac
Oštri Zid
Velika Trnovitica
Šimljanica
Berek
Stara Plošćica
Pavlovac
Velika Barna
Grubišno Polje
Veliki Grđevac
Mali Grđevac
Grđevica-Šuma
Sasovac
Međurača
Ivanska
Ribnjak Narta
Narta
Bulinac
Galovac
Bedenik
Babinac
Velika Pisanica
Zrinska
Lasovac
Presna
Gudovac
Farkaševac
Srp. Kapela
Cugovac
Raić
BJELOVAR
Šandrovac
Sedlarica
Žabno
Rovišće
Kraljevac
Kapela
Domanjkuš
Večeslavec
Čarevdar
Hudolvljani
Poljančani
Vijenac 242 m
Remetovac 238 m
Rakitnica
Malo Trojstvo
Kupinovac
Veliko Trojstvo
Jasenik
Budrovac
Mičetinac
Čepelovac
Prugovac
Dinjevac
Kozarevac
Kloštar Podravski
Đurđevac
Miholjanec
Virje
Novigrad-Podravski
Ferdinandovac
Medvedička
Molve
Repaš
Ždala
Koprivnički Bregi
Hlebine
Koprivnica
Peteranec
Drnje
Berzence
Drava (Drau)
Lepavina
Vojakovac
Ivanec
Velika Mučna
Prkos
Podravska
Duga Rijeka
Cvetkovec
Koprivnički Ivanec
Delekovec
Globočec
Kapela Podravska
Sveti Đurđ
Ludbreg
Slanje
Struga
Kutnjak
Donja Dubrava
Prelog
Sveta Marija na Muri
Kotoriba
Goričan
Sv. Juraj
Domašinec
Mura/Mur
Međimurje
Letenye
Bercsehely
Szemenye
Czörnye
Bázakerettye
Borsfa
Korpavár
Sormás
Nagykanizsa
Murakeresztúr
Surd
Iharos
Iharosberény
Pogány-szentpéter
Sand
Inke
Pat
Miháld
Zalasárszeg
Galambok
Zákány
Csurgó
Szenta
207

A
B
C
Karaš
Vizvar
Csokonyavisonta
puszta
Lajosháza-puszta
Szigetvár
Szentlőrinc
Pellérd
Szulok
Dobsza
Babócsa
Somogytarnóca
Hobol
Dencsháza
Podravske Sesvete
Darány
Kétújfalu
Sumony
Baksa
Barcs
Pitomača
Terezino Polje
Teklafalu
Potony
Magyarmecske
Ócsárd
Okrugljača
H
Okorag
Majkovac
Novi Gradac
Lakócsa
Drava (Drau)
Orávafok
Sellye
Fekete-víz
Bogádmindszent
Bušetina
Lozan
Páprád
Brezovica
207
Felsőszentmárton
Vajszló
Špišić-Bukovica
Virovitica
Stara Gradina
Breznica
Zaláta
Kémes
Zrinska
Suhopolje
Novaki
Sopje
Drava
Mali Grđevac
Topolovica
Borova
Suhopoljska
Noskovici
Moslavina Podravska
Viljevo
Donji Miholjac
Čađavica
Cabuna
Pepelana
Lončarica
Grubišno Polje
Medinci
Čadavica
Levinovac
Kusonje
Đakovac
Slatina
Suha Mlaka
Crnac
Rastovac
Miljevci
Klokočevac
Ilova
Mioklovićevo
Veliki Bastaji
Gora Bukovica
Beničanci
Donji Daruvar
G. Predrijevci
Voćin
Macute
Čeralije
Dujanova kosa
830 m
Daruvar
Mikleuš
Čačinci
Zokov Gaj
Djedovica 514 m
Sekulinci
Zdenci
Klókučevci
Kip
Gornji Borki
Park prirode
Papuk
Đuričić
Pušina
Humljani
Đurđenovac
Miljanovac
Sirač
Bijela Pakra
N. Zvečevo
Papuk 953 m
Slatinski Drenovac
Orahovica
Ravna gora
Metla 778 m
725 m
Kamengrad
Dužluk
Feričanci
Velimirovac
617 m
Samostan Orahovica
Gazije
Našice
Dragović
Bučje
Pakra
Velika
Seona
Kraguj
Pakrac
Kamensko
Stražeman
Lučinci
Kaptol
Kutjevo
Krndija
Seovica
Brezovo 984 m
Trenkovo
Vetovo
Bektež
Gradac 355 m
Donji Čaglić
Psunj
Pasikovci
Alilovci
Ferovac
Zdenkovac
Strmac
Podvrško
Skenderovci
Čaglin
Londža
Trnakovac
Šagovina Mašička
Oblakovac
Požega
Jakšić
Ruševo
Bačin Dol
Kalenić
Paka
Cage
213
Nova Gradiška
Požeška gora
Pleternica
Meda 356 m
Okučani
Dilj gora
Dragalić
Zadgrađe
Zdenic Brodski
Staro Petrovo Selo
Dragovci
Grižići
Podcrkavlje
Grabarje
Gorice
Ljupina
Batrina
Bartolovci
Sl. Brod Istok
Sičice
Vrbje
Siče
Oriovac
Lužani
Sl. Brod Zapad
Slavonski Brod
Sava
Gradiška
Donja Dolina
Davor
Bosanski Brod
Bukovac Dubrave
Slavonski Kobaš
Bos. Kobaš
Šumeće
Kočićevo
Povelić
Motajica
BIH
V. Brusnica
Berek
Nova Topola
D. Lepnica
Bos. Dubočac
Grk
Mašići
Nožičko
Zasjeka 315 m
Ukrina
Lužani
Turjak
Kukulje
St. Martinac
Agiči
Polje
E 661
E 70
A3

PÉCS
Berkesd
Ellend
Erdősmárok
Liptád
Dunaszecső
Dunafalva
Nagy-baracska
Gara
Pellérd
Mohács
H
Duna
Görcsöny
Bóly
Újpetre
Nagynyárád
Sátorhely
Kölked
Hóduna
Gakovo
Ócsárd
Garé
Túrony
Maja
Erdőfű
Villányi-hegység
Villány
Dubošević
Topolje
Batina
Bezdan
Harkány
Siklós
Kislippó
Popovac
Kémes
Dráva-szabolcs
Beremend
Zmajevac
Bački Monoštor
Beli Manastir
Baranjsko-Petrovo Selo
Baranja
Kneževi Vinogradi
Donji Miholjac
Kupusina
Črnkovci
Jagodnjak
Kozjak
Dunav (Donau)
Apatin
Marjanci
Belišće
Valpovo
Lug
Beničanci
Lacići
Vučica
Petrijevci
Drava (Drau)
Darda
Park prirode Kopački Rit
Bizovac
Bilje
Harkanovci
Osijek
Josipovac
OSIJEK
Koška
Sarvaš
Aljmaš
Erdut
Martinci Cepinski
Čepin
Veliмirovac
Ledenik
Tenja
Bijelo Brdo
Jevanovac
Antunovac
Dalj
Našice
Budimci
Vladislavci
Vera
Daljski
Podgorac
Beketinci
Ernestinovo
Vuka
Punitovci
Bobota
Trpinja
Laslovo
Korod
Drenje
Kovečka greda
Mandićevac
Markušica
Borovo
Bodani
Semeljci
Tordinci
Dunav
Vukovar
Breznica Đak.
Đakovo
Viškovci
Jarmina
Bogdanovci
Mrzović
Nuštar
Selci Đak.
Majar
Đakovo
Dankovačka
Mikanovci
Vinkovci
Petrovci
Sotin
Breznica
Ivankovo
Negoslavci
Kondrić
Trnava
Budrovci
St. Jankovci
Retkovci
Andrijaševci
N. Jankovci
Renovica
Perkovci
Strizivojna
Orolik
Vrpolje
Šiškovci
Privlaka
Garčin
Cerna
Bosut
D. Andrijevci
Sredanci
V. Kopanica
Gundinci
Banov dol
Gradište
Komletinci
Slavonski Brod
Oprisavci
Sredanci
Velika Kopanica
Babina Greda
Otok
Nijemci
Svilaj
Sava
Županja
Spačva
Novi Grad
Bosanski Šamac
Vrbovac
Županja
Spačva
Lipovac
V. Brusnica
Domaljevac
Tolisa
Crkvina
Bošnjaci
Lipovac
Drasje
BIH
Bosna
Odžak
Bok
D. Slatina

Golfo di Trieste
Tržaški zaliv
TRIESTE
S. Rocco
Corgnale
Muggia
Koper
Capodistria
Ankaran
Ancarano
Kastelec
Kozina
Crni Kal
Piran
Pirano
Jagodje
Izola
Isola d'Istria
Koper-Center
Marezige
Portorož
Portorose
Lucija
Lucia
Savudrija
Umag
Umago
Kaldanija
Caldania
Padna
Padena
Momjan
Marušići
Trsek
Sočerga
Hrvoji
V. Reparac
Movraž
Brest
Vodice
Slum
Buzet
Pinguente
Presnica
Materija
Podgorje
Golac
Zazid
Barka
Rodik
Artviže
Pregarje
Ribnica
Zagorje
Knežak
Mašum
Sembije
Hrušica
Harije
Ilirska Bistrica
Podgrad
Sviščaki
Rupa
Lipa
Klana
Vele Mune
Sapjane
Račja vas
Žejane
Škalnica
Jurdani
Rinajstići
Marčelji
Viškovo
Jušići
Kastav
Matulji
Veprinac
Volosko
Opatija
RIJEKA
Lanišće
Šija
1241 m
Brgodac
Lupoglav
Dolenja Vas
Roč
Hum
Selca
Istarske Toplice
Žnjidarići
Sv. Pelegrin
Brtonigla
Buje
Buie
Krasica
Nova Vas
Srbanj
Grožnjan
Grisignano
Šterna
492 m
Livade
Vižinada
Motovun
Karojba
Jezero Butoniga
Draguć
Grižani
Vrh
Dajla
Novigrad
Cittanova
Tar
Labinci
Štuti
Kolumbera
Baredine
Višnjan
Sv. Marija na Škriljinama
Kašćerga
Previž
Boljun
Vojak
1411 m
Učka
Ika
Lovran
Medveja
Mošćenička Draga
Riječki zaljev
Poreč
Parenzo
Nova Vas
Košinožići
Plava Laguna
Zelena Laguna
Funtana
Žbandaj
Mugeba
Muntrilj
Baderna
Tinjan
Beram
Grdo Selo
Pazin
Pisino
Goloročki dol
Šušnjevica
Gračišće
Mošćenice
Čepić
Mofardini
Dračevac
Flengi
Vrsar
Koversada
Valalta
Limski zaljev
Kloštar
Lovreč
Dvigrad
Kanfanar
Čubanići
Milotski Brijeg
Žminj
Baliči
Raška Draga
Sv. Martin
Kršan
Sv. Juraj
Plomin
Brseč
Brestova
Rt Jablanac
Tramuntana
Rt Grota
Porozina
Beli
Rovinj
Rovigno
Tumina
106 m
Golaš
Kurili
Krmed
Svetvinčenat
Bokordići
Peteni
Maričí
Raša
Labin
Rabac
Vela vrata
Dragozetići
Gorice
650 m
Glavotok
Srednja vrata
Crveni Otok
Luka Veštar
Bale
Valle
Režanci
Grandići
Barban
Štalije
Polje
Crni
538 m
Ravni
Veli bok
Sv. Damjan
Bičići
Orbanići
Divšići
Rebići
Trget
Rakalj
Sv. Blaž
Barbariga
Golubovo
Fažanski kanal
Krnica
Vodnjan
Dignano
Peroj
Nacionalni Park Brijuni
Fažana
Fasana
Galižana
Gallesano
Marčana
Brijuni
Veli Brijuni
Loborika
Nesactium
Pavićini
Kavran
Štinjan
Valtura
Aerodrom Pula
PULA
Šišan
Grabrovići
Ližnjan
Pomer
Medulin
Banjole
Premantura
Rt Kamenjak
Kvarner
Rt Pernat
Merag
Cres
Rt Zaglav
Valun
Lubenice
482 m
Vransko jezero
Rt Brkljač
Orlec
Vrana
Martinšćica
Cres
Štivan
Belej
Zeča
Ustrine
Rt Ustrine
Rt Lokunji
Unije
Televrina
589 m
Osor
Nerezine
Unijski kanal
Rt Vnetak
Vele Srakane
Male Srakane
Lošinjski kanal
Punta Križa
Čunski
Rt Zmoračna
A
B
C
1
2
3
4
5

Snežnik
Babno Polje
Prezid
Podpreska
Grčarice
Stara Cerkev
1056 m
Kočevje
Stari grad
Livold
1074 m
Koprivnik
1148 m
Črmošnjice
Semič
Štrekljevec
Bušinja vas
Metlika
Božakovo
Jurovski Brod
Leskova dol
Snežnik
1796 m
Milanov Vrh
Draga
Gotenica
Trava
1289 m
Parg
Čabar
Jarmovac
Tršće
Plešce
Kočeska Reka
Mozelj
Planina
Gradac
Črnomelj
Nemška Loka
Štalcerji
SLO
Smrekova Draga
Mali Lug
Osilnica
Gomance
Gerovo
Turka
Banjaloka
Nova Sela
Tanča Gora
Dragatus
Griblje
V. Erjavec
Mrzljaki
Draganički
1470 m
Lividraga
Izvor Kupe
Kupa
Gorski Kotar
Risnjak
1528 m
Kuželj
Fara
Stari trg
Dolni Suhor
Bela Krajina
Marindol
Novigrad
Fratar
1350 m
Platak
Nacionalni Park Risnjak
Crni Lug
Brod na Kupi
Brod Moravice
Moravice
Sinji Vrh
Vinica
Preloka
Vukova Gorica
Donja
Prilišće
Severin
Bosanci
Skrad
Dobra
902 m
Zdihovo
Bosiljevo 1
Bosiljevo
Dražice
Autodrom
Kikovica
Mrzla vodica
Lokvarska
Delnice
Kupjak
Močile
Bosiljevo 2
Ponikve
Čavle
Gornja Jelenje
Omladinsko jezero
Lokve
Delnice
Ravna Gora
Ravna Gora
Vrbovsko
Vrbovsko
750 m
Erdelj
Oštrovica
Škrljevo
Krasica
Špilja Vrelo
Vrata
Vrata
Sunger
Veliki vrh
Gomirje
Trošmarija
Dobra
Bakar
Hreljin
Fužine
Mrkopalj
Begovo
Vučelići
RIJEKA
Kostrena
Bakarac
Kraljevica
Krčki most
Lič
Bjelolasica
1533 m
Petar Oglinski
Potok
Križišće
Viševica
1428 m
Ravno
Vrelo
1182 m
Klek
Ogulin
Tounj
Zdenac
Tenki rt
Voz
Jadranovo
Velika Kapela
Omišalj
Tribalj
Jasenak
Ogulin
Oštarije
Biserujka
Dramalj
Grižane
Bijele stijene
Samarske stijene
Žnidovac
Skradnik
Njivice
Rudine
Crikvenica
Breze
Krakar
Gornje Zagorje
Josipdol
Tržić Tounjski
Čižići
Dobrinj
Šilo
Selce
Rt Petrina
Vinodol
Modruš
Drežnica
Cerovnik
Hum
Malinska
Kras
Novi Vinodolski
Klenovica
Žrnovica
1146 m
Podbitoraj
Debeli vrh
1157 m
Latin
863
Milohnići
Vrbnik
Krmpote
Alan
Lokve
Kunić
Plaški
Valbiska
Kornić
Krk
Velebitski
Vrh Kapele
887 m
spilja Balinka
Krk
Košljun
Sibinj
Vodoteć
Stajnice
Brinje
Mala Kapela
Punat
Draga Baščanska
Krivi Put
Županjol
Križpolje
Plavnik
Obzova
568 m
Jurandvor
Lipice
Rt Negrif
Senj
Nehaj
Vratnik
698 m
Brinje
Prokike
Letinac
Stara Baška
Baška
Senjska Draga
Melnice
Žuta Lokva
Brlog
Dabar
Uvala Homutići
Senjska vrata
Straža
356 m
Sveti Juraj
Kvarner
Hajdučki i Rožanski kukovi
Gacka
Javornik
Žrnovica
Sveti Grgur
Prvić
Oltari
Hrvatsko polje
Kompolje
Otočac
Otočac
Škare
Rt Malta
1494 m
Švica
Vrhovine
Rt Sorinj
Goli Otok
Lukovo
Prozor
Rab
Lopar
Klada
Sinac
San Marino
Zavižan
1676 m
Krasno Polje
Kuterovo
Čović
Rt Kalifront
Kampor
Supetarska Draga
Starigrad
M. Rajinac
Rt Sv. Duh
Sv. Fumija
Rab
NP Sjeverni Velebit
1667 m
Rudinka
Ličko Lešće
Banjol
Alan
Vučjak
1213 m
Donja Kosinj
Rt Meli
Kvarnerić
1612 m
Lipovo Polje
Krš
Stinica
Rt Lun
Paški kanal
Mišnjak
Jablanac
Gornja Kosinj
Dolin
Gornji rt
Zavratnica
Štirovača
Bakovac Kos.
Studenci
Lun
Bakovac
Lika
Trstenik
Duškirava
Kvarte
Punta Križa
Jakišnica
Šatorina
Kaluđerovac
Perušić
Pogana
Sv. Ivan
1624 m
Rt Suha
Stara Novalja
Prizna
Donje Pazarište
Klanac
Kruščica jezero
Lošinj
Žigljen
Gradina
Velebit
Mali Lošinj
Oruda
Palacol
Novalja
205 m
Cesarica
Smiljan
Gospić
Oštarijska vrata

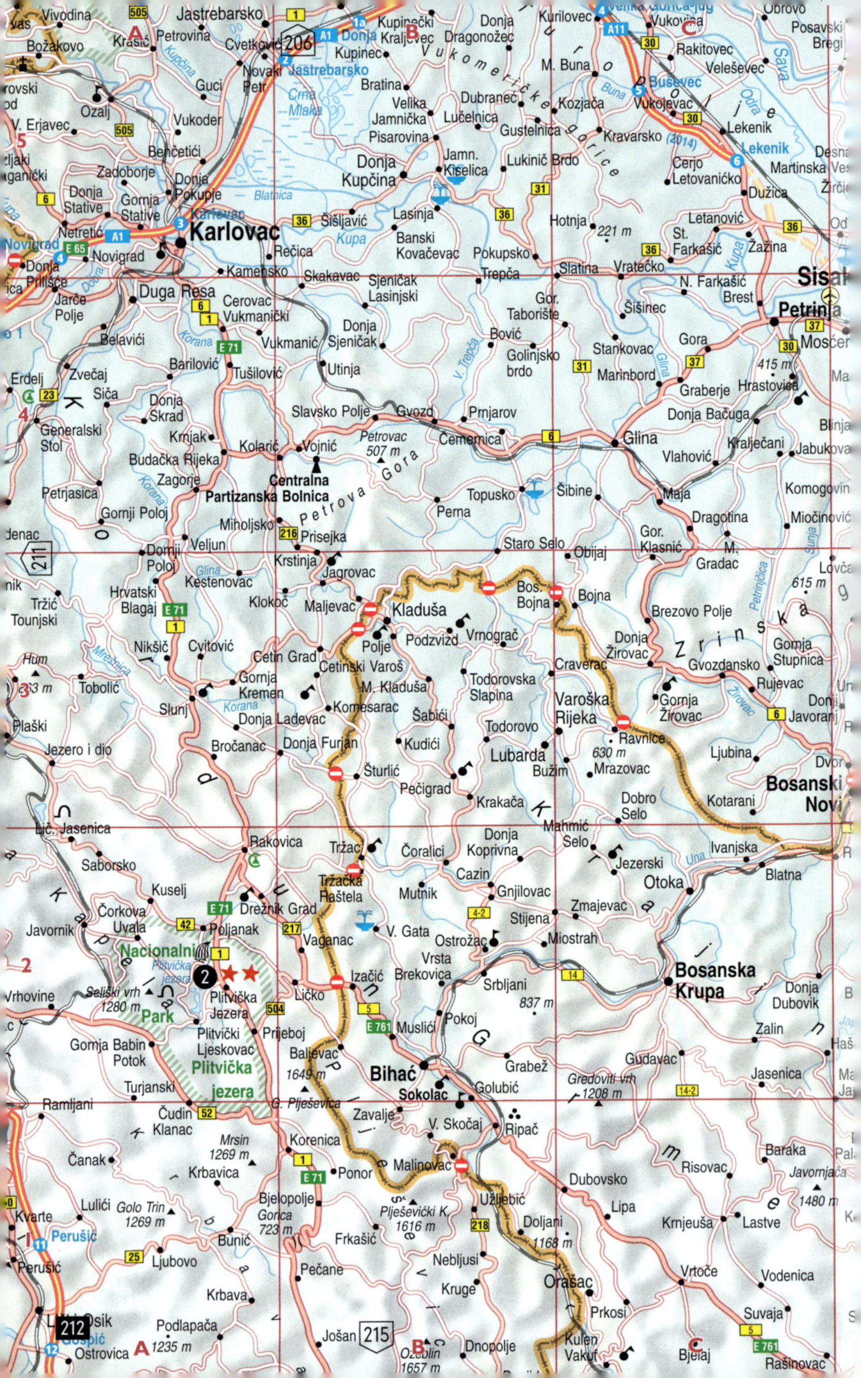

Vivodina
505
Jastrebarsko
A
Petrovina
Krašić
Cvetković
206
Kupinečki Kraljevec
Donja Dragonožec
Kurilovec
Vukovina
Obrovo
Posavski Bregi
Božakovo
Novaki Petr.
Jastrebarsko
Kupinec
Vukomeričke gorice
M. Buna
Rakitovec
Veleševec
Sava
Ozalj
Guci
Crna Mlaka
Bratina
Velika Jamnička
Dubranec
Lučelnica
Kozjača
Buševec
Vukojevac
Odra
V. Erjavec
Vukoder
Pisarovina
Gustelnica
Kravarsko
Lekenik
Bencetići
Zadoborje
Donja Pokupje
Donja Kupčina
Jamn. Kiselica
Lukinič Brdo
Cerje Letovaničko
Martinska Ves
Desna
Donja Stative
Gornja Stative
Blatnica
Dužica
Žirčić
Karlovac
Šišljavić
Lasinja
Hotnja
221 m
Letanović
St. Farkašić
Žažina
Novigrad
Netretić
Kupa
Banski Kovačevac
Pokupsko
Donja Pribišće
Rečica
Kamensko
Skakavac
Sjeničak Lasinjski
Trepča
Slatina
Vratečko
Sisak
N. Farkašić
Brest
Jarče Polje
Duga Resa
Cerovac Vukmanićki
Gor. Taborište
Šišinec
Petrinja
Mošćenica
Dobra
Korana
Belavići
Vukmanić
Donja Sjeničak
Bović
Golinjsko brdo
Stankovac
Gora
Erdelj
Zvečaj
Barilović
Tušilović
Utinja
V. Trepča
Marinbord
Glina
415 m
Graberje
Hrastovica
Siča
Donja Skrad
Slavsko Polje
Gvozd
Prnjarov
Donja Bačuga
Generalski Stol
Krnjak
Kolarić
Vojnić
Petrovac 507 m
Čemernica
Glina
Kralječani
Jabukovac
Budačka Rijeka
Petrova Gora
Vlahović
Zagorje
Centralna Partizanska Bolnica
Topusko
Šibine
Maja
Komogovina
Petrjasica
Gornji Poloj
Miholjsko
Perna
Dragotina
Miočinović
Veljun
Prisejka
Staro Selo
Obijaj
Gor. Klasnić
M. Gradac
Donji Poloj
Krstinja
Lovča
Kestenovac
Jagrovac
Bos. Bojna
Bojna
615 m
Petrinjčica
Tržić Tounjski
Hrvatski Blagaj
Klokoč
Maljevac
Kladuša
Brezovo Polje
Vrnograč
Zrinska
Nikšič
Cvitović
Polje
Podzvizd
Donja Žirovac
Gornja Stupnica
Mrežnica
Cetin Grad
Cetinski Varoš
Craverac
Gvozdansko
Rujevac
Hum 663 m
Tobolić
Gornja Kremen
M. Kladuša
Todorovska Slapina
Varoška Rijeka
Gornja Žirovac
Donji Javoranj
Slunj
Komesarac
Šabići
Žirovac
Plaški
Donja Ladevac
Todorovo
Ravnice
Bročanac
Donja Furjan
Kudići
630 m
Ljubina
Jezero i dio
Šturlić
Lubarda
Bužim
Mrazovac
Bosanski Novi
Pečigrad
Dobro Selo
Kotarani
Krakača
Ljč. Jasenica
Mahmić Selo
Rakovica
Tržac
Čoralici
Donja Koprivna
Ivanjska
Saborsko
Jezerski
Una
Blatna
Tržačka Raštela
Cazin
Otoka
Kuselj
Mutnik
Gnjilovac
Zmajevac
Čorkova Uvala
Drežnik Grad
Stijena
Javornik
Poljanak
V. Gata
Ostrožac
Miostrah
Nacionalni Park
Plitvička jezera
Vaganac
Vrsta
Bosanska Krupa
Seliški vrh 1280 m
Plitvička Jezera
Izačić
Brekovica
Srbljani
Donja Dubovik
Vrhovine
Ličko
837 m
Plitvički Ljeskovac
Prijeboj
Muslići
Pokoj
Zalin
Gornja Babin Potok
Baljevac
Grabež
Gudavac
Plitvička jezera
1649 m
Bihać
Gredoviti vrh 1208 m
Jasenica
Turjanski
Sokolac
Golubić
G. Plješevica
Ramljani
Čudin Klanac
Zavalje
V. Skočaj
Ripač
Korenica
Baraka
Mrsin 1269 m
Čanak
Malinovac
Risovac
Javornjača
Krbavica
Ponor
Dubovsko
1480 m
Kvarte
Lulići
Golo Trin 1269 m
Bjelopolje
Gorica 723 m
Plješevički K. 1616 m
Užljebić
Lipa
Krnjeuša
Lastve
Perušić
Doljani
1168 m
Perušić
Ljubovo
Bunić
Frkašić
Nebljusi
Vrtoče
Vodenica
Pečane
Kruge
Orašac
Krbava
Prkosi
Suvaja
Lički Osik
212
Podlapača 1235 m
Jošan
215
Ozeblin 1657 m
Dnopolje
Kulen Vakuf
Bjelaj
Rašinovac
Gospić
Ostrovica
A
B
C

Obrovo
Posavski Bregi
Ivanić Grad
Topolje
Križ
Novoselec
Mala-Hrastilnica
Park prirode Lonjsko polje
Sava
Lekenik
Desna
Martinska Ves
Žirčica
Palanjek
Dužica
Odra
Žažina
Sisak
Petrinja
Pračno
Topolovac
Šašna Greda
Osekovo
Popovača
Mikleuška
Gornja Jelenska
Ruškovica
Moslavačka gora
Šimljanik
207
Oštri Zid
Trnovitica
Popovac
Podgarić
Garešnica
Kutinica
Kapelica
Kajgana
Hercegovac
Palešnik
Veliki Zdenci
Končanica
Klokočevac
Ilovski
Toplica
Ivanovo Polje
Dežanovac
Kip
Miljanovac
Trojeglava
Uljanik
Brinjani
Malo Vukovje
G.-Garešnica
Kutina
Antunovac
Toranj
Bijela
208
Banova Jaruga
Janja Lipa
Kukunjevac
Lipik
Pakrac
Lonjsko polje
Gušće
Čigoč
Kratečko
Mošćenica
Blinjski Kut
Gradusa
Selišće
Bobovac
Lonja
Pakra
Velika Kraljeva
Trebež
Lipovljani
Novi Grabovac
Jagma
Seovica
Nova Subocka
Brezovac Subocki
Donji Čaglić
415 m
Hrastovica
Madzari
Blinja
Četvrtkovac
Sunja
Mala Gradusa
Strmen
Jabukovac
Alječani
Komogovina
Svinica
Donji Hrastovac
Slovinci
Plesno
Novska
Rajić
Trnakovac
Mokro polje
A3
Cage
Miočinović
Šaš
Jasenovac
Okučani
Lovča
615 m
Hrvatska Kostajnica
Živaja
Slabinja
Hrvatska Dubica
Mlaka
Posavina
Zrin
Srpska Kostajnica
Kozarska Dubica
Draksenić
Orahova
Guvno
363 m
Prosara
Rakovica
Gornja Stupnica
Rujevac
Unčani
Donji Javoranj
Čitluk
Kozara
Meduvode
Pucari
Bistrica
Vrbaška
Bukovica
Dubrave
Ravnice
Dvor
Bosanski Novi
Nasradine
Marini
Knežica
Gornjoselci
Manastir Moštanica
Donji Podgradci
Trebovljani
Svodna
Madžari
286 m
Maringrad
Dragelji
Vrbaška
Nacionalni Park Kozara
Mrakovica
BIH
Rudice
Blatna
Brezičani
Japra
Sana
Suhača
PRIJEDOR
Kozaruša
Lisina
978 m
Turjak
Mašići
Kamičani
Lamovita
Bakinci
Donji Agići
Ljubija
Čarakovo
Ribnjak Saničani
Trnopolje
Ivanjska
Donja Dubovik
Budimlić Japra
Majdan planina
Stara Rijeka
Omarska
Zalin
Hašani
Jasenica
Majkić Japra Donja
Stara Majdan
Oštra Luka
Tomašica
Gradina
Dragočaj
Okreč
Motike
Kamengrad
Donji Kamengrad
Sasina
Lomovi
486 m
Stratinska
Bistrica
Baraka
Lušci Palanka
Zdena
Sanski Most
Bronzani Majdan
Kula
BANJA LUKA
Javornjača
1480 m
BIH
Donji Dabar
Dabarska spilja
Čaplje
Veliki Tabor
687 m
Korčanica
Lastve
Kmećani
Kola
Jagare
Vrbas
Plećine
580 m
Hrustovača
Spilja
Vrhpolje
Vodenica
Dobrnia
Pejići
Plješevica
990 m
Suvaja
Smoljana
Sanica
Crni vrh
1604 m
Krupa na Vrbasu
Osmača
213
Krasulje
Gornje Ratkovo
Kapljuh
Rašinovac
E 661
E 761

Lošinj 43
Mali Lošinj
Veli Lošinj
Oruda
Palacol
Rt Suha
V. Orjule
Sv. Petar
Ilovik
Morovnik
Sv. Ivan
211
Stara Novalja
Prizna
Žigljen
Gradina
Novalja
205 m
Cesarica
Pag
Kolan
Rt Sadina
Škrda
Rt Šip
Maunski kanal
Rt Garmina
Maun
Karlobag
Metajna
Starigrad
Košljun
Gorica
1624 m
Donje Pazarište
Klanac
Kruščica jezero
Smiljan
Gospić
Oštarijska vrata 927 m
Baške Oštarije
Trnovac
Sušanj
Šikić-Dražica
Brušane
Lukovo Šugarje
Visočica 1619 m
Velebit
Velebitski kanal
Barić-Draga
Tribanj Kruščica
Silba
Olib
Planik
Rt Ploče
Premuda
Košljunski zaljev
Dinjiška
Povljana
Vlašići
Paški most
Virsko more
Rt Vrulja
Lozice
Vir
Škarda
Ist
Molat
Zapuntel
Brgulje
Tramerka
Privlaka
Ninski zaljev
Ljubački zaljev
Ražanac
Vrsi
Ljubač
Nin
Sv. Križ
Sv. Nikola
44
Zaton
Poljica
Radovin
Sestrunj
Petrčane
Visočane
Poličnik
Žverinac
Rt Shajanje
Rivanj
Zadarski kanal
Diklo
Božava
Veli Rat
Soline
Murvica
Zadar 45
Ugljan
Dragove
Saharun
Veli žal
Mežanj
Lukoran
Babindub
Preko
Brbinj
Savar
Bibinje
Kali
Veli Iž
Iž
Sukošan
Rava
Kukljica
Mali Iž
Ždrelac
Srednji kanal
Banj
Zadar - Ancona
Jadransko More
Korzja peč
Luka
Strašna peč
Žman
Zaglav
Lavdara
Neviđane
Pašman
Sali
Jezero Mir
Sit
Dugi Otok
Vodopije
Košara
Park Prirode Telašćica
Žut
Lučise
Tureta
Levrnaka
Sv. Marija
Vrulje
Nacionalni Park Kornati
47
Kornat
Jadra
Lavsa
100
106
107
108
25
110
109
306
502
E 65
A
B
C
1
2
3
4
5

Ljubovo
Pečane
Nebljusi
Orašac
Vrtoče
Vodenica
Krbava
212
Kruge
Prkosi
Suvaja
Smoljana
Osik
Gospić
Ostrovica
Podlapača
1235 m
Jošan
Ozeblin
1657 m
Dnopolje
Kulen Vakuf
Bjelaj
Rašinovac
E 761
Donji Lapac
Vrebac
Udbina
Visuć
Srednja Gora
Mutilić
Gornja Lapac
Boričevac
Martin Brod
Bosanski Petrovac
Lički Ribnik
Mogorić
Kuk
1142 m
Dobroselo
Osječenica
1796 m
Ondić
Jadova
Medak
Kremen
1591 m
Doljane
Oštrelj
E 71
Gornja Ploča
Klapavica
Mazin
Drenovac
Radučki
A1
Sveti Rok
Zaglavica
Crvljivica
Una
Vaganski vrh
1757 m
Raduč
Lovinac
Rudopolje
1412 m
Bastasi
Dinara
Sveti Rok
Ličko Cerje
Bruvno
Donja Suvaja
Vrtoče
Drvar
Nacionalni Park
Paklenica
Sveto br.
1753 m
Ričica
Ričice
Deringaj
1401 m
Trubar
Štikada
Osredci
Kupirovo
Mokronoge
Vidovo Selo
Manita peć
Seline
M. Alan
1045 m
Glogovo
Gračac
Velika Popina
Srbski klanac
793 m
Lička Kaldrma
Cerovačke spilje
Vučipolje
Resanovci
Maslenica
Jasenice
Tiškovac
Sućevici
Crnopac
1404 m
Tremzina
1175 m
Otrić
Kudina k.
1437 m
Jadovnik
1650 m
Peći
Maslenica
Zmranja
Maričevići
Muškovci
Novigradsko more
Obrovac
Golubić
Krupa
Zrmanja Vrelo
Bosansko Grahovo
Novigrad
Kruševo
Bilišane
Prljevo
Karinsko more
Franj. samostan
Bogatnik
Kaštel Žegarski
Plavno
Strmica
Korita
Zadar
Karin
674 m
Zelengrad
Vomazeci
1299 m
Luka
Smilčić
Donji Karin
Jurišinka
Ervenik
Palanka
Vojnovići
Donja Biljane
Kula Atlagić
Gornja Bruška
Golubić
E 59
Padene
Žagrović
Vrpolja
Biovičino Selo
Dinara
1831 m
Benkovac
Lisičić
Rodaljice
Radučić
Kovačić
Krkič Klanac
Polača
Asseria
Brgud
Rudele u Polje
Knin
Benkovac
Burnum
Vrbnik
Polača
Glavaš
Dobropoljći
Manojlovac slap
Puljane
Biskupija
Miranje
Bulić
Ostrovica
Kistanje
Čitluk
Markovac
Kijevo
Pristeg
Devrske
Krka
Oklaj
Lukar
Bat
1297 m
Vrana
Vukšić
Brbir
Smrdelje
Roški slap
Kosovo
Ridane
Civljane
Kosore
Vransko jezero
Radoševac
Stankovci
Laškovica
Razvode
Promina
1148 m
Štikovo
807 m
Vrlika
Drage
305 m
Banjevci
Gudučа
Vačani
Bratiškovci
Rupe
Visovac
Širitovci
Trbounje
Biočić
Vuković
Maovice
V. Arta
Putičanje
Pirovac
Gračac
Siverić
Otavice
Vrgada
Nacionalni Park Krka
Dubravice
Drniš
Baljci
Betina
Pirovac
Skradin
Skradin
Čikola
Murter
Proklijansko jezero
Raslina
Skradinski buk
Ružić
Gradac
Umljanović
Murter
Tisno
Zaton
Jezera
Bilice
Lozovac
Mirlović Zagora
Planjane
Kljake
Pribude
Tribunj
Vodice
Šibenik
Šibenik
Smokvica
Kaprije
Tijat
Šepurine
Prvić
Zlarinski kanal
Ljubostinje
Gornje Vinovo
Postinje
Kurba
Kakan
Kaprije
Zablaće
Munjača
Zlarin
Zlarin
Vrpolje
Vrpolje
Donja Sitno
Movran
843 m
Rt Žirje
Zmajan
Obonjan
Krapanj
Jadrtovac
Perković
Gornja Sitno
Kladnice
Brštanovo
Žirje
Žirje
Žirjanski kanal
Rt Kabal
Mažirina
Boraja
Prgomet
Ljubitovica
Prgomet
Dugobabe
Vučevica
Primošten
Bratski Dolac
Boraja
Radošić
Kozjak
Blizna
216
Kaštela
Kaštel Gomilica
Rogoznica
Podorljak
Gustirna
Vršine
Kaštel Novi
Lukšić
Kaš
D
E
F

Skradinski buk
Bilice
Lozovac
Mirlović Zagora
Planjane
Umljanovic
Kljake
Pribude
1569 m
Potravlje
Donja Bitelič
1173 m
Trnova Poljana
Šibenik
Ljubostinje
Gornje Vinovo
Milešina
Gornje Ogorje
Zelovo
Hrvace
Bajagić
Aequum
Zablaće
Munjača
Postinje
Movran 843 m
Gornji Muć
Sinj
Otok
Zlarin
Vrpolje
Donja Sitno
Gornja Sitno
Kladnice
Brštanovo
Neorić
891 m
Brnaze
Krapanj
Jadrtovac
Perković
Prgomet
Gizdavac
Kraj
Turjaci
Grab
Boraja
Ljubitovica
Dugobabe
Košute
Trilj
Jabuka
Primošten
Bratski Dolac
Radošić
Vučevica
Konjsko
Dugopolje
Tilurium
Gardun
Blizna
Kozjak 760 m
Kaštel
Klis
Budimir
Kaštela
Kaštel Gomilica
Solin
Vranjača
Kotlenice
Rogoznica
Podorljak
Guštirna
Vršine
Kaštel Novi
Lukšić
Kaštel Sućurac
Ugljane
Trogir
SPLIT
Salona
Veliki Kabal 1339 m
Marina
Slatine
Stobreč
Srinjine
Vinišće
Donja Okrug
Gornja Okrug
Čiovo
Rt Čiova
Bačvice
Grljevac
Podstrana
Gornja Dolac
Drvenik
Drvenik Veli
Krilo
Gata
Blato na Cetini
Drvenik Mali
Krknjaši
Plava Laguna
Splitski kanal
Rt Mutogras
Omiš
Dugi Rat
Cetina
Šoltanski kanal
Maslinica
Donje Selo
Rogač
Ravnice
Mimice
Stipanska
Grohote
Sutivan
Supetar
Splitska
Bracki kanal
Stomorska
Postira
Ložišća
Škrip
Pučišća
Šolta
Gornje Selo
Nerežišća
Pražnice
Povlja
Milna
Splitska vrata
Vidova gora 778 m
Blaca
Gornji Humac
Murvica
Bol
Zlatni rat
Brač
Hvarski kanal
Uvala Lozna
Rt Pelegrin
Vira
Brusje
Rudina
Stari Grad
Vrboska
Rt Makarac
Hvar
Milna
Selca
Vrbanj
Jelsa
Poljica
Sv. Klement
Pitve
Zavala
Sv. Nedelja
Grapčeva
Viški kanal
Vis
Šćedrovski kanal (Šćedrovski kanaal)
Rt Stračine
Oključina
Stončica
Rt Stončica
Šćedro
Nastane
Titova spilja
Komiža
Rukavac
Budikovac
Korčulanski kanal
Podšpilje
Zelena spilja
Biševo
Ravnik
Uvala Stiniva
Modra spilja
Proizd
Sv. Ivan
Vela spilja
Vela Luka
Zaliv Vela Luka
Potirna
Blato
Prižba
Rt Ključ
Lastovski kanal
Sušac
Kopište
Pasadur
Prežba
Ubli
A
B
C
1
2
3
4
5

D
E
F
5
4
3
2
1
Orguz
Srdevići
Potkraj
Konj 1849 m
Podhum
Tušnica 1700 m
Golinjevo
Prisoje
Tomislavgrad
Mokronoge
Letka
Oplečani
Kolo
Kovači
Duvanjsko polje
Mandino Selo
Kongora
1797 m
Ljubuša
1516 m
Oprav
Proslap
Ramsko jezero
Lug
Gornja Višnjani
Gračanica
1707 m
Ravnica
Tošćan
Doljani
Slatina
Risovac
Vran
V. Vran 2074 m
Jablanica
Pločna 2228 m
Čvrsnica
Blidinje jezero
Buško jezero
Grabovica
Voštane
1265 m
Bukova Gora
Korita
Donja Brišnik
Bukovica
Donja Tijarica
Rašeljka
Aržano
Raško Polje
Crvenice
Gornji Tijarica
Vinica
Zavelim 1348 m
Meslhovina
BIH
Potklečani
Gornja Drežnica
Donja Drežnica
1780 m
Vrdi
Svib
Studenci
Vir
Tribistovo
1551 m
Čabulja
Bijele stijene
Cista Velika
Cista Provo
Blato na Cetini
Lovreč
Ričice
Čitluk
Posušje
Donji Proložac
Prološko blato
Šestanovac
Velika Gubavica
Lokvičić
Imotski
Krivodol
Rujan 1117 m
Gradac
Crne Lokve
Britvica
Gornja Crnač
Bogodol
Zadvarje
Grabovac
Zagvozd
Sovići
Vranič sedlo 715 m
Kočerin
Gornja Gradac
Kuzmanići
Gornja Brela
Podbablje
Runović
Široki Brijeg
Pisak
Park
Biokovo
Vrulja
Brela
Krstatice
Grude
Zagvozd
Drinovci
Ružići
Knešpolje
Baška Voda
Bast
Sv. Jure 1762 m
Turija 715 m
Podosoje
Imotski
Mos
Krvavica
Slivno
Anići
Donji Mamići
Makarska
Makar
prirode
Rašćana
Tihaljina
Rasno
Trtla 689 m
Jare
Selca
Sumartin
Kotišina
Bekija
Klobuk
Čerin
Selište
Gornja Tučepi
Biokovo
Šibenik 1314 m
Donja Tučepi
Kozica
Hamzići
Gradnić
Dragljane
Podgora
Stilja
Čitluk
Gornja Igrane
Sv. Rok 1063 m
Vitina
Drašnice
Ravča
Grab
Radišići
Ljubuški
Hvar
Susvid 1155 m
Kokorić
Vrgorac
V. Prolog
Studenci
Međugorje
Igrane
Trebižat
Živogošće
M. Prolog
Rt Bad
Drvenik
Staševica
Počitelj
Selce
Podaca
Karamatići
Kravica slap
Čapljina
Zastražišće
spilja
Gdinj
Bogomolje
Sućuraj
Zaostrog
Nova Sela
Tasovč
Gradac
Mogorjelo
Klepči
Neretvanski kanal
Bačina
Peračko Blato
Vid
Narona
Gabela
Višići
Pelješac
Ploče
Rogotin
Rt Lovišće
Uvala jezero
Uvala Divna
Kula Noriska
Metković
Lovište
Duba
Trpanj
Rt Osik
Korčula
Nakovanja
Donja Vrućica
Sv. Ilija 960 m
Blace
Opuzen
Bijeli Vir
Viganj
Kučište
Gospa ad Anđela
Kremena
Mislina
Račišće
Orebić
Kuna
Crkvice
Prigradica
Klupca 568 m
Korčula
Osobljava
Sreser
Klek
Hut
Žrnovo
Badija
Donja Banda
Malo more
Neum
Čara
Pupnat
Podobuče
Potomje
Drače
Kanal Malog Stona
Topolo
Smokvica
Trstenik
Janjina
Duži
Ošlje
Lumbarda
Rt Ražnjić
Dingač
Žuljana
Brijesta
Zavalatica
Pupnatska luka
Brna
Dubrava
Zabrde
Duba
Smokovljani
Ston
Mali Ston
Ponikve
Veliki
Mljetski kanal
Prapratno
Broce
Pomena
Polače
Kozarica
Spilja Ostasevica
Lastovo
Benediktinski samostan
Blato
Ropa
417 m
Veliki Grad 514 m
Jaklj
Ubli
Skrivena Luka
Nacionalni Park Mljet
Babino Polje
Prožura
Sobra
Korita
Lastovo
Mljet
Maranovići
Sapl
Rt G
A1
E 65

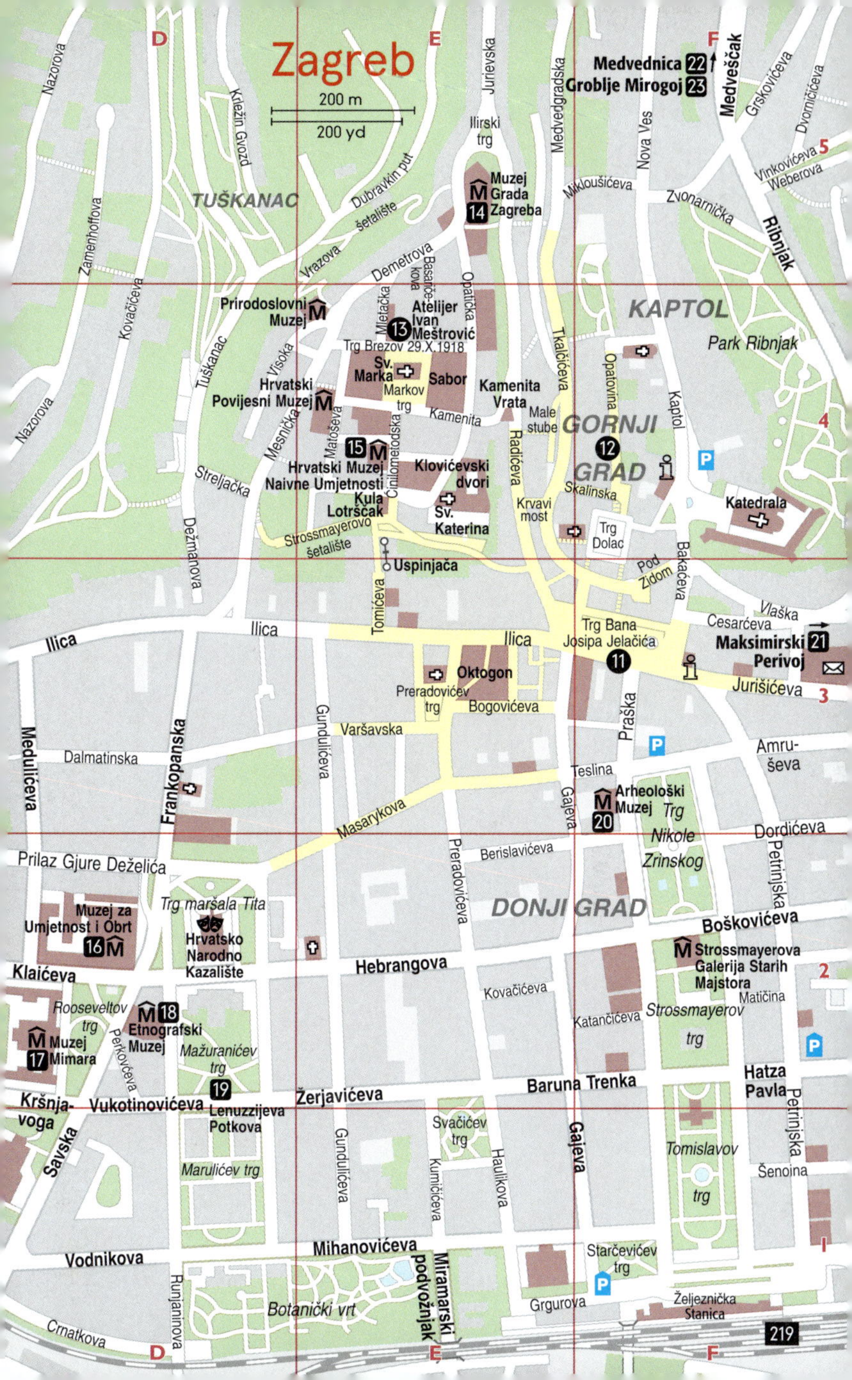
Zagreb
200 m
200 yd
D
E
F
Medvednica 22
Groblje Mirogoj 23
TUŠKANAC
KAPTOL
Park Ribnjak
GORNJI GRAD
DONJI GRAD
Muzej Grada Zagreba 14
Prirodoslovni Muzej
Atelijer Ivan Meštrović 13
Trg Brezov 29.X.1918
Sv. Marka
Markov trg
Sabor
Kamenita Vrata
Hrvatski Povijesni Muzej
15 Hrvatski Muzej Naivne Umjetnosti
Klovićevski dvori
Kula Lotrščak
Sv. Katerina
Uspinjača
Male stube
12
Katedrala
Krvavi most
Trg Dolac
Trg Bana Josipa Jelačića
11
Maksimirski Perivoj 21
Oktogon
Preradovićev trg
Arheološki Muzej 20
Trg Nikole Zrinskog
Muzej za Umjetnost i Obrt 16
Trg maršala Tita
Hrvatsko Narodno Kazalište
Strossmayerova Galerija Starih Majstora
Rooseveltov trg
Etnografski Muzej 18
Muzej Mimara 17
Mažuranićev trg
19
Strossmayerov trg
Svačićev trg
Marulićev trg
Tomislavov trg
Botanički vrt
Starčevićev trg
Željeznička Stanica
Nazorova
Zamenhoffova
Kovačićeva
Tuškanac
Visoka
Mesnička
Matoševa
Ćirilometodska
Streljačka
Dežmanova
Strossmayerovo šetalište
Tomićeva
Ilica
Kližin Gvozd
Dubravkin put
Šetalište
Vrazova
Demetrova
Basaričekova
Mletačka
Opatička
Jurievska
Ilirski trg
Medvedgradska
Tkalčićeva
Radićeva
Kamenita
Skalinska
Opatovina
Kaptol
Nova Ves
Miklouščeva
Zvonarnička
Ribnjak
Medveščak
Grskovićeva
Dvorničićeva
Vinkovićeva
Weberova
Bakačeva
Pod Zidom
Vlaška
Cesarćeva
Jurišićeva
Praška
Amruševa
Teslina
Gajeva
Bogovićeva
Varšavska
Gundulićeva
Masarykova
Dalmatinska
Frankopanska
Medulićeva
Prilaz Gjure Deželića
Berislavićeva
Preradovićeva
Đorđićeva
Petrinjska
Boškovićeva
Hebrangova
Klaićeva
Kovačićeva
Katančićeva
Matičina
Perkovčeva
Hatza Pavla
Baruna Trenka
Žerjavićeva
Vukotinovićeva
Kršnjavoga
Lenuzzijeva
Potkova
Savska
Kumičićeva
Hašlikova
Šenoina
Mihanovićeva
Vodnikova
Miramarski podvožnjak
Grgurova
Runjaninova
Crnatkova
1
2
3
4
5

Dubrovnik
200 m
200 yd
A
B
C
3
2
1
Put Iza
Grada
Split
Put Petra Krešimira IV.
Hvarska
Uz posat
Između Vrta
TAXI
Tvrđava Minčeta
Peline
Vrata od Buže
Vrta od Buže
Tvrđava Revelin
Dominikanski Samostan
Sv Nikola
Sv Luka
Sv. Dominika
Sv Spasa
Vrata od Pile
Franjevački Samostan
Poljana P. Miličevića
Samostan Sv Klare
Tvrđava Bokar
Sv Roka
Za Rokom
C. Medovića
Od Sigurate
Palmotićeva
Antuninska
Nalješkovićeva
Kunićeva
Petilovrijenci
Vetranićeva
Zamanjina
Dropčeva
Boškovićeva
Žudioska
Kovačka
Zlatarska
Prijeko
Placa
(Stradun)
Sinagoga
Sponza
Luža
Sv Vlaha
Ribarnica
Gradska
Luka
Kaš
Fontico
Kazalište Marin Držića
Knežev Dvor
Pred dvorom
Ganište
Zlatarićeva
Getaldićeva
Čubranovićeva
Dordićeva
Široka
Između polača
Ikona
N. Božidarevića
Od Puča
Uska
Lučarina
Zeljarica
Gučetićeva
Gundulićeva
poljana
Od Domina
Sv. Josipa
Od Rupa
Etnografski Muzej Rupe
Pile
Strossmayerova
Bunićeva poljana
Katedrala
Poljana Marina Držića
Ponta
Kn. Damjana Jude
Tvrđava Ivana
Porpore
Od Kaštela
Samostan Sv Marije
Sv Ignacija
Poljana R. Boškovića
PUSTIJERNA
Pomorski
Od Margarite
Ispod mira
Kula Sv Petar
Kula Sv Margarita
Kula Sv Stjepan
Kula Sv Spasitelj

Straßenregister

Zagreb

Dubrovnik

Register

BILDNACHWEIS

AA/J. Smith: 18, 20

AA/P. Bennett: 6 (Nr. 2, 5), 21, 41, 44, 49, 50, 70, 71, 77, 78, 81, 108, 129, 132, 146, 163 r., 176, 178, 182, 184

AWL Images: Jon Arnold 39 o.

DuMont Bildarchiv/Frank Heuer: 5 o., 10 u., 19, 22, 29, 86/87, 94, 102 u., 104, 105, 112, 174/175, 181

DuMont Bildarchiv/Hans Madej: 6 (Nr. 4, 6, 8, 9, 10), 12/13, 24 r., 69, 93 u., 97, 98, 100, 102 o., 114/115, 120, 120/121, 121, 123 o., 128, 131, 134, 139, 143, 150/151, 159, 160, 162, 163 l., 167, 168, 185

Fotolia: Barbara 58/59, shinedawn 65 o., kojin_nikon 67 r. o., mshd17 67 r. u., Goran David 75, phant 93 o., jure 95 l., Branko 122/123, xbrchx 149, LianeM 155 o., canvaspix/bayexpress 155 u., dariovuksanovic 187

Getty Images: AFP/Gabriel Bouys 16, robertharding/Matthew Williams-Ellis 25, Nature Picture Library/Biancarelli 67 l. u., Apexphotos/Jon Bower 122, Bloomberg/ Robert Rajtic 170

huber-images: Lucie Debelkova 6 (Nr. 3), Gräfenhain 6 (Nr. 7), Lucie Debelkova 125, Gräfenhain 136

laif: Peter Hirth 10 o., hemis.fr/Bertrand Gardel 15, Hans-Bernhard Huber 23, Le Figaro Magazine/Eric Martin 26, 35 u. und 36/37 o., hemis.fr/Bertrand Gardel 38 und 46, Le Figaro Magazine/Eric Martin 54, hemis.fr/René Mattes 56, Frank Heuer 92 und 95 r. o.,

Lookphotos: Konrad Wothe 9, Ingolf Pompe 82, robertharding 107, Thomas Stankiewicz 190/191

mauritius images: age 24 l., robertharding/ Kav Dadfar 30/31, Alamy/S. Vincent 35 o., hemis.fr/Bertrand Gardel 36, Alamy/Peter Forsberg 38/39, Alamy/Stuart Forster Europe 39 u., robertharding/Kav Dadfar 42, Alamy/Alen Gurovic 48, robertharding/Kav Dadfar 53, imagebroker/Franz Walter 63 l., Alamy/Alison Thompson 64, Markus Lange 64/65, Alamy/Alison Thompson 67 l. o., Alamy/Dubravko Grakalic 84, Alamy/Nino Marcutti 119 o. l., Alamy/Dalibor Brlek 119 o. r., Markus Lange 141, Alamy/Selecta 157 l. o., Alamy/Dave Porter 157 l. u., imagebroker/ Günter Flegar 165, Alamy/Lifestyle/Peter Erik Forsberg 172

picture-alliance: APA/picturedesk.com/ Robert Newald 36/37 u., PIXSELL/Borna Filic 37, ZB/Frank Baumgart 65 u., Arco/F. Waldhäusl 91 o., Westend61/Wolfgang Weinhäupl 110, Panther Media/Dalibor Brlek 119 u., PIXSELL/Dusko Jaramaz 123 u.

Shutterstock: tabak lejla 6 (Nr. 1), Alexey Stiop 63 r., Maurizio De Mattei 66/67, Elenarts 73, Sasa Suster 91 u., LidiaLydia 95 r. u., clivewa 156, RnDmS 157 r., tabak lejla 161

Titelbild: U1 oben Doug Pearson/gettyimages
U1 unten: Oliver Wintzen/gettyimages
U8: Hemis / Lookphotos

IMPRESSUM

© MAIRDUMONT GmbH & Co. KG
VERLAG KARL BAEDEKER

3. Aufl. 2019
Völlig überarbeitet und neu gestaltet

Text: Daniela Schetar-Köthe, Tony Kelly, James Stewart
Übersetzung: Rosemarie Altmann, Kathleen Becker (»Das Magazin«), Dr. Thomas Pago, Cristoforo Schweeger, Beatrix Thunich
Redaktion & Gestaltung: Annegret Gellweiler, Gerhard Junker, Olaf Rappold, Michaela Salden, Sylvia Scheider-Schopf, Anette Vogt (red.sign, Stuttgart)
Projektleitung: Dieter Luippold
Programmleitung: Birgit Borowski
Chefredaktion: Rainer Eisenschmid

Kartografie: © MAIRDUMONT GmbH & Co. KG, Ostfildern
3D-Illustrationen: jangled nerves, Stuttgart

Anzeigenvermarktung: MAIRDUMONT MEDIA
Tel. 0711 45 02-0, media@mairdumont.com
media.mairdumont.com

Printed in Poland

Trotz aller Sorgfalt von Autoren und Redaktion sind Fehler und Änderungen nach Drucklegung leider nicht auszuschließen. Dafür kann der Verlag keine Haftung übernehmen. Berichtigungen, Kritik und Verbesserungsvorschläge sind uns jederzeit willkommen, bitte informieren Sie uns unter:

Verlag Karl Baedeker / Redaktion
Postfach 3162
D-73751 Ostfildern
Tel. 0711 45 02-262
smart@baedeker.com
www.baedeker.com

FSC
www.fsc.org
MIX
Papier aus verantwortungsvollen Quellen
FSC® C018236

Meine Notizen

Meine Notizen